CB138222

SERVIÇO SOCIAL NO NORDESTE

das origens à renovação

Dados Internacionais de Catalogação na Publicação (CIP)
(Câmara Brasileira do Livro, SP, Brasil)

Serviço social no nordeste : das origens à renovação / Ana Elizabete Mota, Ana Cristina Vieira, Angela Amaral (orgs.). -- São Paulo : Cortez Editora, 2021.

Vários autores.
ISBN 978-65-5555-211-9

1. Assistência social 2. Desenvolvimento regional 3. Nordeste - Brasil 4. Processos políticos 5. Problemas sociais 6. Serviço social 7. Serviço social como profissão I. Mota, Ana Elizabete. II. Vieira, Ana Cristina. III. Amaral, Angela.

21-86437 CDD-361.381

Índices para catálogo sistemático:

1. Nordeste : Brasil : Serviço social 361.381

Maria Alice Ferreira - Bibliotecária - CRB-8/7964

ANA ELIZABETE MOTA
ANA CRISTINA VIEIRA
ANGELA AMARAL
(Orgs.)

SERVIÇO SOCIAL NO NORDESTE

das origens à renovação

São Paulo – SP

2021

Apoio

CAPES

Universidade Federal de Pernambuco

Cortez Editora

SERVIÇO SOCIAL NO NORDESTE: DAS ORIGENS À RENOVAÇÃO
Ana Elizabete Mota | Ana Cristina Vieira | Angela Amaral (orgs.)

Fundação: José Xavier Cortez
Capa: de Sign Arte Visual sobre ilustração do artista pernambucano Wilson Freire.
Obra "O Trem da vida passou lotado", técnica nanquim sobre nota fiscal, 50x8cm. 2020.
Instagram: @freirewilson
Preparação de originais: Agnaldo Alves, Jaci Dantas, Márcia Leme
Revisão: Ana Paula Ribeiro; Márcia Leme
Diagramação: Linea Editora
Editora-assistente: Priscila Flório Augusto
Assessora editorial: Maria Liduína de Oliveira e Silva
Coordenação editorial: Danilo A. Q. Morales
Direção editorial: Miriam Cortez

Direitos para esta edição
CORTEZ EDITORA
R. Monte Alegre, 1074 — Perdizes
05014-001 — São Paulo-SP
Tel.: +55 11 3864 0111
cortez@cortezeditora.com.br
www.cortezeditora.com.br

Impresso no Brasil — dezembro de 2021

SUMÁRIO

Parte I

Particularidades Históricas e Político-Regionais

Parte II

Gênese, Desenvolvimento e Renovação do Serviço Social no Nordeste

Parte III

O Serviço Social em Pernambuco: a contribuição do PPGSS/UFPE

PREFÁCIO

Silvana Mara de Morais dos Santos[1]
Sâmya Rodrigues Ramos[2]

E no meio da esperteza
Internacional
A cidade até que não está tão mal
E a situação sempre mais ou menos
Sempre uns com mais e outros com menos

A cidade não para
A cidade só cresce
O de cima sobe
E o de baixo desce
A cidade não para
A cidade só cresce
O de cima sobe

("A cidade", Chico Science)

---

1. Docente do Departamento de Serviço Social da Universidade Federal do Rio Grande do Norte (UFRN). *E-mail*: silvana.mara.morais@ufrn.br

2. Docente do Departamento de Serviço Social da Universidade do Estado do Rio Grande do Norte (UERN). *E-mail*: samyaramos@uern.br

Nos versos do artista pernambucano Chico Science, reafirmamos a relevância social, seja esta expressa nas variadas formas artísticas ou na pesquisa acadêmica, da reflexão crítica sobre a tragédia do projeto capitalista e a densa e cruel realidade da luta de classes e suas particularidades regionais, aqui em destaque a Região Nordeste.

O honroso convite para escrevermos este prefácio nos provocou o efeito semelhante à alquimia dos sons do legado de Science, posicionando-nos entre a alegria, o desejo de conhecer mais do tema principal do livro e o desafio responsável de justificar as razões pelas quais as novas gerações, a quem as organizadoras destinam os resultados desta pesquisa coletiva, devem não somente fazer a leitura, mas identificar lacunas e desdobrar novos questionamentos. De forma tal que levem à produção de pesquisas de continuidade e aprofundamento, oferecendo materialidade para a criação de uma linha de estudos sob a liderança do Programa de Pós-Graduação em Serviço Social da Universidade Federal de Pernambuco (PPGSS/UFPE), que verse sobre as particularidades do Serviço Social no Nordeste e que tem, nesta obra, uma espécie de marco referencial.

Inevitável que a leitura do livro tenha nos remetido à nossa própria formação intelectual e política, vivenciada, em temporalidades comuns, nos "Nordestes" do Ceará, Pernambuco e Rio Grande do Norte. Dos diálogos reflexivos que cultivamos entre leitura da obra e escrita do prefácio, revivemos, como memória singular e coletiva, dimensões de nossa trajetória. Mestras e mestres que comparecem neste livro, seja como autores/as, seja como referências bibliográficas ou de alusão às suas contribuições, tivemos a grata satisfação da interlocução nos tempos estudantis.

Da pós-graduação na UFPE, fazemos referência aos professores Gadiel Perruci e Denis Bernardes, os quais, na rica convivência acadêmica entre História e Serviço Social deixaram-nos um legado extraordinário para o entendimento da formação sócio-histórica do Brasil e do Nordeste e à professora Anita Aline Albuquerque Costa, com destacada participação no planejamento para a criação da referida pós-graduação e posterior atuação como docente do seu quadro permanente.

Inesquecíveis, também, são os ensinamentos repletos de desafios teórico-políticos de tantos outros docentes da UFPE e das demais universidades que compõem este livro. Nosso encontro com cada um/uma é multilocalizado nos ambientes da formação profissional (graduação e pós-graduação), da militância orgânica nas entidades da categoria (CFESS e ABEPSS) e na convivência, ora estudantil, ora docente, em que travamos juntas/os debates e trocas afetivo-político-intelectuais.

Na forma de síntese subjetiva, destacamos desta nossa memória o convívio com as organizadoras deste livro, Ana Elizabete Mota e Ana Cristina de Souza Vieira, como queridas mestras dos tempos da pós-graduação na UFPE, e Angela Amaral, como parceira estudantil e, em seguida, em conjuntura bem próxima, nossa inserção na condição de docente, ainda que em universidades públicas distintas.

Com cada uma delas aprendemos o gosto pela pesquisa, valorizando o solo profícuo da relação entre a formação e o trabalho profissional em suas complexas interações dialéticas. Ademais, dessa interlocução colhemos, também, as lições históricas do compromisso com a classe trabalhadora, a identificação crítica das ciladas do mundo burguês impostas ao mundo do trabalho e os desafios dirigidos aos seus instrumentos político-organizativos e suas "pelejas" no embate das lutas sociais em conjunturas bastante desfavoráveis.

A memória que revisitamos, mediante a leitura do livro, apesar de se constituir em algo significativo, repleto de emoções e vivências, mediadas pelo compromisso com o projeto ético-político e no encontro entre gerações que fazem o Serviço Social na Região Nordeste não é suficiente para demonstrar a grande contribuição que esta obra possibilita. Sobre isso, em 2016, por ocasião da comemoração dos oitenta anos do Serviço Social no Brasil, Netto (2016, p. 52)[3] chamou a atenção

3. NETTO, José Paulo. Para uma história nova do Serviço Social no Brasil. *In*: SILVA, Maria Liduína de Oliveira (org.). *Serviço Social no Brasil*: história de resistência e de ruptura com o

para a distinção entre memória e reconstrução analítica, entendendo-as como dimensões embora relevantes, qualitativamente diferentes.

Essa memória, realmente, não é o fundamento sobre o qual se deve assentar o procedimento qualificado para desvendar e trazer à luz o processo histórico efetivo: a memória (individual e coletiva, aquela dos sujeitos singulares e aquela de categorias profissionais, grupos e classes sociais) é parte constitutiva da história profissional e incide sobre ela; mas a memória não se elabora a partir de parâmetros lógicos e racionais [...]. Há memórias distintas, e até colidentes, dos mesmos eventos e processos históricos. Ora, a reconstrução analítica — suposto da reprodução teórica — do processo histórico efetivo, na pesquisa da sua gênese e do seu desenvolvimento para alcançar o seu conhecimento verdadeiro, demanda operações e procedimentos específicos e rigorosos, próprios da ciência histórica.

No reconhecimento dessa distinção entre memória e reconstrução analítica, situamos que o presente livro descortina inúmeras particularidades contributivas à reconstrução analítica sobre o Serviço Social, de suas origens, processos de enfrentamento do pensamento e prática conservadora incorporados à profissão e os movimentos teórico, ético, político, na perspectiva de entendimento, dentre outros, da sociedade, do Estado, da laicização da profissão, da população usuária, da questão social, das políticas sociais e dos movimentos sociais em terras nordestinas.

E, para tanto, uma concepção de região e de regionalidade é abraçada mediante os fundamentos de totalidade. Não se trata de mera afirmação de pertencimento geográfico, muito menos de adesão às formas tão atuais de particularismos ou de incentivo a qualquer ideia de competitividade entre regiões desse imenso e diverso Brasil.

Do diálogo fecundo com Francisco de Oliveira (1977) e um conjunto de autores/as, as organizadoras, logo de saída, na apresentação do livro, assumem explícito posicionamento de que pensar criticamente

---

conservadorismo. São Paulo: Cortez, 2016.

sobre determinada região supera qualquer abordagem abstrata e põem em relevo o próprio processo de reprodução do capital, imbricado, de forma consubstancial, nas determinações econômicas, políticas e culturais. Dimensão esta retomada mais adiante no capítulo em que Ana Elizabete, ao analisar "as experiências do Nordeste que contribuíram na erosão do *Serviço Social tradicional*, nas décadas de 50 e 60 do século XX", sugere como pressuposto que alguns desses aspectos se integram "posteriormente — com algumas particularidades — às iniciativas de ruptura com o *conservadorismo* da e na profissão, a partir dos finais da década de 1970".[4]

De forma nenhuma foi à toa que este livro tenha se forjado como iniciativa de docentes do Programa de Pós-Graduação em Serviço Social da UFPE. Em plena comemoração dos 81 anos da criação do curso de Serviço Social em Pernambuco e dos 42 anos do PPGSS/UFPE, ficam evidentes as marcas de um processo de construção coletiva de muitas gerações dessa profissão em diálogos e interações criativas com parceiros/as de áreas afins, em diferentes contextos e correlações de forças. O protagonismo formativo desse programa de pós-graduação é reconhecido e reverenciado em nível regional e nacional. Mas agora, como afirmam as organizadoras, *trata-se de suprir uma lacuna do conhecimento histórico/teórico do Serviço Social brasileiro, sobretudo junto às novas gerações, sobre a trajetória de criação, desenvolvimento e tendências do Serviço Social na região, tendo-as como público-alvo deste livro.*

Tal fato desfaz qualquer ideia de linearidade no trato histórico, posto que o que oferece magnitude ao programa não é dado mecanicamente pelo tempo medido em anos relativos ao seu surgimento na cena acadêmica. Sua legitimidade consiste em sua capacidade de formação do seu quadro docente em conjunturas adversas; da capacidade de articulação político-acadêmica de prever e planejar a criação do programa em tempos de reorganização da vida social, ali em 1979, na saída da ditatura civil-militar e praticamente colado ao extraordinário "congresso da Virada"; de aprimoramento contínuo da

4. Cf. capítulo contido neste livro.

sua proposta pedagógica, espraiando seus horizontes além do universo pernambucano, alcançando efetivamente a Região Nordeste e o Brasil. Foi o segundo programa de pós-graduação da área na Região Nordeste, antecedido pelo programa de pós-graduação em Serviço Social da Universidade Federal da Paraíba (UFPB), criado em 1978. Entre sua gênese e os dias atuais, são 42 anos abarcando, também, o curso de doutorado em Serviço Social, com 22 anos de existência.

Em valiosa síntese sobre o PPGSS/UFPE, Angela Amaral e Juliane Peruzzo, no capítulo que encerra este livro, alcançam o núcleo central de seu processo histórico ao afirmarem que, por meio do programa, "o Nordeste se espraia no Brasil". E mostram a tendência anunciada na justificativa para sua criação em 1979, devidamente legitimada por avaliadores do programa, em 1981 e 1982, em que duas razões se destacavam para a abertura do curso. Tratava-se da preocupação teórico-política com as particularidades da Região Nordeste e com a formação do quadro docente para o ensino superior na região.

Esse legado se faz ainda mais potente quando situamos historicamente o rumo prevalecente das reflexões na área das Ciências Humanas e Sociais. Entre os anos 90 do século XX e as décadas de 2000, chão histórico mais recente, o programa conquistou direção social, enfrentando polêmicas postas na ordem da conjuntura de implementação e avanço do neoliberalismo e de uma ofensiva do projeto burguês, destacando-se, entre outros temas, os variados objetos de estudo revelados nas dissertações de mestrado, nas teses de doutorado, nas pesquisas de seus docentes e nos estudos que animaram os grupos de pesquisa, quais sejam: incentivo à reflexão crítica sobre a produção e reprodução da sociedade capitalista, na contramão da anunciada crise de paradigmas prevalecente no mundo acadêmico; desenvolvimento de pesquisas que evidenciavam os limites do entendimento do cotidiano, desconectado das determinações societárias e crítica ao ideário de aclamação da vida privada em contraposição mecânica à vida pública; crítica à afirmação do caráter economicista quanto à formulação de que a década de 1980 teria sido, necessariamente, uma década perdida, em face das derrotas econômicas sofridas pela classe trabalhadora, evidenciando férteis debates que traziam à tona as contradições postas na realidade, com a presença dos movimentos sociais, o surgimento de novos partidos políticos de esquerda e a ampliação da luta por direitos, sem ceder às ilusões jurídicas e politicistas; contribuição efetiva para o espraiamento no Serviço Social dos estudos sobre o pensamento de Gramsci e de Lukács, com especial destaque em relação a este último, por meio do fortalecimento dos vínculos com a Universidade Federal de Alagoas (Ufal); capacidade de acolhimento de diversos temas que só mais adiante se consolidariam na agenda profissional, a exemplo da diversidade sexual, da questão ambiental e do feminismo; recusa permanente ao distanciamento da pesquisa sobre a formação e o trabalho profissionais, reconhecendo devidamente na história o Serviço Social como profissão e área de conhecimento, com limites, desafios e necessidade de aprimoramento de seu referencial teórico-metodológico e ético-político; incentivo e solidariedade no apoio à criação de outros programas de pós-graduação em Serviço Social na Região Nordeste e participação efetiva de suas lideranças docentes em nossas entidades representativas, com destaque especial para a Associação Brasileira de Ensino e Pesquisa em Serviço Social (ABEPSS).

Desde a criação do PPGSS/UFPE foi identificada a necessidade histórica de adensamento de pesquisas sobre as particularidades da Região Nordeste. Mais adiante, quase duas décadas depois, durante o debate desencadeado com as diretrizes curriculares, novamente essa temática se impôs por meio do entendimento de que, entre a análise das determinações sócio-históricas da sociedade capitalista e o cotidiano profissional, um vácuo precisava ser preenchido. Ali estava a chave de que o conhecimento da formação sócio-histórica, com a questão regional e a devida incorporação das relações sociais patriarcais de sexo/gênero e raciais eram importantes para a apreensão das expressões da questão social no capitalismo contemporâneo. Diante dessa realidade, muitos cursos desenvolveram pesquisas com o objetivo de resgate e análise das suas origens.

> Como observei, nos anos mais recentes, uma atenção maior vem sendo dedicada à memória do Serviço Social no Brasil — tendência que, e, também, o sublinhei, deve ser estimulada. No que tange à história do

> Serviço Social em nosso país, a mim me parece — e posso, ainda que não o creia, estar lavrando em erro — que se verificam, designadamente desde meados dos anos 1990, dois movimentos distintos e assimétricos: (1) cresce visivelmente o quantitativo de estudos localizados e particulares acerca da fundação de escolas e cursos [...]; (2) são praticamente inexistentes os estudos que visam à elaboração de abordagens abrangentes, inclusivas, do Serviço Social no Brasil como um todo (Netto, 2016, p. 54)[5].

A presente obra preenche, portanto, uma lacuna da maior relevância. As pesquisas que resgatam a origem das escolas pioneiras quanto à implementação do Serviço Social em seus estados integram uma dinâmica de análise em que o contexto histórico não é tratado como mera descrição da conjuntura em determinado período.

Diferentemente disso, a realidade de criação das escolas de Serviço Social, suas características iniciais, tendências e alterações significativas no decurso histórico são situadas em uma processualidade histórica em que a questão regional é parte integrante da questão nacional, com as devidas mediações relativas à questão internacional. A ideologia como força material esconde uma explícita função social que a periferia assume em relação aos países capitalistas centrais e que se reproduz, com determinações contundentes, no universo da questão regional.

Queremos sintetizar que o livro reúne 33 pesquisadores/as em 21 capítulos com representação de todos os estados da Região Nordeste, nucleados em torno de três eixos articuladores, os quais permitem a travessia de superação entre a memória e a reconstrução analítica. A partir desses eixos destacaremos os aspectos abordados que melhor explicitam resultados e a qualidade da pesquisa desenvolvida.

Os capítulos da primeira parte, intitulada **Particularidades históricas e político-regionais,** voltam-se para o tratamento histórico concedido à formação social e política brasileira, também abordando

---

5. NETTO, José Paulo. Para uma história nova do Serviço Social no Brasil. *In*: SILVA, Maria Liduína de Oliveira (org.). *Serviço Social no Brasil*: História de resistência e de ruptura com o conservadorismo. São Paulo: Cortez, 2016.

a questão regional na formação sócio-histórica, observando as determinações das relações sociais capitalistas no contexto nacional. É destacada a função social que assume a Região Nordeste na relação com as demais regiões no decurso do desenvolvimento capitalista no Brasil e é exposta, ainda, fértil síntese sobre as contribuições de cinco autores (Gilberto Freyre, Sergio Buarque de Holanda, Caio Prado Júnior, Florestan Fernandes e Raymundo Faoro) que se dedicaram à análise da formação social brasileira, sob a perspectiva de "uma narrativa formacional sobre a sociedade brasileira". Essa parte é finalizada com dois ensaios de cunho analítico sobre o significado político de sujeitos coletivos que, a exemplo das Ligas Camponesas, do PCB e da Igreja católica, marcam a trajetória da Região Nordeste, destacando o sentido das lutas sociais e sua direção social no universo da política e das necessidades históricas da laicidade.

A parte II, **Gênese, desenvolvimento e renovação do Serviço Social no Nordeste** é integrada por nove capítulos, todos escritos por pesquisadoras/res das capitais nordestinas que refletem o caráter confessional dos membros criadores e protagonistas das primeiras escolas de Serviço Social da Região Nordeste, a partir da década de 40 do século XX. As autoras e autores discorrem sobre o processo de incorporação das escolas de Serviço Social às universidades, evidenciando determinações regionais no tratamento dado à questão social e a capacidade de articulação política tão presente no Serviço Social contemporâneo, ainda que atualizada em face da renovação teórico-metodológica. Igualmente problematizam e contextualizam historicamente as determinações societárias que incidem nas origens do Serviço Social em cada estado e em seus processos de ruptura com o conservadorismo na direção social do projeto ético-político, considerando fenômenos políticos que foram transmutados em fenômenos naturais, a exemplo da seca, presente na Região Nordeste, bem como a reprodução simultânea de relações arcaicas e modernas mediante o desenvolvimento desigual interno do capitalismo no Brasil.

Ademais, apontam os desafios enfrentados, considerando as particularidades da formação profissional, determinadas pelo movimento histórico em nível local, nacional e internacional. A formação profissional realizada nos cursos de Serviço Social da Região Nordeste se vincula organicamente às orientações da ABESS/ABEPSS, à direção social do projeto ético-político e à defesa da educação pública, gratuita, de qualidade e socialmente referenciada, como uma das mediações para a construção do conhecimento, direcionado à garantia das necessidades humanas. Oportunamente fazem a crítica à implementação da política educacional que apreende a educação como mercadoria e promove a expansão precária do ensino superior por meio da estratégia de implementação dos cursos de ensino a distância.

A última parte, **Temas e reflexões em torno do Serviço Social em Pernambuco: a contribuição do PPGSS/UFPE**, é integrada por sete capítulos de autoria de docentes do PPGSS/UFPE. Os capítulos dão visibilidade aos estudos e às pesquisas sobre o Nordeste nos marcos da formação sócio-histórica do Brasil e das determinações das relações sociais do capitalismo dependente e periférico. Os capítulos iniciais refletem sobre a criação do curso de Serviço Social em Pernambuco no contexto das determinações históricas e do universo da questão regional, destacando a atuação da Igreja e do Estado como campos de mediação histórica da formação profissional em Pernambuco. Reconhecem a relação entre a criação do curso de Serviço Social, os mecanismos de reprodução da sociedade e as particularidades da divisão sociorregional do trabalho e realizam a identificação da relação do Serviço Social com as iniciativas de participação popular, articuladas à educação popular, à teologia da libertação e à influência do educador Paulo Freire, bem como, mais recentemente, à da ação dos movimentos sociais, culturais e de esquerda. Tratam da valorização da efervescência político-cultural de Pernambuco como elemento de determinação do processo de renovação da profissão, bem como da forte atuação nas lutas em defesa da democracia e do estado de direito que inspirou e ao mesmo tempo contou com a participação efetiva de segmentos da categoria profissional.

Ao destacar a relação entre o Serviço Social e a política de desenvolvimento da Sudene, analisam criticamente a força política do desenvolvimento e a organização de comunidade e sua participação em programas e projetos de planejamento regional, bem como seus limites e suas contradições quanto à sintonia com os interesses da classe trabalhadora. Integra ainda esta parte um capítulo que aborda as condições de vida e de trabalho dos trabalhadores migrantes, que faziam a precária travessia entre viver na Zona da Mata e mudar para as periferias urbanas. Finalizando esse eixo, o último texto discorre sobre a participação do PPGSS/UFPE na formação de docentes da Região Nordeste, identificando tendências históricas, entre elas, a determinação para a criação do curso de doutorado em Serviço Social em uma conjuntura de contrarreformas neoliberais. Expõe iniciativas realizadas ao longo da existência do Programa, destacando o desenvolvimento de projetos acadêmicos de solidariedade com outras universidades da região e as contribuições significativas que extrapolam o debate local e regional, alcançando visibilidade nacional sobre caraterísticas e tendências da seguridade social e dos direitos sociais e sobre Serviço Social, formação profissional e trabalho profissional, no movimento contraditório da sociedade capitalista e da luta de classes.

Ao percorrermos essa variedade de reflexões profícuas, não temos dúvida das grandiosas indicações de pesquisa que emergem da leitura atenta sobre as particularidades regionais. A obra assume, assim, a condição de leitura necessária ao entendimento do Serviço Social brasileiro de forma mais densa, posto que a questão regional não significa dissociação da questão nacional. Pesquisar o Serviço Social no Nordeste é, como sinalizam as autoras, um encontro com os Nordestes. Sabemos que o projeto ético-político é construído por muitas gerações e, indiscutivelmente, a UFPE tem papel orgânico na formação de docentes que adentraram a universidade pública nos anos 90 do século XX. E mesmo diante da deterioração das condições de trabalho e da ofensiva da burguesia, com seu projeto ultraneoliberal, ultraconservador e privatizante para o ensino superior e de expansão precária e total descaso frente à morte de milhões de pessoas em face da pandemia covid-19, a resistência tem sido nossa esperança.

Aproveitamos a oportunidade para expressar nossa gratidão a essas mulheres guerreiras que, com tenacidade típica das nordestinas, edificaram esse programa, tão valioso para Pernambuco, o Nordeste e o Brasil, e seguem fazendo história ao lado de valiosos companheiros que integram as batalhas cotidianas.

Nosso agradecimento especial à professora Ana Elizabete pela socialização do rigor teórico-metodológico para a análise da realidade em uma perspectiva de totalidade. Rigor que nada tem a ver com rigidez ou ausência de sensibilidade. De forma criativa e ousada suscita inúmeras reflexões em busca da reprodução do movimento do real, instigando as novas gerações ao pensamento crítico. Eis um dos grandes legados de nossa interlocução, que permanece viva e provocativa à reflexão crítica mais de uma década após a conclusão do curso de doutorado.

Nordeste que exala contradições que favorecem lutas e resistência. Nordeste da classe trabalhadora em sua diversidade, de Zumbi e Antônio Conselheiro. Nordeste de lutadores e lutadoras que teimam em vislumbrar a liberdade e igualdade substantivas como horizonte, em contraposição à barbárie capitalista.

Modernizar o passado
É uma evolução musical
Cadê as notas que estavam aqui?
Não preciso delas!
Basta deixar tudo soando bem aos ouvidos
O medo dá origem ao mal
O homem coletivo sente a necessidade de lutar
O orgulho, a arrogância, a glória
Enche a imaginação de domínio
São demônios os que destroem o poder
Bravio da humanidade
Viva Zapata!
Viva Sandino!
Viva Zumbi
Antônio Conselheiro!
Todos os panteras negras
Lampião sua imagem e semelhança
Eu tenho certeza eles também cantaram um dia

("Monólogo ao pé de ouvido", Chico Science)

APRESENTAÇÃO

Na abertura de um dos mais reconhecidos textos contemporâneos sobre o Nordeste, *O caranguejo e o viaduto*[1], de autoria do professor Denis Antônio Bernardes e com a colaboração de Gadiel Perruci, ambos historiadores e professores da UFPE, com relevantes atuações no Serviço Social dessa Universidade, alertavam os historiadores sobre a "[...] difícil tarefa de fazer história no Nordeste [...] perseguidos sempre pela [...] monótona constatação de lacunas e ausências, a despeito de nas [...] áreas periféricas do espaço nacional, proliferarem documentos e fontes inexploradas à espera do pesquisador" (1996, p. 27); ao que acrescentamos, interessado. Este é o espírito intelectual e o elã acadêmico-político que motivaram o Programa de Pós-Graduação em Serviço Social da UFPE a reunir professores da área do Serviço Social e afins, neles incluídos docentes de todos os estados da região para iniciar uma pesquisa "interessada" em descobrir os "nordestes" que percorrem o Nordeste e, nessa processualidade, problematizar e refletir sobre a questão regional como parte da questão nacional e mundial, de onde emergem as determinações sócio-históricas do surgimento do nosso Serviço Social[2] como totalidade historicamente construída.

1. Trata-se de ensaio escrito nos finais da década de 1970 e publicado originalmente em 1990 e reeditado em 1996. BERNARDES, Denis e PERRUCI, Gadiel. O caranguejo e o viaduto (Notas para uma história social do Recife). *In*: BERNARDES, Denis. *Recife, o caranguejo e o viaduto*. Recife: Editora Universitária da UFPE, 1996. p. 27-71.

2. Mister ressaltar que não somos os e as pioneiras da iniciativa, inclusive porque não temos um inventário do que se produziu sobre o Serviço Social na dinâmica da formação social

Permeadas pelas expressões e pelos mecanismos de enfrentamento da "questão social" na região, é importante reconhecer que a emergência e a trajetória do Serviço Social no Nordeste, como nas demais regiões brasileiras, são produto de determinações históricas muito precisas, relacionadas aos meios e às necessidades do processo de produção e reprodução da sociedade capitalista brasileira, revelando os ditames da divisão regional e internacional do trabalho no Brasil.

Vale esclarecer que nossa concepção de região segue a teorização de Francisco de Oliveira[3] (1977, p. 27), que exclui qualquer formulação abstrata dessa categoria, compreendendo-a como um "espaço onde se imbricam dialeticamente uma forma especial de reprodução do capital, e por consequência, uma forma especial de luta de classes, onde o econômico e o político se fusionam e assumem uma forma especial de aparecer [...]". As regiões brasileiras, embora demarcadas por espaços geográficos, integram uma dada formação social, cujas particularidades se explicitam quando remetidas a determinada totalidade em movimento, qual seja, às relações sociais capitalistas e seus mecanismos de produção e reprodução que determinam estruturas/conjunturas específicas. Essa concepção de região embasa o tratamento teórico e histórico dispensado à identificação dos determinantes da

---

brasileira com destaque para as particularidades regionais: uma lacuna, quiçá imperdoável, em um território com onze programas de pós-graduação *stricto sensu* a quem se impõe suprir essa ausência brevemente. Exceção deve ser feita ao pioneirismo de Safira Bezerra Ammann, autora de referência quando se trata do Serviço Social no Nordeste, antes e imediatamente após o golpe empresarial-militar de 1964. No que tange à UFPE, particularmente à nossa área, a temática das particularidades do Serviço Social em Pernambuco foi originalmente trabalhada por Vieira (1992, 2008), seguindo-se Bernardes (2004-2006) com o *Projeto Memória da Escola de Serviço Social de Pernambuco* (2004), Padilha (2008) e, mais recentemente, sob a coordenação de Silveira Júnior (2019, 2020), com ampla participação de discentes, o projeto de extensão *Memória e história do Serviço Social em Pernambuco* e a pesquisa *A renovação do Serviço Social na particularidade do Nordeste (1960-1980)*, com quem vimos dialogando na expectativa de uma interlocução e articulação mais sistemática. Destacamos também, muito recentemente, a produção de Evelyne Medeiros, jovem professora do departamento de Serviço Social da UFPE, com a tese de doutorado *A dialética do desenvolvimento desigual inter-regional: a questão social no Nordeste brasileiro (2007-2015)*, defendida no Programa de Pós-Graduação em Serviço Social da Escola de Serviço Social da UFRJ, RJ, 2018.

3. OLIVEIRA, Francisco. *Elegia para uma re(li)gião.* Rio de Janeiro: Paz e Terra, 1977.

criação do Serviço Social na Região, desde os anos 40 do século XX, seus percursos e as incidências das inarredáveis lutas de classe na profissão: ora afirmando suas origens ultraconservadoras, ora inflexionando-as ou intencionando rupturas, ao longo da sua existência.

Este livro encerra um esforço investigativo coletivo que, ao se constituir em uma das primeiras aproximações à temática do Serviço Social no Nordeste, permitiu-nos sistematizar os singulares contextos do surgimento da profissão a partir da segunda metade dos anos 1940 (com as primeiras escolas de Pernambuco, Bahia e Rio Grande do Norte) e as iniciativas de estruturação formativo-ocupacional e de expansão da profissão na década de 1950, mediadas pela ação da Igreja católica e pela tímida atuação do Estado. Igualmente, identifica a dinamicidade e a dimensão política da profissão, a partir dos finais dos anos 1950, sob os influxos da luta de classes que ameaçava a *pax agrarie* regional e que viria a ser "passivizada coercitivamente" pelo golpe empresarial-militar de 1964 e pela modernização conservadora levada a efeito pela industrialização do Nordeste, através da Sudene.

Não podemos esquecer que o Nordeste, nos anos 50 do passado século, assistia ao desabrochar de uma nova processualidade nas pegadas do capitalismo monopolista, ocasião em que o campo começava a se movimentar e dar unidade às lutas entre trabalhadores rurais e urbanos com as Ligas Camponesas e os sindicatos rurais, nas quais a Igreja progressista teve papel destacado, mediando, também, sinalizações de uma renovação no âmbito do Serviço Social em Pernambuco e nos estados vizinhos. Essas experiências evidenciam transformações na sociabilidade e organização coletiva dos trabalhadores da região, tensionando a dominação da oligarquia agrária entre os anos 50 e 60 do século XX. Período do Plano de Metas de JK que, mediante a intervenção do Estado e do capital estrangeiro (predominantemente norte-americano) e nacional (Netto, 2014), ampliava as desigualdades regionais, sob a ofensiva das classes dominantes e do imperialismo estadunidense.

Segue-se, após a curta passagem de Jânio Quadros pela presidência, a assunção do seu vice-presidente, João Goulart, em meio a fortes embates entre as forças populares, parte das forças armadas e o núcleo conservador e golpista, como discorre Netto[4] (2014, p. 30). Protagonista de uma direção nacional-desenvolvimentista, o governo de João Goulart, iniciado em setembro de 1961, segundo Netto (2014, p.41), "requeria a implantação de um novo padrão de acumulação que não se resolveria no plano estritamente econômico, mas na imbricação de alternativas econômicas com transformações políticas", razão maior da opção janguista por medidas reformistas que consolidassem as bases de uma nova política econômica, as chamadas *reformas de base*, num contexto de acirrada luta e manifestação política no Brasil e internacionalmente, marcadas pela Guerra Fria e pela Revolução Cubana, de 1959. Contextualidade na qual o Nordeste amargava uma crise da economia agrária e exportadora que viria a ser substituída, gradualmente, pela industrialização da periferia brasileira.

Essa efervescência, na interpretação de Francisco de Oliveira (1977), transcendeu a região e ameaçava, inclusive, a burguesia industrial do Centro-Sul, como revelou em seu seminal ensaio *Elegia para uma re(li)gião*, referindo-se ao período da criação da Sudene que marcaria o início da intervenção planejada do Estado no desenvolvimento regional, cuja missão foi superar os conflitos de classe intrarregionais e subordinar a região às necessidades do capitalismo monopolista do Centro-Sul, em expansão (Oliveira, 1977, p. 100-115). Data desse período a postulação de que os profissionais do Serviço Social eram *agentes de mudança* e não da *transformação social*, como conceberam o movimento de reconceituação latino-americano e os setores que resistiram à ideologia das classes dominantes.

Entre resistências pontuais e adesões circunstanciais, o Serviço Social, regional e nacionalmente, praticamente emudeceu por uma década e meia. Todavia, não se aquietou e por meio das pelejas político-profissionais exercitou resistências, por vezes reinventando-se, em meio ao medo da repressão, mas conseguiu articular-se com a Igreja

4. NETTO, José Paulo. *Pequena História da Ditadura Brasileira* (1964-1985). São Paulo, Cortez, 2014. p. 25-67.

progressista, com a educação popular, com os movimentos populares e sindical e com a pesquisa-ação, uma espécie de versão acadêmica da militância popular classista.

Em tempos e espaços diversos — consideradas as particularidades estaduais, geracionais e formativas, segmentos da vanguarda profissional regional, trilharam os caminhos da unidade na renovação do Serviço Social brasileiro, engajando-se na luta pela redemocratização, por eleições diretas, pela anistia e pelo fim da ditadura empresarial-militar, assumindo, também nesse período, particulares meios de participação no processo de *intenção de ruptura* com o conservadorismo profissional, cultural e ideopolítico que inflexionaram a direção da Convenção da ABESS, em Natal, e desaguaram na efervescência do Congresso da Virada, de 1979, em São Paulo.

Contudo, esse processo iniciado nos finais da década de 1970 somente ganharia densidade a partir dos anos 1980, com o robustecimento da organização político-acadêmica-profissional do Serviço Social, (o movimento docente e estudantil) e a consolidação da pesquisa e da pós-graduação nas universidades, como evidenciam os diversos ensaios que integram este volume. Foi a partir desse período que se começou a vislumbrar a unidade do Serviço Social brasileiro, constituindo-se, processual e historicamente, como profissão e área de produção do conhecimento, orientado com uma direção social estratégica, enfeixada por uma cultura profissional comprometida com ideários anticapitalistas e emancipatórios, particularizados em diretrizes formativas, princípios éticos e organicidade com as lutas das classes trabalhadora e subalterna.

Assim posto, na condição de organizadoras deste volume, aqui representando o Colegiado do Programa, ao tempo em que reverenciamos os 81 anos da criação do curso de Serviço Social em Pernambuco e os 42 anos do Programa de Pós-Graduação em Serviço Social da UFPE, também comemoramos os cinquenta anos da federalização da Escola de Serviço Social de Pernambuco, que passou a integrar o Departamento de Serviço Social da Universidade Federal de Pernambuco, destacando, desde já, nosso apreço e defesa intransigente da universidade pública, laica e socialmente referenciada. Com esta publicação, o PPGSS/UFPE inaugura uma linha de estudos sobre as particularidades do Serviço Social no Nordeste à base de um profícuo intercâmbio com docentes e discentes das Instituições de Ensino Superior da região para suprir uma lacuna do conhecimento histórico/teórico do Serviço Social brasileiro, sobretudo junto às novas gerações, sobre a trajetória de criação, desenvolvimento e tendências do Serviço Social no Nordeste, tendo-as como público-alvo deste livro.

O livro está organizado em três partes: a primeira parte — **Particularidades históricas e político-regionais** — é integrada por cinco capítulos que abordam criticamente a questão regional, tratando-a no âmbito da formação social e política brasileira, tematizando a divisão nacional e regional do trabalho na contextualidade histórica da produção e reprodução das relações sociais na ordem capitalista. Ademais, nessa parte são abordados o significado das Ligas Camponesas, o protagonismo do Partido Comunista e suas inflexões na dinâmica política do Nordeste na década de 1960; segue-se um capítulo que resgata o significado da influência da Igreja católica nas dimensões ética, política e técnica da profissão e da formação profissional. A parte II — **Gênese, desenvolvimento e renovação do Serviço Social no Nordeste** — é integrada por nove capítulos que abordam a emergência e o desenvolvimento do Serviço Social nas capitais dos estados da região: Alagoas, Bahia, Ceará, Maranhão, Paraíba, Pernambuco, Piauí, Rio Grande do Norte e Sergipe, escritos por docentes, individualmente ou em coautoria, de diversas gerações e portadores de salutar pluralidade de abordagens, a quem agradecemos a substantiva colaboração e parceria. A parte III — **Temas e reflexões em torno do Serviço Social em Pernambuco: a contribuição do PPGSS/UFPE** — traz sete capítulos, todos de autoria de docentes do Programa de Serviço Social da UFPE e tematiza questões que têm incidência no tema geral do livro, mas tratando de objetos específicos, atinentes às mediações históricas da formação profissional entre os anos 1940-1970, contribuições de Pernambuco à renovação do Serviço Social, abordagens sobre os movimentos e as lutas sociais, o significado histórico do

Desenvolvimento de Comunidade e a questão urbana no Nordeste. Finaliza essa parte um capítulo sobre o PPGSS/UFPE, ensaio comemorativo dos quarenta e dois anos do Programa, cuja linha do tempo evidencia as relações entre a pesquisa, a produção do conhecimento e a realidade regional e nacional, ademais das suas tendências.

Quando da finalização desta apresentação, recebemos a triste notícia do falecimento do professor e historiador Dr. Gadiel Perruci, um dos mais destacados pesquisadores marxistas da questão regional. A ele e ao professor Denis Bernardes, também falecido, ambos autores do antológico texto *O caranguejo e o viaduto*, citado na abertura desta apresentação, fazemos nossa homenagem, dizendo-lhes, Gadiel e Denis, presentes hoje e sempre!

Recife, 30 de agosto de 2021.

Ana Elizabete Mota
Ana Cristina Vieira
Angela Amaral

Parte I

Particularidades Históricas e Político-Regionais

1

A QUESTÃO REGIONAL E O NORDESTE NO DESENVOLVIMENTO DO CAPITALISMO BRASILEIRO[1]

Evelyne Medeiros Pereira

A crise da sociedade brasileira apresentava-se no Nordeste com cores mais vivas e intensas do que no resto do Brasil. [...] *De certo modo, na medida em que aí as contradições eram mais 'clássicas'* (no sentido de Marx), o Nordeste era a região mais típica do Brasil; *a sua crise expressava, em toda a sua crueza, a crise do conjunto do país.*

(Carlos Nelson Coutinho[2] [1990] 2011.)

---

1. Versão revisada e reduzida do texto intitulado "Existirmos — a que será que se destina? A questão regional e o Nordeste na formação social brasileira", originalmente publicado no livro *Serviço Social em Pernambuco*: primeiras décadas da formação e atuação profissional, organizado por Adilson Aquino Silveira Júnior (CRV, 2020).

2. COUTINHO, Carlos Nelson. *Cultura e sociedade no Brasil*: ensaios sobre ideias e formas. 4. ed. São Paulo: Expressão Popular, [1990] 2011.)

As mistificações em torno da imagem do Nordeste há muito fazem parte da formação social brasileira. Sobretudo nos momentos de maior acirramento das contradições de classe, vez ou outra, esse tema toma renovado fôlego, sinalizando o papel central das desigualdades regionais no desenvolvimento histórico do capitalismo. Como o *sertão é também mundo*, tal como nos alertou Antônio Cândido (2014), ele expressa os problemas e dilemas da humanidade que transcendem o próprio sertão. As sábias palavras de um dos maiores intérpretes do Brasil certamente contribuem para o entendimento da dinâmica regional na perspectiva da totalidade.

As expressões da crise capitalista em curso na realidade brasileira revelam que a questão regional se reapresenta em um contexto que a torna mais viva e pulsante, demonstrando que o debate crítico em torno desse tema precisa ser reaberto, particularmente no Serviço Social. Desafio a ser enfrentado considerando que as desigualdades regionais não são obra da simples ausência de políticas de desenvolvimento regional ou da má gestão do aparelho de Estado, mas compõem a dinâmica própria do padrão de reprodução do capital, particularmente nos países de capitalismo dependente. Nesse sentido, a questão regional continua servindo de "tática dentro da estratégia global do modo de produção capitalista" (Perruci, 1984), ou seja, como parte necessária e subsidiária do desenvolvimento das relações sociais sob a hegemonia do capital monopolista, garantindo a (re)produção de níveis elevados e violentos de desigualdade e concentração de riquezas.

Consideramos oportuno lembrar, desde aqui, os valorosos esforços já desenvolvidos por tantas/os pensadores/as e estudiosos/as sobre essa temática. Muitos/as, inclusive, com os/as quais dialogaremos nesta breve exposição, a começar pelo ponto de partida que coincide com aquele a partir do qual Silvio Maranhão (1984, p. 8-9) dá início ao Seminário *Nordeste: estrutura econômica e social, desenvolvimento e processos políticos*, em março de 1982, na Universidade Federal de Pernambuco (UFPE):

> O Nordeste que se vê nesses textos não é um Nordeste harmonioso, comunitário, quase idílico, mistificado e "folclórico". O Nordeste aqui discutido é um Nordeste fortemente diferenciado, parte integrante e integradora da formação social brasileira, onde as associações e dissociações, alianças e conflitos de classes e grupos sociais marcam, por assim dizer, o ritmo e o compasso dos processos históricos que tem lugar na região (Maranhão, 1984, p. 8-9).

A perspectiva aqui priorizada parte do pressuposto de que a realidade que nos parece local "[...] está sempre governada, altamente determinada, pela dinâmica da produção predominante na sociedade, no conjunto do subsistema econômico brasileiro" (Ianni, 1981, p. 127-128). A garantia de hegemonia capitalista implica fazer com que o Nordeste continue sendo visto desde o prisma das caricaturas temperadas de exotismo, das belezas nativas dos cartões-postais ao reforço da ideia do lugar dos esquecidos e dos condenados pela seca e pelo *subdesenvolvimento.*

Com base nessa perspectiva, adentraremos, panoramicamente, aspectos considerados fundamentais para estudos e reflexões acerca da questão regional no capitalismo brasileiro ontem e hoje.

Questão regional na dialética universal-particular

O desenvolvimento capitalista, ao mesmo tempo que demanda o processo de homogeneização para sua reprodução ampliada, integrando as regiões no mesmo modo de produção, cria e aprofunda, pelos mesmos meios, as desigualdades regionais que permitem uma acumulação cada vez mais privada das riquezas socialmente produzidas. Caso contrário, o padrão de reprodução das relações sociais capitalistas estaria fadado ao colapso. Tais desigualdades e contradições universalizaram-se mediante uma combinação entre diversas configurações regionais[3]. Essa característica, aprofundada e particularizada em sociedades de capitalismo dependente, revela o caráter integrador e, ao mesmo tempo, desintegrador de regiões nesse sistema.

> A coexistência das duas regiões numa mesma economia tem consequências práticas de grande importância. Assim, o fluxo de mão de obra da região de mais baixa produtividade para a de mais alta, mesmo que não alcance grandes proporções relativas, tenderá a pressionar sobre o nível de salário desta última, impedindo que os mesmos acompanhem a elevação da produtividade. Essa baixa relativa do nível de salários traduz-se em melhora relativa da rentabilidade média dos capitais invertidos. Em consequência, os próprios capitais que se formam na região mais pobre tendem a emigrar para a mais rica (Furtado, [1959] 2003, p. 248-249).

Em outras palavras, fora do circuito de interpretações dualistas, estruturas econômicas em diferentes estágios de desenvolvimento não só podem como devem ser combinadas e articuladas no sistema econômico global. No caso brasileiro, trata-se da permanente relação entre o *desenvolvimento desigual interno* e a *dominação imperialista externa*, (re)compondo as desigualdades regionais. O amálgama entre a modernização capitalista e a persistência de formas arcaicas não é, portanto, uma *função secundária e suplementar* (Fernandes, [1968] 2008). Ou, nos termos de Caio Prado Jr. (1972, p.18), "[...] o Brasil de hoje, apesar de tudo de novo e propriamente contemporâneo [...] ainda se acha intimamente entrelaçado com o seu passado".

---

3. "No lugar da tradicional auto-suficiência e do isolamento das nações surge uma circulação universal, uma interdependência geral entre os países. E isso tanto na produção material quanto na intelectual". Trata-se da condição de existência e desenvolvimento do modo de produção capitalista: a universalização, a expansão mundial do capital como tendência, o que torna possível a burguesia criar um mundo "à sua imagem e semelhança" (Marx; Engels, [1848] 1998, p. 11-12). Isso, porém, sob uma combinação dialética de desigualdades de ritmo e intensidade entre nível das forças produtivas ou formas de reprodução do capital e relações de produção presentes nos diferentes territórios e regiões.

É exatamente nessa dialética do desenvolvimento desigual inter-regional que a formação social brasileira se constituiu historicamente numa combinação entre relações sociais capitalistas e aquelas que, mesmo não sendo tipicamente capitalistas, sobrevivem, se configuram nele e o reforçam. Afinal, "[...] não reconhecer [...] que existem marcadas diferenças entre as várias formas de produção do valor dentro do capitalismo é não reconhecer [...] o processo de constituição do próprio capital enquanto relação social" (Oliveira, 1993, p. 30). A formação social brasileira pode ser entendida, assim, como uma forma particular de configuração da dialética arcaico-moderno que viabilizou e conformou, com suas especificidades e reciprocidades, o *patriarcado-racismo-capitalismo* (Saffioti, 2013).

O fato é que, mesmo diante de todas as desconformidades, o agente organizador da acumulação capitalista não deixou de ser a *burguesia associada ao grande capital* (Ianni, 2004) e destituída de um projeto político de orientação democrática e de soberania nacional, mediante arranjos de cúpula com setores oligárquicos, sem demandar uma ruptura por meio de uma revolução democrático-burguesa ou de libertação nacional (Iamamoto, 2007, p. 132). A dinâmica do capital por aqui foi realizada por meio de mecanismos ainda não essencialmente capitalistas, não tendo como *meio ambiente original*, de transição, o definhamento do feudalismo (Gorender, 1982).

Frente a tais considerações, o núcleo central da dinâmica capitalista no Brasil é exatamente a perpetuação de um enorme contingente de força de trabalho disponível, do monopólio da terra, das formas extraeconômicas de exploração do trabalho (semi ou pré-capitalistas) e de remuneração (monetária e não monetária) bem abaixo do valor da reprodução da força de trabalho, refletindo um baixíssimo padrão de vida do/a trabalhador/a, mesmo com o aumento da produtividade do trabalho. Tudo isso sob a interferência direta do Estado, que subsidia a base de sustentação dessa engenhosa arquitetura, socializando parte dos custos da reprodução da força de trabalho.[4]

---

4. Portanto, "[...] os serviços realizados a base de pura força de trabalho, que é remunerada a níveis baixíssimos, transferem, permanentemente, para as atividades econômicas de corte

Daí o entendimento de que não há etapas bem definidas de desenvolvimento pelas quais cada formação social deva passar inexoravelmente. A apreensão dos aspectos que tornaram burguesa a sociedade brasileira sem vivenciar, por exemplo, um processo de ruptura com o latifúndio e seus antigos representantes é, a nosso ver, pressuposto central para o estudo sobre os fundamentos das desigualdades regionais e os descompassos entre as regiões tidas como mais ricas ou "avançadas" e as pobres ou "atrasadas" enquanto fenômeno moderno.

Regiões como o Nordeste funcionam nesse processo como verdadeira reserva da *superpopulação relativa*, garantindo o baixo custo da força de trabalho, mesmo com o aumento da produtividade. Já o Sudeste passa a assumir a função de região-centro, constituindo sua hegemonia sobre as demais regiões no movimento de concentração e centralização do capital. Para isso, as migrações cumpriram importante papel.

Em si mesmas, como afirma Lenin (1982, p.159), as migrações podem expressar fenômenos progressistas por possibilitar a mobilidade de trabalhadores/as, o rompimento com as determinações locais e com as "formas servis do salariado e do pagamento em trabalho". Contudo, na formação social brasileira o estímulo às migrações deu-se sem necessariamente romper com tais relações, mantendo sob restrição permanente o acesso aos bens e serviços. Não se trata, desse modo, de uma suposta ausência do desenvolvimento capitalista, mas de um modo particular e dependente de inserção.

---

capitalista, uma fração do seu valor, 'mais-valia' em síntese. Não é estranha a simbiose entre 'moderna' agricultura de frutas, hortaliças e outros produtos de granja com o comércio ambulante? [...] Esses tipos de serviços, longe de serem excrescência e apenas depósito do 'exército industrial de reserva', são adequados para o processo da acumulação global e da expansão capitalista e, por seu lado, reforçam a tendência à concentração de renda" (Oliveira, 2013, p. 57-58). O circuito da dependência e o "círculo vicioso do subdesenvolvimento" explicitam que mais valem empregadas domésticas recebendo baixíssimos salários, mulheres e homens realizando constantemente o trabalho não pago necessário a sua reprodução em cidades intrafegáveis, que um dispêndio de recursos destinados a estruturas coletivas que não propiciam lucro suficiente com o rebaixamento da força de trabalho urbana que depende desses mesmos serviços abundantes e degradados, e boa parte dessa força de trabalho não pode ao menos consumir tais serviços demandados.

O Nordeste brasileiro e a modernização dependente

A questão regional brasileira se aprofunda em momentos históricos em que há uma combinação entre crise econômica e avanço das ideologias conservadoras ou reacionárias que penetram as ações estatais. Não à toa a realidade nordestina, com destaque para o estado do Ceará, foi cenário, na primeira metade do século XX, de atrocidades cometidas pelo Estado como forma de conter os efeitos e desdobramentos do fenômeno social da seca e da ameaça dos *retirantes*. Referimo-nos, entre outras iniciativas, à existência dos *campos de concentração* que mantinham trabalhadores/as atingidos/as pelo problema social da seca isolados/as na periferia da cidade, em estruturas precárias de cercados e sob severa vigilância e exploração do trabalho em obras públicas e de particulares[5]. Além disso, outras ações foram desenvolvidas como o estímulo às migrações para o trabalho nos cafezais do Centro-Sul e na extração de látex nos seringais da Amazônia, bem como a criação de órgãos públicos voltados para a chamada "solução hidráulica", que consistia no direcionamento dessa força de trabalho para a construção de açudes via *frentes de serviço*.

O que essas políticas revelam é uma tendência intensa e permanente do autoritarismo no padrão de dominação burguesa no país, que se consolida no mesmo compasso em que a própria questão regional adquire maturidade, aperfeiçoando o papel econômico e político de regiões como o Nordeste na divisão inter-regional do trabalho. Para a sustentação dessa arquitetura, o mecanismo ideológico que consolida a imagem social do Nordeste e dos/as nordestinos/as, respectivamente, como "região-problema" e "classes perigosas" (Guimarães, 2008) tornou-se de fundamental importância. "Foi assim que o imperialismo e a burguesia, no Brasil, decidiram transformar o Nordeste numa questão política, militar e policial prioritária" (Ianni, 1981, p. 112) com a finalidade de acabar com todas as experiências democráticas que

5. Estima-se que cerca de 90 mil pessoas estiveram nesses "campos de concentração" nos anos iniciais da década de 1930. Cf. Neves, 2004.

emergiam na região. Afinal, até os avanços de natureza democrática e popular ameaçavam a estrutura que sustenta uma engenharia tão moderna quanto arcaica do latifúndio.

Segundo Florestan Fernandes ([1973] 2009), esse quadro tem seus determinantes mais bem estruturados desde a consolidação do "imperialismo total", exigindo mecanismos prioritários por parte do Estado na tentativa de combater os efeitos do aprofundamento da questão regional e viabilizar tal consolidação via integração nacional diante da decadência da burguesia industrial, do declínio do pacto populista, da penetração de grupos econômicos e mercadorias produzidas no Centro-Sul e no Nordeste, da destruição da economia regional, promovendo a superacumulação e o adensamento das lutas populares. O acirramento desses conflitos, somado ao pauperismo que gerou a ameaça social dos "flagelos da seca", demandou outras intervenções por parte do Estado brasileiro.[6] Nesse quadro, podemos

6. Vale destacar que existe um vasto enredo da vida real centrado em um conjunto de experiências de protestos e lutas populares que não foram incorporadas nas "narrativas nacionais" com uma nítida intenção por parte dos setores dominantes de isolá-las e associá-las pejorativamente ao fanatismo e banditismo. Isso é demonstrado na importante obra de Rui Facó (1963, p.15-16) ao fazer alusão à concepção hegemônica dos fenômenos do cangaceirismo e do messianismo vividos sobretudo no Nordeste no fim do século XIX e na primeira metade do século XX e desconstruí-la. Outra figura que passa a compor a narrativa nacional sobre o Nordeste foi o "flagelo da seca", expressão do fenômeno social da seca na região. Diante disso, para Nobre (2010, p. 5-6), foram quatro as principais formas de enfrentamento às consequências das secas por parte do Estado: 1) "Controlar os flagelos", mantendo-os "isolados na periferia da cidade, em estruturas precárias de cercados [...] e sob severa vigilância. [...] tais locais de contenção dos flagelos da seca passaram a ser chamados de 'campos de concentração' [...] depositário de força de trabalho barata que era usada em obras públicas e de particulares.". 2) Estímulos a migrações para o trabalho nos cafezais do Centro-Sul e na extração de látex nos seringais da Amazônia, recrutamento por parte de empreiteiras envolvidas na construção da transamazônica; 3) Medidas de contenção das migrações do sertão para as cidades com a "criação de órgãos públicos voltados para a chamada 'solução hidráulica'. Esta consistia no direcionamento da força de trabalho dos retirantes da seca para a construção de açudes, através das chamadas 'frentes de serviço'" (Nobre, 2010, p. 7). Para Oliveira (1981, p. 55), esses episódios da história do Nordeste expressam formas típicas da acumulação primitiva do capital. Antigas instituições, como a Inspetoria de Obras Contra as Secas (IOCS), de 1909, que passa a se chamar Departamento Nacional de Obras Contra as Secas (DNOCS), em 1945, representaram um "esforço racionalizador" por parte do Estado, avançando-se "muito no conhecimento físico do Nordeste semiárido, de suas potencialidades e limites [...]. Não se avançou nada, porém, em termos do

situar, mesmo que de maneira tardia, uma nova política de desenvolvimento para o Nordeste com base na industrialização da região. Para os idealizadores dessa política, certamente o que estaria em questão seria o enfrentamento às relações tidas como atrasadas na agricultura e a produção de uma "[...] larga 'periferia' onde predominam padrões não capitalísticos de relações de produção, como forma e meio de sustentação e alimentação do crescimento dos setores estratégicos nitidamente capitalistas", que são a longo prazo a garantia das estruturas de dominação e reprodução do sistema (Oliveira, 2013, p. 69).

A superação desse tipo de relações seria como romper com a *dependência da dependência*, já que "[...] a integração ao mercado interno significa tornar a região que se integra 'dependente' da economia do Sudeste, isto é, as vantagens da industrialização desequilibram a economia 'normal' da região e impõem uma nova divisão do trabalho em função do Sudeste" (Oliveira, 1977, p. 52). Por outro lado, esse desequilíbrio regional, expressando também conflito de classes, "[...] que aparece sob as roupagens de conflitos regionais [...] chegará a uma exacerbação cujo resultado mais imediato é a intervenção 'planejada' do Estado no Nordeste, ou a Sudene" (Oliveira, 1981, p. 113). Marcada em sua história por embates e ambiguidades, a Superintendência do Desenvolvimento do Nordeste (Sudene) representou exatamente o direcionamento hegemônico que as políticas dessa natureza tiveram no período desenvolvimentista.[7]

---

entendimento e desvendamento de sua estrutura socioeconômica [...]" (Oliveira, 1981, p. 51). Em suma, acabaram por beneficiar proprietários rurais e o "controle político na distribuição de alimentos e vagas para o alistamento", conformando a conhecida "indústria da seca"; 4) Criação de instituições voltadas para a assistência aos "flagelados" da seca. Estas tinham, no entanto, associação direta com a polícia, referendando a velha e necessária combinação entre repressão e assistência na garantia de hegemonia. Nobre (2010) apresenta como exemplo o Serviço de Socorro e Assistência às Vítimas da Seca (SSAVS) e o Serviço Social do Estado (SSE), além de ações de combate à mendicância, de profissionalização e "higienização" da cidade.

7. É importante ressaltar que, diferentemente do que apontam algumas análises críticas, a experiência da Sudene não pode ser resumida a uma "farsa". A história dessa instituição foi marcada por ambiguidades e embates entre as forças e aspirações populares e aquelas do grande capital monopolista que procuravam socorrer os interesses das elites locais do "[...] velho Nordeste dos 'coronéis' e da burguesia açucareira, convocando as forças da burguesia

A intervenção planejada do Estado dá-se, portanto, por meio do deslocamento de esquemas de reprodução próprios da economia do Nordeste por outros que têm sua matriz noutro contexto de acumulação. Desse modo, o excedente produzido na região é transmutado, por meio de sua parcela destinada ao fundo público, em capital a favor da *grande burguesia do Centro-Sul*. Isso significa que o custo da reprodução da força de trabalho continuará baixo mesmo com o aumento da produtividade; as mercadorias produzidas na região continuarão sofrendo a deterioração dos termos de troca, abastecendo a nova classe assalariada urbana em ascensão, principalmente no Sudeste, e garantindo a oferta de recursos naturais à industrialização nacional. O empobrecimento da população trabalhadora nessa região, junto à extração da *mais-valia extraordinária* durante o regime militar, viabilizou o "milagre brasileiro".

A base e as circunstâncias objetivas das expressões da questão social no Nordeste, atravessadas pelo monopólio da terra, sinalizam como o modo de produção se generalizou por meio da industrialização sem, no entanto, destituir-se do peso agrário-exportador mediante a superexploração da força de trabalho e a associação entre capital nacional e estrangeiro, obstaculizando o crescimento das forças produtivas. Isto, diferentemente do que muitos atestaram, sob o invólucro da marcha do desenvolvimento e crescimento econômico,

---

internacional-associada e do imperialismo para liquidar as classes populares" (Oliveira, 1981, p. 15). Caso essas forças não tivessem ganho, certamente teríamos um outro Nordeste e um outro Brasil. De toda forma, há que considerar a Sudene "um empreendimento de uma audácia inédita na história nacional" (Oliveira, 1981, p. 18) que, de alguma forma, enfrentou resistências, inclusive das "elites nordestinas temerosas da perda de privilégios", que atacavam a figura de Celso Furtado e viam sua defesa da reforma agrária como ameaçadora, dando margem para a subversão associada aos movimentos camponeses da época (Furtado, 2009, p. 12). Mesmo com o teor progressista, com o objetivo de combater as desigualdades regionais e com a diversidade de opiniões e concepções em disputa em torno da Sudene, ela acaba tornando-se "[...] um mecanismo de destruição acelerada da própria economia 'regional' nordestina", promovendo a expansão capitalista no Nordeste via hegemonia da burguesia do Centro-Sul expressa na tendência das empresas ou grupo de empresas que já são principais no Brasil serem principais no Nordeste" (Oliveira, 1981, p. 113).

não seria possível fora dos marcos da dialética do desenvolvimento desigual inter-regional do capitalismo e da modernização dependente no Brasil.

O Nordeste e o nosso tempo histórico

As desigualdades regionais tomam proporções e características diversas no contexto contemporâneo. O processo de financeirização e sua incessante busca de valorização do capital têm como necessidade a constante superação de fronteiras de tempo e espaço, o que, por outro lado, acaba por estabelecer outras tantas barreiras territoriais e diferenciações regionais em uma mundialização que também se regionaliza. Fruto desse processo, ocorre o adensamento da questão social na sua dimensão regional, expressa pela intensificação da divisão internacional — e inter-regional — do trabalho[8], da exploração por intermédio da reestruturação produtiva e dos diversos conflitos de base territorial refletidos na violenta onda migratória, recompondo a questão regional em termos macrossociais.

Mesmo diante de governos de cunho progressista nas primeiras décadas do século XXI que destacaram o protagonismo do Nordeste do ponto de vista do "desenvolvimento social" e "crescimento

8. A menor rotação de capital nos países centrais implica uma maior rotação nos países dependentes, como uma menor composição orgânica do capital nos primeiros, demanda uma realização mais rápida da mercadoria nos segundos. Ocorre que tais (des)compassos se reproduzem internamente aos próprios países, integrando os territórios nacionais à divisão internacional (e inter-regional) do trabalho. Assim, "[...] a divisão do trabalho em geral está relacionada diretamente à divisão territorial do trabalho, à especialização de certas regiões na produção de um único artigo, às vezes de uma única variedade de um artigo e até de uma única parte de um artigo. [...] A manufatura não cria apenas regiões completas, mas introduz a especialização no interior mesmo dessas regiões". Isto, porém, contraditoriamente, nos diz que "[...] a existência de matéria-prima num dado local não é, de modo algum, obrigatória para a manufatura e dificilmente seria comum a ela, já que a manufatura pressupõe relações comerciais já bastante amplas" (Lenin, 1982, p. 275-276).

econômico", sinalizando inflexões nas formas de enfrentamento à questão social nessa região, o trauma *técnico-burocratizante* apontado por Perruci (1984, p.12) persiste. O termo refere-se aos resquícios de tantas formulações e teorizações que, desde a ditadura civil-militar, só adensaram e consolidaram o papel dessa região na divisão inter-regional do trabalho.[9]

A apreensão das condições atuais de inserção da Região Nordeste no padrão de (re)produção capitalista demanda relacionar aspectos de natureza conjuntural (o valor da força de trabalho, os custos de vida, os incentivos fiscais, a "geografia econômica", o índice de empregabilidade, o acesso aos serviços sociais etc.) com condições estruturais, leis e tendências gerais do capitalismo em meio ao complexo sistema de financeirização e fetichismo do capital. Essa dinâmica é impulsionada não apenas pelos fatores econômicos, mas também pelas circunstâncias e desdobramentos no âmbito político que põem em outro patamar a luta de classes.

É certo que a expansão capitalista pode promover, mesmo que temporariamente, a inclusão de uma maior parcela da população, tanto no consumo quanto no mercado de trabalho, elevando os índices de crescimento econômico e o incentivo ao setor produtivo em regiões como o Nordeste. Contudo, isso ocorre de forma descompassada entre os setores da economia capitalista e entre as próprias regiões, acompanhado pelo avanço do agronegócio no Brasil cuja baixa capacidade de gerar ocupações é incomparável às atividades relativas à agricultura familiar. Entre as ocupações geradas, o peso da informalidade e da reestruturação produtiva ganha cada vez mais notoriedade, o que tende a se agravar diante das recentes modificações nas legislações trabalhista e previdenciária, sobretudo nas condições do/a trabalhador/a do campo, propiciando às frações burguesas a apropriação ainda maior do trabalho necessário via exploração e expropriação. De repente, os ínfimos ganhos da população se esvaem.

9. Cf. Pereira (2018).

Fica evidente, no caso brasileiro, a funcionalidade do *atraso* na modernização dependente. O mesmo desenvolvimento que integra regiões, as tornam desiguais. É o que revela o atual contexto que combina de forma peculiar o reacionarismo político-cultural às medidas ultraliberais no âmbito econômico, atualizando e reforçando o *conservantismo* próprio da burguesia brasileira e o seu padrão *autocrático* de dominação (Fernandes, 2015). Junto a isto, reforça-se também o papel histórico do Nordeste na divisão inter-regional do trabalho, demonstrando que o avanço das relações capitalistas pode, e deve, provocar transformações nas características da questão regional, em suas exterioridades, mas, em vez de eliminá-la, ele agrava e aprofunda essa questão, garantindo sua persistência e coexistência com a questão nacional.

Vale, contudo, ressaltar que as regiões são e estão em movimento. Há, pois, na história regional e nacional, vários "Nordestes". Nas palavras de Manuel Correia de Andrade (1984, p. 53), em meio ao desequilíbrio planejado, o Nordeste "[...] é muito mais um amálgama de regiões do que uma região". Nessa perspectiva, se por um lado o Nordeste é reserva de acumulação primitiva do sistema global, também é, por outro, "[...] espaço onde se imbricam dialeticamente uma forma especial de reprodução do capital, e, por consequência uma forma especial da luta de classes [...]" (Oliveira, 1981, p. 79).

O mais recente golpe de Estado no país trouxe à tona a combinação entre o ultraliberalismo e um governo sustentado por um movimento de cunho neofascista. Esse cenário tem impulsionado novo movimento de concentração e centralização de capitais, reforçando a condição de país agroexportador e dependente. Algumas das suas principais expressões são a reprimarização da pauta exportadora, com base na alavanca da dívida pública; a atrofia do mercado interno, da capacidade de consumo das classes subalternas e da formalização do trabalho; o peso da pauperização absoluta na combinação com formas de pauperização relativa; a menor composição orgânica do capital na indústria; o rebaixamento real do salário; formas de elevação de produtividade intermediadas pela recomposição de relações de trabalho não monetarizadas e pela coerção extraeconômica sobre o/a trabalhador/a etc.; ou seja, um amplo movimento *contrarrevolucionário*, de regressão das conquistas civilizatórias, cujos efeitos atingem de forma particular regiões como o Nordeste.[10]

Diante disso, não soa, nem soará, estranha a ascensão de "novos" recursos ideológicos como forma de legitimar o aprofundamento das desigualdades regionais pelo reacionarismo de nossa classe dominante. Resta-nos afirmar o compromisso de seguir a saga, revelando os (des) encontros entre passado e presente, entre universal e regional como subsídio à ação dos/as trabalhadores/as, ou seja, da única classe capaz de transpor as cercas que persistem em reproduzir a barbárie.

Referências

ANDRADE, Manuel Correia de. A questão regional: o caso do Nordeste brasileiro. *In*: MARANHÃO, Silvio (org.). *A questão Nordeste*: estudos sobre formação histórica, desenvolvimento e processos políticos e ideológicos. Rio de Janeiro: Paz e Terra, 1984. p. 41-54.

CÂNDIDO, Antônio. *Grande Sertão Veredas*: Antônio Cândido sobre Guimarães Rosa. [*S. l.*: *s. n.*] mar. 2014. Publicado pelo canal ZekitchaCostello. Disponível em: https://www.youtube.com/watch?v=nn9YMb6S7VQ. Acesso em: 12 maio 2017.

CORRÊA, Roberto Lobato. *Região e organização espacial*. São Paulo: Ática, 1988.

COUTINHO, Carlos Nelson Coutinho. *Cultura e sociedade no Brasil*: ensaios sobre ideias e formas. 4. ed. São Paulo: Expressão Popular, [1990] 2011.

10. Em 2018, o Nordeste era a região com 29% dos desocupados do país, bem como a maior na proporção de pessoas que procuraram trabalho por mais de dois anos. Dos 12,8 milhões de brasileiros nessa situação, 3,7 milhões eram nordestinos. O Nordeste representou 41% dos subocupados por insuficiência de horas trabalhadas no país. Dos 6,6 milhões de brasileiros nessa situação, 2,7 milhões eram nordestinos. (IBGE, 2018)

FACÓ, Rui. *Cangaceiros e fanáticos*: gênese e lutas. Rio de Janeiro: Civilização Brasileira, 1963.

FERNANDES, Florestan. *Poder e contrapoder na América Latina*. São Paulo: Expressão Popular, 2015.

FERNANDES, Florestan. *A revolução burguesa no Brasil*: ensaio de interpretação sociológica. 5. ed. São Paulo: Globo, [1975] 2006.

FERNANDES, Florestan. *Sociedade de classes e subdesenvolvimento*. 5. ed. rev. São Paulo: Global, [1968] 2008.

FERNANDES, Florestan. *Capitalismo dependente e classes sociais na América Latina*. São Paulo: Global, [1973] 2009.

FURTADO, Celso. *Formação econômica do Brasil*. São Paulo: Ed. Nacional, [1959] 2003.

FURTADO, Rosa Freire d'Aguiar. Apresentação. *In*: FURTADO, Celso. *Economia do desenvolvimento*. Rio de Janeiro: Contraponto, 2009. v. 2. (Coleção Arquivos Celso Furtado).

GORENDER, Jacob. *A burguesia brasileira*. São Paulo: Brasiliense, 1982. (Coleção Tudo é História).

GUIMARÃES, Alberto Passos. *As classes perigosas*: banditismo urbano e rural. Rio de Janeiro: Editora UFRJ, 2008.

IAMAMOTO, Marilda Villela. A questão social no capitalismo. *Revista Temporalis*, n. 3, p. 9-32, jan./jul. 2001.

IAMAMOTO, Marilda Villela. *Serviço Social em tempo de capital fetiche*: capital financeiro, trabalho e questão social. São Paulo: Cortez, 2007.

IANNI, Octavio. *A ditadura do grande capital*. Rio de Janeiro: Civilização Brasileira, 1981.

IANNI, Octavio. *Estado e capitalismo*: estrutura social e industrialização no Brasil. Rio de Janeiro: Civilização Brasileira, 1965.

IANNI, Octavio. *Pensamento social no Brasil*. São Paulo: EDUSC, 2004.

IBGE. *PNAD Contínua tri*: taxa de subutilização da força de trabalho é de 24,6% no segundo trimestre de 2018, 2018. Disponível em: https://agenciadenoticias.ibge.gov.br/agencia-sala-de-imprensa/2013-agencia-de-noticias/releases/22218-pnad-continua-tri-taxa-de-subutilizacao-da-forca-de-trabalho-e-de-24-6-no-segundo-trimestre-de-2018. Acesso em: 4 fev. 2020.

IBGE. *Maior proporção de empresas de alto crescimento está no Norte e Nordeste*. Brasília: EBC Agência Brasil, 2014. Disponível em: https://agenciabrasil.ebc.com.br/economia/noticia/2014-12/emb-maior-proporcao-de-empresas-de-alto-crescimento-esta-no-norte-e. Acesso em: 10 set. 2016.

LENIN, Vladimir Ilitch. *O desenvolvimento do capitalismo na Rússia*: o processo de Formação do Mercado Interno para a Grande Indústria. São Paulo: Abril Cultural, [1899] 1982.

MARANHÃO, Silvio (org.). *A questão Nordeste*: estudos sobre formação histórica, desenvolvimento e processos políticos e ideológicos. Rio de Janeiro: Paz e Terra, 1984.

MARX, Karl. *Contribuição à crítica da economia política*. São Paulo: Expressão Popular, [1859] 2008.

MARX, Karl; ENGELS, Friedrich. O manifesto do Partido Comunista. *O Manifesto Comunista 150 anos depois*. Rio de Janeiro: Contraponto; São Paulo: Fundação Perseu Abramo, [1848] 1998.

NEVES, Frederico de Castro. A seca na história do Ceará. *Uma nova história do Ceará*. Fortaleza: Ed. Demócrito Rocha, 2004.

NOBRE, Maria Cristina de Queiroz. Cercas e secas na história do Ceará: expressões da "questão social". *In*: *Anais do Encontro Nacional de Pesquisadores em Serviço Social*, 12, Rio de Janeiro, 6 a 10 dez. 2010.

OLIVEIRA, Francisco de. *Elegia para uma re(li)gião:* Sudene, Nordeste. Planejamento e conflito de classes. 3. ed. Rio de Janeiro: Paz e Terra, [1977] 1981.

OLIVEIRA, Francisco de. *A economia da dependência imperfeita*. Rio de Janeiro: Edições do Graal, 1977.

OLIVEIRA, Francisco de. A questão regional: a hegemonia inacabada. *Estudos Avançados*. São Paulo: USP, n. 18, v. 7, p. 43-63, maio/ago. 1993.

OLIVEIRA, Francisco de. *Crítica à razão dualista*. São Paulo: Boitempo, 2013.

PEREIRA, Evelyne Medeiros. *A dialética do desenvolvimento desigual interregional*: a questão social no Nordeste brasileiro (2007-2015). 2018. 305 f. Tese (Doutorado em Serviço Social) — Escola de Serviço Social, Universidade Federal do Rio de Janeiro, Rio de Janeiro, 2018.

PERRUCI, Gadiel. A formação histórica do Nordeste e a questão regional. *In*: MARANHÃO, Silvio (org.). *A questão Nordeste*: estudos sobre formação histórica, desenvolvimento e processos políticos e ideológicos. Rio de Janeiro: Paz e Terra, 1984. p. 11-30.

PRADO JUNIOR, Caio. *História e desenvolvimento*: a contribuição da historiografia para a teoria e prática do desenvolvimento brasileiro. São Paulo: Brasiliense, 1972.

SAFFIOTI, Heleieth. *A mulher na sociedade de classes*: realidade e mito. São Paulo: Expressão Popular, [1969] 2013.

2

"EQUILÍBRIO DE ANTAGONISMOS" *VERSUS* "DESENVOLVIMENTO DESIGUAL":

o lugar do Nordeste na formação social brasileira

Marco Mondaini

Para Denis Bernardes (in memoriam).

*Quando os historiadores falam em **formação**, referem-se não só às determinações econômicas, sociais e políticas que produzem um acontecimento histórico, mas também pensam em **transformação** e, portanto, na continuidade ou na descontinuidade dos acontecimentos, percebidos como processos temporais. Numa palavra, o registro da **formação** é a história propriamente dita, aí incluídas suas representações, sejam aquelas que conhecem o processo histórico, sejam as que o ocultam (isto é, as ideologias).*

(Marilena Chaui[1], 2006)

1. CHAUI, Marilena. *Brasil*: mito fundador e sociedade autoritária. São Paulo: Fundação Perseu Abramo, 2006. p. 9.

Notas introdutórias: formação *versus fundação*

Quando a filósofa e professora da Universidade de São Paulo Marilena Chaui escreveu o parágrafo que serve de epígrafe ao presente artigo, teve como objetivo fundamental estabelecer a diferenciação conceitual existente entre as ideias de *formação*, acima definida, e de *fundação*, compreendida como a referência "a um momento passado imaginário, tido como instante originário que se mantém vivo e presente no curso do tempo [...] algo tido como perene (quase eterno) que traveja e sustenta o curso temporal e lhe dá sentido" (Chaui, p. 9-10).

Tendo como base tal distinção, é possível localizar dois tipos de narrativas, igualmente imbuídas da pretensão de se afirmarem como produtoras de conhecimento histórico, mas muito distantes entre si à medida em que se propõem à edificação de tarefas abertamente contraditórias entre si, no plano epistemológico, com repercussões políticas decisivas na construção do Brasil como nação.

Por um lado, "a narrativa fundacional" tem por finalidade a construção de mitos que venham a assinalar um ou vários marcos iniciais que se mantenham e se reproduzam com o passar do tempo, servindo de base para a invenção de crenças generalizadas inquestionáveis, pois que acabam sendo envoltas por uma aura a-histórica.

Por outro lado, "a narrativa formacional" resulta da afirmação de um *ethos* de historicidade nascido concomitantemente à ascensão de uma racionalidade iluminista, responsável pela observação do passado, do presente e de futuro como temporalidades nas quais indivíduos e sociedades têm suas experiências permeadas por permanências e rupturas, explicadas ou compreendidas a partir de referenciais teóricos divergentes entre si, inobstante o seu pertencimento ao tronco comum da modernidade.

Coloco-me, no presente artigo, a tarefa de natureza apenas introdutória de apresentar o núcleo duro das obras seminais de cinco dos principais intelectuais que lançaram as bases de uma "narrativa formacional" sobre a sociedade brasileira, no decorrer do século XX, e que acabaram por dar forma às principais linhagens interpretativas sobre a formação social brasileira — Gilberto Freyre (1900-1987), Sérgio Buarque de Holanda (1902-1982), Caio Prado Júnior (1907-1990), Florestan Fernandes (1920-1995) e Raymundo Faoro (1925-2003).

Isso, com o intuito apenas hipotético de identificar o lugar concomitantemente orgânico e contraditório ocupado pela Região Nordeste no processo histórico de formação social do Brasil, tendo como base as cinco *magnum opus* dos intelectuais acima citados e indicando no conceito de "desenvolvimento desigual" a sua mais apropriada chave interpretativa.

Gilberto Freyre e o "equilíbrio de antagonismos"

Definido pelo antropólogo Darcy Ribeiro como "a obra mais importante da cultura brasileira"[2], *Casa-grande & senzala* representa um dos principais pontos de partida investigativos sobre a formação social brasileira e, ao mesmo tempo, uma das grandes responsáveis pela construção de uma visão sobre a sociedade brasileira assentada no imaginário funcionalista da harmonia social.

O "maior dos livros brasileiros", ainda nas palavras de Darcy Ribeiro, elaborou uma versão adocicada da escravidão, procurando sublimar a violência extrema do sistema imposto pelos colonizadores portugueses por intermédio da valorização da cultura africana, a qual, para o sociólogo de Apipucos, assumiu a função histórica de "óleo de mediação" responsável por amaciar o contato dos europeus com os indígenas:

> [...] A mediação africana no Brasil aproximou os extremos que sem ela dificilmente se teriam entendido tão bem, da cultura europeia e da

---

2. RIBEIRO, Darcy. Gilberto Freyre. Uma introdução à Casa-grande & senzala. *In*: FREYRE, Gilberto. *Casa-grande & senzala*. Rio de Janeiro: Record, 2000. p. 11.

> cultura ameríndia, estranhas e antagônicas em muitas das suas tendências (Freyre, 2000, p. 124).

Enquanto "óleo de mediação", os negros africanos escravizados acabaram por dar forma — de acordo com a concepção culturalista que Gilberto Freyre incorporou do antropólogo Franz Boas — a um entendimento da formação social brasileira como um processo de "equilíbrio de antagonismos", entre os quais "o mais geral e o mais profundo" seria aquele existente entre "o senhor e o escravo" (Freyre, 2000, p. 125).

Com a ideia de "equilíbrio de antagonismos", Gilberto Freyre construiu uma visão absolutamente idílica dos quatro séculos de escravidão vividos durante o Brasil colônia, mas não apenas isso.

Por intermédio de tal noção, o intelectual pernambucano estruturou uma narrativa sobre a realidade brasileira como uma totalidade, uma totalidade perfeitamente harmônica, na qual as contradições existentes são enquadradas por uma espécie de dialética da complementariedade, que contemporiza os contrastes, inclusive aqueles que fundamentariam as desigualdades regionais que atravessam o país, como pode ser atestado no parágrafo que encerra o primeiro capítulo do livro — "Características gerais da colonização portuguesa do Brasil":

> É verdade que agindo sempre, entre tantos antagonismos contundentes, amortecendo-lhes o choque ou harmonizando-os, condições de confraternização e de mobilidade social peculiares ao Brasil: a miscigenação, a dispersão da herança, a fácil e frequente mudança de profissão e de residência, o fácil e frequente acesso a cargos e a elevadas posições políticas e sociais de mestiços e filhos de mestiços e de filhos naturais, o cristianismo lírico à portuguesa, a tolerância moral, a hospitalidade a estrangeiros, a intercomunicação entre as diferentes zonas do país. Esta, menos por facilidades técnicas do que pelas físicas: a ausência de um sistema de montanhas ou de rios verdadeiramente perturbador

da unidade brasileira ou da reciprocidade cultural e econômica entre extremos geográficos (Freyre, 2000, p. 125).

Apesar de ser um sociólogo mais próximo da "narrativa formacional" do que propriamente de uma "narrativa fundacional", Gilberto Freyre desempenhou (e continua a desempenhar até os dias atuais) um papel decisivo na edificação de algumas das mais questionáveis "crenças generalizadas" que foram produzidas e reproduzidas sobre o Brasil e os brasileiros: "um povo pacífico", "um país sem preconceitos", "um país acolhedor" e, o que mais nos interessa no presente artigo, que trata do lugar ocupado pela Região Nordeste no Brasil, "um país dos contrastes regionais, destinado por isso à pluralidade econômica e cultural" (Chaui, 2000, p. 8).

Em poucas palavras, o culturalismo funcionalista de Gilberto Freyre lançou as bases de uma visão do Brasil como um país perfeitamente integrado, tal qual as várias peças de um quebra-cabeça, no qual as contradições de várias ordens acabam se encaixando organicamente devido a uma força centrípeta maior, a saber: a miscigenação.

Sérgio Buarque de Holanda e o "homem cordial"

Chamado pelo sociólogo e crítico literário Antônio Cândido de "clássico de nascença"[3], *Raízes do Brasil* apresentou ao público leitor uma expressão que, desde a sua publicação no ano de 1936, tem sido utilizada com razoável frequência no mundo acadêmico, ainda que com bastante constância de maneira não condizente ao sentido que o historiador Sérgio Buarque de Holanda lhe atribuía no conjunto da obra. Isso, em parte, devido à forma como a expressão é definida em

3. CÂNDIDO, Antônio. O significado de Raízes do Brasil. *In*: HOLANDA, Sérgio Buarque de. *Raízes do Brasil*. Rio de Janeiro: José Olympio, 1981. p. xii.

um parágrafo específico do capítulo que tem como título a expressão ela mesma: o "homem cordial":

> Já se disse, numa expressão feliz, que a contribuição brasileira para a civilização será de cordialidade — daremos ao mundo o "homem cordial". A lhaneza no trato, a hospitalidade, a generosidade, virtudes tão gabadas por estrangeiros que nos visitam, representam, com efeito, um traço definido do caráter brasileiro, na medida, ao menos, em que permanece ativa e fecunda a influência ancestral dos padrões de convívio humano, informados no meio rural e patriarcal. Seria engano supor que essas virtudes possam significar "boas maneiras", civilidade. São antes de tudo expressões legítimas de um fundo emotivo extremamente rico e transbordante [...] (Holanda, 1981, p. 106-107).

Inobstante a possibilidade de reduzir a expressão a uma característica da personalidade do brasileiro como um povo não afeito a movimentos de rebeldia e contestação, o fato é que, com o "homem cordial", o historiador paulista procurou chamar a atenção, sob a inspiração do pensamento do sociólogo alemão Max Weber, para o caráter patrimonialista da sociedade e do Estado brasileiro, isto é, a relação de promiscuidade existente entre os universos público e privado em nosso país, relação essa marcada pela utilização do espaço público para o beneficiamento dos interesses privados, em que o primeiro é utilizado como instrumento a serviço dos segundos.

Nas palavras do próprio Buarque de Holanda:

> Não era fácil aos detentores das posições públicas de responsabilidade, formados por tal ambiente, compreenderem a distância fundamental entre os domínios do privado e do público. Assim, eles se caracterizam justamente pelo que separa o funcionário "patrimonial" do puro burocrata conforme a definição de Max Weber. Para o funcionário "patrimonial", a própria gestão política apresenta-se como assunto de seu interesse particular; as funções, os empregos e os benefícios que deles aufere, relacionam-se a direitos pessoais do funcionário e não a

> interesses objetivos como sucede no verdadeiro Estado burocrático, em que prevalecem a especialização das funções e o esforço para se assegurarem garantias jurídicas aos cidadãos [...] (Holanda, 1981, p. 105-106).

Apesar de representar um significativo avanço do ponto de vista analítico crítico em relação ao culturalismo funcionalista e conservador de Gilberto Freyre, o culturalismo weberiano e liberal de Sérgio Buarque de Holanda, expresso em *Raízes do Brasil*, trouxe consigo dois importantes obstáculos à investigação sobre a localização da Região Nordeste no processo histórico de formação da sociedade e do Estado brasileiro, com toda gama de contradições que atravessaram tal processo.

Por um lado, a diluição das classes sociais e da estrutura social das classes na ideia genérica do brasileiro como homem cordial e no conceito de patrimonialismo.

Por outro lado, a identificação da experiência da Vila de São Paulo de Piratininga (núcleo em torno do qual se formou o estado de São Paulo) como caminho alternativo de desenvolvimento da nação que havia sido colonizada pelos portugueses, com todas as mazelas que acabaram por dar forma a uma ordem patrimonialista:

> No planalto de Piratininga nasce em verdade um momento novo de nossa história nacional. Ali, pela primeira vez, a inércia difusa da população colonial adquire forma própria e encontra voz articulada. A expansão dos *pioneers* paulistas não tinha suas raízes do outro lado do oceano, podia dispensar o estímulo da metrópole e fazia-se frequentemente contra a vontade e contra os interesses imediatos desta [...] (Holanda, 1981, p. 68).

Caio Prado Júnior e o "sentido da colonização"

Com *Formação do Brasil contemporâneo*, o historiador paulista Caio Prado Júnior, de maneira inédita, apresentou uma interpretação materialista, não reducionista, sobre o processo de formação da história contemporânea brasileira, que, na sua análise, é um "algo novo" que não se constituiu por completo e que tem no seu passado colonial os fundamentos da sua nacionalidade.

Para Caio Prado, a "nossa evolução da economia colonial para a nacional" não teria sido ainda realizada, estando os problemas brasileiros à época em que escreveu o livro em meados do século XX (e, sem medo de errar, ainda hoje, nesse início de terceira década do século XXI) definidos e postos desde o início do século XIX — um passado colonial que insiste em não passar na contemporaneidade brasileira:

> [...] E foram estas, bem como outras considerações da mesma natureza, que me levaram, para chegar a uma interpretação do Brasil de hoje, que é realmente o que interessa, àquele passado que parece longínquo, mas que ainda nos cerca de todos os lados [...] (Prado Júnior, 2000, p. 5).

O passado que insiste em não passar contido no cerne das análises caiopradianas sobre a realidade contemporânea brasileira tem a sua razão primordial de ser no próprio "sentido da colonização" nacional, firmemente assentado numa empresa colonial de natureza eminentemente extrativista, que se irradiou pelas áreas tropicais e subtropicais do continente americano — a América do Sul.

Diferentemente das zonas de clima temperado da América do Norte, em tais regiões tropicais e subtropicais da América do Sul, os colonizadores europeus assumiram o papel de empresários e não de trabalhadores, implementando a exploração agrária na forma das grandes unidades produtoras: as *plantations*.

Com isso:

> [...] No seu conjunto, e vista no plano mundial e internacional, a colonização dos trópicos toma o aspecto de uma vasta empresa comercial, mais completa que a antiga feitoria, mas sempre com o mesmo caráter que ela, destinada a explorar os recursos naturais de um território virgem em proveito do comércio europeu. É este o verdadeiro *sentido*

> da colonização tropical, de que o Brasil é uma das resultantes; e ele explicará os elementos fundamentais, tanto no econômico como no social, da formação e evolução históricas dos trópicos americanos (Prado Júnior, 2000, p. 19-20).

Ao definir, pois, o Brasil como uma "colônia de exploração" pela metrópole europeia, Caio Prado Júnior abriu um importante espaço de análise sobre a realidade nacional, identificando, sob inspiração do princípio dialético da contradição, o "sentido da evolução brasileira" como o de uma colônia que se reproduz incessantemente não obstante a sua condição de independência política, a partir de 1822.

Florestan Fernandes, Raymundo Faoro e o "desenvolvimento desigual"

Aberto o caminho da interpretação marxista sobre o processo da formação social brasileira por Caio Prado Júnior, caberá ao sociólogo Florestan Fernandes a construção daquela que considero a mais apropriada chave de análise das contradições que atravessaram o desenvolvimento capitalista nacional e, também, do papel desempenhado pela Região Nordeste nesse processo.

Em *A revolução burguesa no Brasil*, particularmente no capítulo 7 ("O modelo autocrático-burguês de transformação capitalista"), o sociólogo responsável pela edificação da escola sociológica uspiana chamou a atenção para o fato da inexistência de um modelo único, universalmente válido, de revolução burguesa e de afirmação histórica do modo de produção capitalista no mundo.

Ao afirmar que "a relação entre a dominação burguesa e a transformação capitalista é altamente variável", Florestan Fernandes procurou diferenciar as chamadas experiências clássicas levadas a cabo na Inglaterra, França e Estados Unidos daquelas implementadas "nos países periféricos de economia capitalista dependente e subdesenvolvida".

Da crítica à suposta identificação entre os processos revolucionários burgueses nos países centrais e nos países periféricos como o Brasil, Florestan Fernandes chegou à conclusão de que, nestes últimos, inexistiriam as condições históricas para o desenvolvimento de uma forma de dominação democrático-burguesa:

> [...] Ao revés, o que se concretiza, embora com intensidade variável, é uma forte dissociação pragmática entre desenvolvimento capitalista e democracia; ou, usando-se uma notação sociológica positiva: uma forte associação racional entre desenvolvimento capitalista e autocracia [...] (Fernandes, 2006, p. 340).

Isso, em virtude do fato de que, na periferia do mundo capitalista, o Estado nascido do processo revolucionário burguês assume a tarefa histórica de "manter a ordem, salvar e fortalecer o capitalismo, impedir que a dominação burguesa e o controle burguês sobre o Estado nacional se deteriorem" (Fernandes, 2006, p. 343).

Assim, num período histórico de "partilha do mundo entre as nações capitalistas hegemônicas", o "capitalismo possível" na periferia do sistema foi o "capitalismo selvagem", caracterizado, entre outras inúmeras características, pela forma autocrática de dominação burguesa.

De acordo com Florestan Fernandes, teria desempenhado um papel importante, internamente, na construção do "capitalismo selvagem" brasileiro a maneira como os estamentos dominantes do "antigo regime" imergiram e desapareceram "nas estruturas da ordem social competitiva e da sociedade de classes em construção ou em expansão" — acontecimento que não teria afetado com intensidade as oligarquias "tradicionais" ou "modernas" do país (Fernandes, 2006, p. 362).

Tal dinâmica interna teria contribuído decisivamente para o desenrolar de uma revolução *sui generis* no Brasil:

> [...] uma revolução demasiado complicada e difícil, não por causa do elemento oligárquico, em si mesmo, mas porque era preciso extrair o *ethos* burguês do cosmos patrimonialista em que ele fora inserido,

> graças a quatro séculos de tradição escravista e de um tosco capitalismo comercial [...] (Fernandes, 2006, p. 363).

Nesse ponto, a análise empreendida pelo jurista e historiador gaúcho Raymundo Faoro, nas conclusões de *Os donos do poder*, parece confluir com a descrição realizada por Florestan Fernandes acerca das permanências estamentais e patrimonialistas que limitaram o ímpeto do desenvolvimento das classes sociais durante a transição ao capitalismo, com as implicações políticas daí decorrentes:

> [...] Ao receber o impacto de novas forças sociais, a categoria estamental as amacia, domestica, embotando-lhe a agressividade transformadora, para incorporá-las a valores próprios, muitas vezes mediante a adoção de uma ideologia diversa, se compatível com o esquema de domínio. As respostas às exigências assumem caráter transacional, de compromisso, até que o eventual antagonismo dilua, perdendo a cor própria e viva, numa mistura de tintas que apaga os tons ardentes. As classes servem ao padrão de domínio, sem que orientem a mudança, refreadas ou combatidas, quando o ameaçam, estimuladas, se o favorecem. O sistema compatibiliza-se, ao imobilizar as classes, os partidos e as elites, aos grupos de pressão, com a tendência de oficializá-los (Faoro, 2000, p. 377).

Publicados em versão definitiva no ano de 1975, *A revolução burguesa no Brasil* e *Os donos do poder* apresentam uma interpretação da história do Brasil que, não obstante o fato de partirem de horizontes teórico-conceituais distintos, compartilham uma visão aproximada acerca dos limites de natureza estrutural à afirmação do país como uma nação independente em termos sociais e econômicos.

Conclusão

Para os fins do presente artigo e à guisa de conclusão, gostaria de lançar a hipótese (a ser desenvolvida oportunamente) de que os conceitos de matriz marxiana, aprofundados por Leon Trotsky, e utilizados tanto por Florestan Fernandes como (com reservas) por Raymundo Faoro de "desenvolvimento desigual interno" e "desenvolvimento desigual combinado" assinalam não apenas a maneira como o Brasil foi inserido no sistema capitalista em termos globais, mas também uma possibilidade de entendimento sobre a modalidade por meio da qual a Região Nordeste foi direcionada a ocupar seu espaço dentro do processo de formação histórica do Brasil, sobretudo na sua fase burguesa.

Pensado por Florestan Fernandes como elemento constituinte da "dupla articulação" que, junto à "dominação imperialista", sustenta a relação entre dominação burguesa e transformação capitalista nos países dependentes, ou por Raymundo Faoro como processo não transitório e não residual e anacrônico responsável pela "persistência secular da estrutura patrimonial" que resiste à "experiência capitalista", os conceitos de "desenvolvimento desigual interno" (Fernandes, 2006, p. 348-352) e de "desenvolvimento desigual e combinado" (Faoro, 2000, p. 364-347) passaram a indicar desde meados dos anos 1970 um caminho analítico instigante de ser seguido por todos aqueles que buscam observar a presença da Região Nordeste no conjunto do país distante dos marcos ilusórios do "equilíbrio de antagonismos" construído na década de 1930 por Gilberto Freyre e próximo de uma realidade ao mesmo tempo orgânica e contraditória, devidamente articulada entre formas arcaicas e modernas de desenvolvimento.

Referências

CHAUI, Marilena. *Brasil*: mito fundador e sociedade autoritária. São Paulo: Fundação Perseu Abramo, 2000.

FAORO, Raymundo. *Os donos do poder*: formação do patronato político brasileiro. São Paulo: Globo, 2000. 2 v.

FERNANDES, Florestan. *A revolução burguesa no Brasil*: ensaio de interpretação sociológica. São Paulo: Globo, 2006.

FREYRE, Gilberto. *Casa-grande e senzala*: introdução à história da sociedade patriarcal no Brasil. Rio de Janeiro: Record, 2000.

HOLANDA, Sérgio Buarque de. *Raízes do Brasil*. Rio de Janeiro: José Olympio, 1981.

PRADO JÚNIOR, Caio. *Formação do Brasil contemporâneo*: colônia. São Paulo: Brasiliense, 2000.

3

AS LIGAS CAMPONESAS E SEU IMPACTO POLÍTICO NA REGIÃO NORDESTE

Maria do Socorro de Abreu e Lima

A segunda metade dos anos 50 e o início da década de 60 do século XX foi um período de grande atividade política e social em todo o país, particularmente em Pernambuco. Porém, diferentemente da Região Sudeste, onde havia uma grande concentração de fábricas e empresas de outros setores econômicos de peso e, portanto, muita atividade e reivindicações dos trabalhadores urbanos, inclusive algumas importantes e massivas greves gerais, em Pernambuco o setor fabril era mais disperso, bem como o de comércio e o de serviços. Existiam fábricas têxteis de grande porte nas quais, dependendo do grau de exploração e arbitrariedades enfrentadas e de unidade e capacidade de luta da categoria, os trabalhadores conseguiam juntar forças e fazer algumas greves significativas. Assim é que cidades como Paulista, Moreno e Recife, entre outras, assistiram a importantes paralisações dessa categoria ao longo desse período. As greves e mobilizações de outras categorias se intensificaram no ano de 1963, quando o estado passou a ser governado por Miguel Arraes de Alencar.

O setor econômico mais importante em Pernambuco era o agrícola, principalmente aquele voltado para a produção do açúcar e que, ao longo de séculos, se desenvolveu explorando a mão de obra escrava em grandes latifúndios voltados para a exportação. A classe dominante local, profundamente conservadora, não admitia mudanças nas relações sociais e de trabalho. Sua riqueza e seu poder se mantinham com base na superexploração do trabalhador e no controle do poder político. Para tanto, era necessário reforçar a dominação no plano das ideias, alimentando o conformismo e a dependência, mas usando também a violência, que era comum, e a injustiça. São muitas as denúncias sobre a expulsão de camponeses sem nada receber. Nessas ocasiões, esses trabalhadores tinham sua plantação destruída e não eram indenizados pelas benfeitorias feitas. Trabalhadores eram espancados com frequência, e há casos em que chegavam a morrer ao serem punidos por terem chupado um pedaço de cana. Os donos das propriedades exerciam o poder e controlavam as instituições políticas e sociais existentes.

No período que sucedeu a Segunda Guerra Mundial, os preços do açúcar subiram, as usinas foram reequipadas e passaram a consumir mais cana, o que levou à expulsão de muitos foreiros de seus sítios, "a fim de que os canaviais das usinas se expandissem imperialisticamente pelas terras que lavravam, às vezes, há dezenas de anos" (Andrade, 2005, p. 306). Havia foreiros que recorriam à justiça, mas a demora era grande e os custos altos, além de sofrerem muitas ameaças a mando dos proprietários.

Assim, era muito difícil os trabalhadores rurais reivindicarem direitos e se organizarem de forma coletiva. Apesar disso, os camponeses de Pernambuco conseguiram se colocar de forma intensa na cena política a partir da formação das Ligas Camponesas, cujo marco é o ano de 1955, com a criação da Sociedade Agrícola dos Plantadores e Pecuaristas de Pernambuco (SAPPP), fundada em Vitória de Santo

Antão com fins basicamente assistenciais, ou seja, para fornecer assistência médica e jurídica, e criar escolas e uma caixa funerária para seus associados. Defendendo os interesses inicialmente de pequenos arrendatários, em poucos anos expandiu-se por outros estados, em especial a Paraíba e o Rio Grande do Norte, e desempenhou papel fundamental no sentido da organização e politização dos camponeses, cujas lutas ficaram conhecidas em todo o país.

Entidades que se autodenominavam Ligas Camponesas, porém, foram criadas anteriormente, logo após a democratização de 1945, pelo Partido Comunista. Quando esse partido foi colocado na ilegalidade pelo governo Dutra, em 1947, foram intensamente perseguidas, fechadas pela polícia e pelos latifundiários. De acordo com Cavalcanti (1985, p. 126), havia ligas nos municípios de Timbaúba, Jaboatão, Moreno, Cabo, Palmares, Goiana, Carpina bem como nos arredores do Recife, como a Liga de Iputinga. Ainda segundo o mesmo autor, em 1946, Francisco Lima, presidente da Liga Camponesa de São Lourenço, foi assassinado por capangas da usina Tiúma.

Nessa época, a proposta era organizar assalariados agrícolas e também pequenos arrendatários, parceiros e posseiros em todo o Brasil. Dessa forma, seria possível desenvolver o trabalho no campo com vistas a formar a aliança operário-camponesa e se contrapor ao latifúndio e ao imperialismo (Azevedo, 1982, p. 55). José dos Prazeres, que era do PCB nesse período e atuou na Liga de Iputinga, posteriormente saiu do partido, mas foi ajudar a organizar a SAPPP no engenho Galileia.

O proprietário desse engenho, Francisco Beltrão, deixara de produzir, passando a morar na cidade e a viver da renda da terra, que arrendava aos foreiros. Ao se fundar a associação, foi convidado para ser seu presidente de honra. O filho do proprietário, porém, considerou essa associação um perigo para o seu patrimônio e, seguindo também o conselho de outros proprietários, o dono do engenho decidiu expulsar os moradores movendo contra eles uma ação de despejo. Os pequenos arrendatários, cerca de 140 famílias, não aceitaram fechar a associação nem pagar um aumento do foro. Tampouco acataram a ordem de despejo e, sob orientação de José dos Prazeres e do seu primeiro presidente, Paulo Travassos, que era comunista, procuraram apoio jurídico e político na capital, dando início a uma luta que os tirou do isolamento e os colocou como uma força política importante, inclusive no cenário nacional.

Formou-se uma frente política com deputados de diferentes partidos, e o deputado do PSB Francisco Julião passou a atuar como advogado dos foreiros, visando impedir a ação de despejo e registrando os estatutos da Sociedade como uma associação civil. A ação jurídica baseava-se nas normas do Código Civil, voltadas para relações contratuais, no caso entre arrendatários, parceiros, ocupantes e pequenos proprietários, e os proprietários de terras. Assim, o trabalho das Ligas era feito no meio propriamente camponês, não atuando diretamente junto aos assalariados rurais.[1] Essa frente, que mais tarde deu origem ao Conselho Regional das Ligas Camponesas, tinha, de acordo com Morais, duas funções: "dar amplitude e respeito político ao movimento camponês e sensibilizar as massas urbanas com relação às palavras de ordem, rurais". (Morais, 1997, p. 19)

Como era sabido que uma organização camponesa local era muito perseguida, a ideia era que sua estrutura e circunscrição fossem estaduais e que, localmente, as ligas tivessem delegacias ou núcleos nos municípios, engenhos e fazendas, formados por camponeses e dirigidos por uma diretoria e pela assembleia geral de sócios. Seu núcleo dirigente era o Conselho Regional, formado por militantes do PCB, do PTB e do PSB, e Francisco Julião, seu presidente de honra. (Jaccoud, 1990, p. 37)

Os latifundiários e a imprensa conservadora atribuíram o nome de Ligas à organização no intuito de caracterizar seus membros como comunistas. Porém, esse nome teve muita aceitação entre os

---

1. Os sindicatos rurais, embora também tentassem se estruturar, só foram regulamentados por meio de uma portaria feita pelo Ministério do Trabalho em 1962, durante o governo de João Goulart.

camponeses, e assim foi oficializada a nova entidade. A perseguição às Ligas era muito grande, assim como acontecia com os assalariados rurais. Apesar disso, mudanças vinham acontecendo tanto no plano nacional como no estadual, principalmente durante os governos de Juscelino Kubitschek (1956-1961) e de João Goulart (1961-1964), quando se buscou, com mais sucesso, ampliar as liberdades democráticas e incentivar o debate e a participação política dos setores subalternos da sociedade brasileira.

Faz-se necessário pontuar que, após a Segunda Guerra Mundial, houve uma ampliação do campo socialista, e muitas lutas de libertação nacional ocorreram principalmente em países da Ásia e da África, para conseguirem sua emancipação das potências imperialistas europeias. Na América Latina, a questão da necessidade de se promoverem mudanças de peso nas estruturas arcaicas vigentes, bem como a formulação de projetos voltados para os interesses nacionais e a inclusão das classes subalternas na política, abriram espaço para grandes debates. A palavra *revolução* estava na ordem do dia.

Esse contexto contribuiu para uma maior abertura às demandas dos trabalhadores, no caso específico aqui abordado os trabalhadores rurais, sendo que, em nível estadual, diversos eventos, uns com maior destaque que outros, que contaram com a participação de camponeses foram importantes para o seu reconhecimento político assim como para sua organização.

O Congresso de Salvação do Nordeste, convocado por organizações e personalidades progressistas, reuniu, em agosto de 1955, representantes da região para discutir os principais problemas socioeconômicos existentes. Estiveram presentes membros dos governos estaduais, da indústria, do comércio, dos sindicatos, de universidades, profissionais liberais, estudantes, Ligas. Entre as comissões técnicas havia a Comissão de Problemas da Terra, com mais de duzentos delegados camponeses, a maioria das Ligas, "e que culminou com grande e ruidoso desfile camponês pelas ruas de Recife" (Morais, 1997, p. 27).

O 1º Congresso Camponês de Pernambuco, realizado em setembro de 1955 no Recife, contou com a participação de cerca de 3 mil camponeses e trabalhadores rurais. Foi nesse Congresso que a SAPPP se transformou em associação estadual, com eleição da primeira diretoria das Ligas, sendo seu primeiro presidente José Ayres dos Prazeres (Jaccoud, 1990, p. 35).

As Ligas atuavam no sentido da resistência ao processo de expropriação e expulsão, buscando manter os sítios e roçados nas mãos dos camponeses bem como garantir o pagamento de indenizações pelas benfeitorias feitas, mas também denunciando as condições de exploração em que viviam, obrigados a prestar o cambão, que atingia todos os trabalhadores, conforme segue:

> Cambão é o dia de trabalho que o dono da terra exige do camponês, cada semana, pelo sítio que ocupa, um miserável sítio de um ou dois hectares, quando muito, se é condiceiro, assalariado agrícola, trabalhador braçal, jornaleiro ou eiteiro. Mas se se trata de foreiro, arrendatário ou parceiro, é o que cada um desses entrega ao latifundiário, sem remuneração, durante certa época do ano, além da renda paga em dinheiro ou em produto (Julião, 2013, p. 16).

E prossegue em sua denúncia: "É que ali onde medra a cambão também vegeta o homem [...], numa luta tenaz e desigual que é menos com a terra do que com o dono dela" (Julião, 2013, p. 18).

Portanto, o trabalho das Ligas era também o de fazer os camponeses mais acomodados ou temerosos adquirirem uma maior consciência de sua exploração de classe, que era a mesma, embora com formatos variados, em todo o Nordeste, em todo o país. Após muita luta, pressão, grandes manifestações de rua e comícios, o movimento conseguiu, em 1959, a desapropriação das terras do engenho Galileia. A essa altura, o presidente das Ligas era José Francisco de Souza, conhecido como Zezé da Galileia. Embora essa tenha sido feita como um ato de exceção e sob controle do governo, no caso Cid Sampaio, para a grande imprensa, que representava a visão e os interesses da classe dominante mais atrasada, foi considerada um precedente perigoso. E os camponeses passaram ainda mais a serem apresentados como comunistas e subversivos. Essa conquista, apesar de parcial, pois apenas 47 famílias receberam lotes no engenho, facilitou enormemente a ampliação das Ligas e seu reconhecimento em nível nacional (Abreu e Lima, 2012, p. 44).

Em 1960, as Ligas atuavam em 26 municípios pernambucanos da Mata, Agreste e Sertão,[2] bem como na Paraíba, com grandes núcleos em Santa Rita, Sapé, Mamanguape, Guarabira, Pirpirituba, Espírito Santo, entre outros menores (Andrade, 2005, p. 307). As Ligas, além de terem como linha-mestra a organização camponesa coletiva para resistir e pleitear reconhecimento de direitos estabelecidos por lei, faziam um trabalho de proselitismo persistente e criativo, conforme cita Lins com base em Julião:

> O trabalho de proselitismo da massa camponesa é feito com paciência e obstinação. Os caminhos são muitos. Da conversa de "pés de pau", na casa de farinha, no meio do caminho, na feira, na missa, no terço, no enterro, na briga de galo, no eito, na palha da cana, no boletim escrito em linguagem singela, em tom evangélico, como o Guia, o ABC, o Recado, a Cartilha, a Carta de Alforria, tudo o que a experiência indica e a imaginação sugere é usado como meio para despertar, atrair, unir e organizar os camponeses em Ligas (Lins, 1987, p. 37).

É importante realçar que mudanças significativas em termos políticos também vinham ocorrendo em Pernambuco, que vivia um processo de construção de alternativas progressistas e democráticas por parte das esquerdas que, em alguns momentos contou com o apoio de

2. São eles: Recife, Olinda, Paulista, Igarassu, Goiana, São Lourenço da Mata, Paudalho, Limoeiro, Bom Jardim, Orobó, João Alfredo, Surubim, Jaboatão, Moreno, Vitória de Santo Antão, Gravatá, Bezerros, Caruaru, Belo Jardim, Pesqueira, Buíque, São Bento do Una, Bonito, Cortês, Escada e Cabo.

setores mais conservadores, como o político e usineiro Cid Sampaio, da União Democrática Nacional (UDN), que se elegeu governador em 1958, em virtude de interesses comuns, visando à derrubada da oligarquia que dominava o Estado desde o tempo da ditadura Vargas, liderada por Agamenon Magalhães, do Partido Social Democrático (PSD) e, após sua morte, por Cordeiro de Farias e outros políticos ligados a esse partido.

Esse processo começou com a formação da Frente do Recife, composta pelo Partido Trabalhista Brasileiro (PTB), o Partido Socialista Brasileiro (PSB) e o Partido Comunista Brasileiro (PCB), que, mesmo na ilegalidade, atuava por meio de outras legendas visando à eleição para a prefeitura da capital, em 1955. Foi eleito então Pelópidas Silveira para prefeito do Recife. Miguel Arraes de Alencar tornou-se prefeito na eleição seguinte, de onde saiu para assumir o governo do estado, em 1963, voltando Pelópidas para a prefeitura.

Esses governantes garantiram um caráter popular às suas administrações, que se tornaram abertas à organização e mobilização dos trabalhadores, ouvidos em seus pleitos e tendo incorporadas, na medida do possível, suas sugestões e reivindicações. Muitas lideranças de esquerda participaram dessas gestões.

Perseguições aos camponeses por parte da polícia, comuns nos outros governos, praticamente deixaram de existir. Um dado que pode ser usado para demonstrar essas mudanças é o quantitativo de greves deflagradas em 1963, tanto no meio urbano quanto rural. Só no meio rural ocorreram 44 ao longo daquele ano. Acusações de todo tipo eram feitas pelos proprietários contra os trabalhadores, inclusive de queima de canaviais, invasão de terras, anarquia generalizada. Muitos boatos eram criados propositalmente para dificultar o poder público de seguir seu rumo popular e democrático, bem como visando provocar pânico na população mais desavisada ou que defendia os interesses das classes dominantes. Nem todos compreendiam que existiam dois projetos em disputa, e que as pessoas organizadas podem transformar o mundo.

Apesar desse empenho do governo, havia ainda perseguição e assassinatos, como foi o caso da chacina da Usina Estreliana, em Pernambuco: em 1963, um conjunto de assalariados rurais foi cobrar o pagamento do 13º. salário a que tinham direito e foram baleados pelo proprietário e seus capangas, morrendo cinco trabalhadores no local, entre outros casos. Na Paraíba isso também ocorria, como foi o caso do líder camponês João Pedro Teixeira, assassinado em 1962.

No início da década de 1960, a importância da reforma agrária foi se colocando de maneira mais veemente, assim como a necessidade de estender aos assalariados agrícolas os direitos trabalhistas.

Por temer um aumento da presença de lideranças do PCB e/ou das Ligas, a Igreja católica intensificou sua atuação no campo, criando entidades como o Serviço de Orientação Rural de Pernambuco (Sorpe), com vistas a formar sindicatos rurais controlados por ela. O denominado sindicalismo cristão, apesar de reconhecer que os trabalhadores deviam ser respeitados em seus direitos, buscava evitar confrontos com o patronato. Os chamados *sindicatos dos padres* procuravam evitar conflitos, priorizando uma forma de atuação moderada na busca por justiça social. Uma de suas lideranças, Padre Melo, que ficou famoso por fazer críticas ao latifúndio e falar sobre a necessidade da reforma agrária, propôs certa vez que os patrões, caso aumentassem os salários dos seus trabalhadores, deveriam ter autorização para majorar os preços do açúcar para não serem prejudicados (Abreu e Lima, 2012, p. 57). Esse padre, muito contraditório, cedeu sua casa no município do Cabo para servir de sede ao Instituto Brasileiro de Ação Democrática (IBAD), que recebia orientação e recursos financeiros da Agência Central de Inteligência dos Estados Unidos (CIA) para influir no processo eleitoral e nas decisões do Congresso, financiando candidatos comprometidos com os interesses das classes dominantes e do capital estrangeiro.

Após 1947, vivia-se um período que se convencionou chamar de Guerra Fria, com intensa disputa econômica, política, ideológica e cultural entre o campo capitalista, liderado pelos Estados Unidos, e o campo socialista, liderado pela então União Soviética. Mesmo antes disso, os Estados Unidos sempre procuraram exercer controle sobre os países do continente americano a partir de pressões econômicas, relações diplomáticas, alianças com setores das classes dominantes ou usando da força dos fuzileiros navais, que ocupavam países da América Central e ameaçavam as democracias que procuravam ter certa autonomia e promover um desenvolvimento de caráter mais nacionalista.

Em 1959, em Cuba, a ditadura de Fulgêncio Batista, antes apoiada pelos Estados Unidos, foi derrubada. Esse processo revolucionário resultou na adoção do socialismo na ilha, o que criou uma situação considerada perigosa pelos Estados Unidos, até porque a União Soviética passou a ter presença numa parte da América considerada estratégica para os Estados Unidos. A partir de então, os Estados Unidos passaram a buscar impedir que algo parecido pudesse ocorrer em outras regiões latino-americanas, e o Nordeste brasileiro era considerado uma região explosiva. Tinha uma economia baseada na produção açucareira, altíssima concentração de renda e de terras e uma população de camponeses e assalariados agrícolas altamente explorada, que vivia na miséria e sem perspectivas de mudanças a não ser pela luta contra o latifúndio e os proprietários rurais.

Então, a partir de uma entidade chamada Liga Cooperativa dos Estados Unidos (CLUSA) foram canalizados recursos da CIA para ajudar a manter as despesas do Sorpe com o objetivo de fortalecer organizações camponesas que não pusessem em risco o potencial revolucionário que pudesse existir nesses movimentos. "Mas de maior importância para a segurança dos Estados Unidos foi o fato de que sua organização e sua administração desviaram os líderes camponeses das lutas políticas no interior pernambucano, onde eles poderiam ter sido envolvidos nos esforços para obter modificações radicais no *status quo*" (Page, 1972, p. 186).

No início dos anos 1960, o PCB também priorizou a fundação de sindicatos no campo. Apesar de terem sido regulamentados em 1962 para ter representação municipal, muitas vezes as usinas englobavam diferentes municípios. Assim, era comum um sindicato representar dois ou três municípios. O caso mais conhecido foi o do sindicato de Palmares, sob orientação de Gregório Bezerra, que foi deputado constituinte em 1946 e era dirigente camponês do PCB.[3] Em 1962, a Igreja católica conseguiu criar a Federação dos Trabalhadores na Agricultura, cujo presidente era de Panelas, que ficava na área de influência do sindicato de Palmares (PE). Havia disputas, portanto, por questões organizativas e políticas. Em alguns momentos, porém, todos uniam forças para enfrentar os proprietários rurais, como foi o caso da grande greve unificada de novembro de 1963, quando os canavieiros conquistaram 80% de aumento no salário, além da adoção da Tabela de Tarefas em toda a região, que havia sido construída durante meses por uma comissão de empresários e trabalhadores, com a participação do governador Arraes, e que possibilitou a adoção do salário mínimo para os assalariados da cana-de-açúcar. Foram muitas as conquistas, inclusive a obrigação da assinatura das carteiras de trabalho de todos e a eleição de um delegado sindical nos engenhos, entre outros benefícios.

No campo, nesse momento, diversas forças políticas atuavam. Além das Ligas, do PCB e da Igreja católica, havia militantes da Ação Popular (AP), o Partido Operário Revolucionário Trotskista (POR-T), o Partido Comunista do Brasil (PCdoB) e o governo estadual, por meio de um órgão chamado Secretaria Assistente. No caso das Ligas, elas também vieram a fundar sindicatos, inclusive por conta da intensificação das lutas dos assalariados rurais. Mas seu foco principal continuou sendo a conquista da terra. Aqui temos uma reflexão a respeito:

---

3. Essa entidade, que nasceu do sindicato de Água Preta, abrangia 21 municípios: Palmares, Gameleira, Joaquim Nabuco, Ribeirão, Bezerros, Gravatá, Camacituba, São Joaquim do Monte, Bonito, São Caetano, Angelim, Panelas, Cupira, Belém de Maria, Catende, Maraial, São Benedito, Quipapá, Cortês, e Barra de Guabiraba.

> O Povo tem o dever de sustentar a Liga e de defender o Sindicato Rural. Os dois, a Liga e o Sindicato, seguirão unidos, cada qual levando o seu fardo, mas pelo mesmo caminho e para o mesmo destino.
> O Sindicato organizado, pedindo mais salário, décimo terceiro mês, férias, aposentadoria, indenização, escola, hospital, maternidade, casa decente. E uma volta, outra não, fazendo greve, para encostar o latifúndio no canto da cerca, acabar com a goga dessa gente. A greve tem gosto de fel para o patrão, mas para o proletário, é doce de coco. A greve não é invenção de rico. É invenção de pobre, de operário, de quem trabalha, de quem sua para ganhar o pão.
> A LIGA, que não depende do Ministério do Trabalho, vai na frente abrindo o caminho, fazendo a picada, e gritando para o SINDICATO, para o latifúndio, para o governo, para todo o mundo: "O salário é bom, mas não resolve. O décimo terceiro mês, também não. Tudo serve, mas não basta. É migalha. O que resolve é a terra. Isso sim! Enquanto houver camponês sem-terra neste país, haverá Liga (Julião, 2013, p. 218-219).

O PCB, que atuava nas Ligas, foi se distanciando delas a partir do I Congresso Nacional de Lavradores e Trabalhadores Agrícolas, realizado em Belo Horizonte em 1961, convocado pela União dos Lavradores e Trabalhadores Agrícolas (Ultab), liderada pelo PCB. Nesse congresso, as divergências entre as duas forças foram se acentuando. O debate englobava questões que iam desde as alianças de classe a serem priorizadas em vista dos interesses dos trabalhadores rurais até questões relativas ao processo revolucionário brasileiro (se socialista ou se de caráter nacional-democrático). Essas definições eram importantes para se decidir que lutas deveriam ser priorizadas no campo, se a sindical ou a questão da terra, entre outras. Apesar de serem numericamente menores, os delegados das Ligas conseguiram convencer os presentes de que o mais importante era a luta pela reforma agrária. "Reforma agrária na lei ou na marra" foi a palavra de ordem vitoriosa. As Ligas passaram, a partir daí, a vivenciar um processo de expansão, embora também de certo isolamento político. Algumas disputas internas relacionadas com a possibilidade de funcionar como um partido e, assim, assumir um projeto de transformação social mais profundo levou a rachas e impasses. Com o tempo, elas foram perdendo a liderança em vários estados.

Em termos nacionais, a possibilidade de se superarem os problemas que travavam o desenvolvimento do país passava por se implementar uma série de reformas, entre as quais a agrária. Embora uma parcela da burguesia reconhecesse esses impasses, os setores mais conservadores não aceitavam abrir mão de seus privilégios. Os interesses norte-americanos caminhavam no sentido de manter certo desenvolvimento no país desde que garantindo as maiores vantagens para o seu capital. Mas as reformas (agrária, tributária, urbana, universitária, entre outras) que se colocavam como alternativa para um desenvolvimento autônomo e com inclusão social foram bloqueadas pelo golpe empresarial-militar de 1964. A repressão foi intensa, principalmente contra os trabalhadores e os camponeses em particular.

As Ligas Camponesas deixaram valioso legado. Segundo Stédile, "o ideal e as formas de luta, a 'garra' e a obstinação, o comprometimento e a força das Ligas e dos companheiros estão, hoje, desenvolvidos, atualizados e reiterados na luta do Movimento dos Trabalhadores Rurais sem Terra, o MST, herdeiro natural daquela histórica organização" (Stédile, 2006, p. 16). De fato, foi fundamental a contribuição desse movimento para colocar na ordem do dia a questão da necessidade da reforma agrária no Brasil, na tentativa de superar as estruturas arcaicas existentes no meio rural e questionar o mandonismo e a superexploração dos senhores de engenho e usineiros. Essa reforma poderia, ao mesmo tempo, promover o desenvolvimento das forças produtivas, distribuir renda e, nesse sentido, ampliar a formação de um mercado interno que estimularia a indústria nacional, além do que permitiria superar o problema da pobreza na região. Em termos políticos ao longo desse processo, os camponeses tornaram-se sujeitos de sua própria história, capazes de construir um trabalho coletivo e, organizadamente, contribuir para a transformação da sociedade brasileira.

Referências

ABREU E LIMA, Maria do Socorro de. *Construindo o sindicalismo rural*: lutas, partidos, projetos. Recife: Editora Universitária da UFPE, 2012.

ANDRADE, Manuel Correia de. *A terra e o homem no Nordeste*: contribuição ao estudo da questão agrária no Nordeste. São Paulo: Cortez, 2005.

AZEVEDO, Fernando A. *As Ligas Camponesas*. Rio de Janeiro: Paz e Terra, 1982.

CAVALCANTI, Paulo. *A luta clandestina*. Recife: Guararapes, 1985.

JACCOUD, Luciana de Barros. *Movimentos sociais e crise política em Pernambuco*: 1955-1968. Recife: Fundaj/Massangana, 1990.

JULIÃO, Francisco. *Cambão*: a face oculta do Brasil. Recife: Bagaço. 2013.

LINS, Jomário da Fonseca. *As Ligas Camponesas e a organização do espaço canavieiro em Pernambuco*: 1955-1964. 1987. Dissertação (Mestrado em Geografia) — Universidade Federal de Pernambuco, Recife, 1987.

MORAIS, Clodomir Santos de. *História das Ligas Camponesas do Brasil*. Brasília: Iattermund, 1997.

PAGE, Joseph. *A revolução que nunca houve*: o Nordeste do Brasil. Rio de Janeiro: Record, 1972.

STÉDILE, João Pedro (org.). *A questão agrária no Brasil*: história e natureza das Ligas Camponesas. São Paulo: Expressão, 2006.

4

O PCB, AS ESQUERDAS, A ESQUERDA CATÓLICA, AS INSTITUIÇÕES E OS MOVIMENTOS SOCIAIS EM PERNAMBUCO *ANTE* E *POST* 1964

Michel Zaidan Filho

Desenhar o mapa das organizações político-partidárias do campo da esquerda, *ante* e *post* 1964 é uma tarefa que impõe ao historiador reconhecer — nesse período — a hegemonia de dois grandes atores políticos, com rebatimento em vários outros setores da sociedade brasileira: de um lado, o Partido Comunista Brasileiro (PCB) e, do outro, a Igreja católica, por meio de seus agrupamentos políticos de esquerda (sobretudo depois do Concílio Vaticano Segundo e do papado de Paulo VI e João XXIII).

É preciso considerar que os comunistas brasileiros que se apresentaram nessa conjuntura específica são fruto dos dramáticos acontecimentos do XX Congresso do Partido Comunista da URSS e da famosa "declaração de março" de 1959, que definiu a linha do partido a partir do fortalecimento do movimento de massas, com objetivos democráticos e nacionalistas.

O Partido Comunista tinha sido vítima de uma ambiguidade política, ao longo de sua história, definida pelo cientista político Gildo Marçal como "as duas almas do PCB", ou seja, uma linha golpista, insurrecional e uma linha democrática e de massas. O último episódio golpista na história do PCB foi em 1953, quando o partido denunciou Getúlio Vargas como agente do imperialismo americano e propôs uma insurreição contra o governo, em total dissintonia com os acontecimentos do dia. Depois disso, o PCB converteu-se a uma estratégia nacional-popular, que privilegiava o movimento de massas, dentro da legalidade burguesa, para a realização das assim chamadas "reformas de base", do presidente João Goulart.

Do outro lado, tem-se a Igreja católica "renovada", com a reforma do Vaticano Segundo, o catolicismo latino-americano do encontro de Medellín, a Teologia da Libertação e as comunidades eclesiais de base. A Igreja criou e disseminou muitos grupos teológico-políticos, como a Juventude Estudantil Católica (JEC), a Juventude Universitária Católica (JUC), a Juventude Operária Católica (JOC) e a Ação Católica (AC). Essas organizações foram muito importantes para a formação de um pensamento político religioso progressista e de engajamento social e permitiram uma enorme participação dos leigos e religiosos nos eventos políticos importantes do Brasil de então. Frise-se que esses grupos não eram marxista-leninistas. Eram influenciados pelo personalismo cristão de Gabriel Marcel, Mounier, Teilhard de Chardin etc. Uma espécie de humanismo cristão que privilegiava a agência humana na sociedade e na história.

Pois bem, foram esses dois atores, o PCB e a Igreja católica, que hegemonizaram a cena política composta pelos grupos mais progressistas antes e depois de 1964. Grupos que em Pernambuco eram muito fortes e influentes, mas nem sempre confluentes. Em nosso estado (e na cidade de Recife), os comunistas sempre exerceram forte influência, que se difundiu largamente nas instituições e nos movimentos sociais. É de lembrar que um dos núcleos fundadores do PCB foi Pernambuco, através da figura romântica de Cristiano Cordeiro e seus amigos (Souza Barros, Rodolfo Coutinho, José Elias e outros). Como se costuma dizer, o raio de ação do partido sempre foi muito maior do que sua militância organizada.

Intelectuais, militares, médicos, engenheiros, advogados, operários e líderes sindicais eram simpatizantes do PCB, quando não membros organizados. De outra parte, é bom frisar que a presença do Arcebispo Dom Helder Câmara, o papel do Instituto Teológico do Giriquiti, a presença de padres-operários em Recife e uma comunidade de leigos socialmente atuantes também contribuíram muito para que o catolicismo em Pernambuco adquirisse uma fisionomia social própria.

Esses dois atores, em suas relações tensas e conflituosas, foram origem de várias outras organizações de esquerda: do PCB, saíram: o PCdoB, o PCBR, o PCR e o MR-8. Da Igreja católica derivou-se a Ação Política (AP), que depois fundiu-se ao PCdoB. A cisão do Partido Comunista Brasileiro (PCB), que antes tinha sido origem dos primeiros trotskistas brasileiros, deve-se à linha política adotada por ele no seu 5º Congresso. Acusada de reformista e burguesa, os comunistas dissidentes resolveram criar um novo partido, trocando o nome de "Brasileiro", por "do Brasil", com o objetivo de manter o caráter internacionalista do novel partido, sua fidelidade ao estalinismo e uma linha insurrecional. Estava em voga, nesse momento, a teoria do foco guerrilheiro da Revolução Cubana, a OLAS tinha sido criada e o maoismo como teoria da revolução estava em alta. Como os comunistas do "B" tinham rechaçado o relatório de Kruschev sobre os crimes de Stalin, resolveram abandonar o velho partido, a Declaração de Março e sua linha legalista, em apoio crítico às reformas de Jango. Esse agrupamento político depois recebeu os militantes católicos da AP. Quanto a esta última, embora não tendo como fundamentação o marxismo-leninismo-stalinismo, tinha um comportamento político muito distante do PCB. Na verdade, as relações entre uns e outros, na frente de massas, sempre foram muito críticas e de desconfiança.

Depois foram ocorrendo novas cisões: o PCR de Cajá, o MR-8 (cisão do PCB), VAR — Palmares Colina, POLOP, a ANL. O militante e historiador Jacob Gorender contabilizou 25 siglas e nomes de organizações da esquerda armada.

O PCB, a esquerda católica e as universidades

Os dois partidos de maior inserção no mundo da cultura e da intelectualidade, em Pernambuco, foram o Partido Comunista Brasileiro e a esquerda católica. As universidades pernambucanas (UFPE, UFRPE e a Unicap) foram naturalmente permeadas por essa influência. Na UFPE, a escola de Engenharia foi um foco muito importante. De lá saíram militantes famosos e conhecidos: Elimar Nascimento, Cristovam Buarque, o pai de Maurício Rands, Aécio Matos, Rui Frazão e António Balthar. Da Sociologia, Abdias Carvalho Vilar, da Educação, Paulo Freire. Do Direito, Glaucio Veiga, Clovis Melo, Rui Antunes. Da Medicina, Jurandir Freire. Das letras, Luiz Costa Lima. Do Serviço Social, Thelma Cidade. Uma geração de intelectuais, educadores, artistas, médicos, advogados, engenheiros que vieram colaborar com as gestões progressistas de Pelópidas Silveira e Miguel Arraes. São exemplos dessa profícua colaboração o movimento de Cultura Popular do Recife e o projeto de extensão de educação popular inspirado no método de Paulo Freire. Até um ator famoso ajudou na dramatização dos programas radiofônicos de "educação de base", mantido pela CNBB. Nunca mais o Recife viu coisa igual.

Depois de 1964, houve um desmantelamento geral desse panorama, com uma repressão sistemática tanto às organizações da Igreja como aos militantes comunistas e seus partidos. Com o AI-5 e a impossibilidade de atuação legal dos grupos políticos de esquerda, a contestação aos militares passou a ser feita pelas passeatas estudantis e pelo movimento da esquerda armada, em suas diversas organizações.

A inserção dos comunistas na sociedade civil

O primeiro grande momento da inserção dos comunistas no movimento estudantil e de massas está relacionado à existência da União Nacional dos Estudantes (UNE), dos diretórios acadêmicos e das entidades estudantis nas lutas e contradições do nacional-desenvolvimentismo — sobretudo na defesa da entrada do Brasil na Segunda Grande Guerra contra as potências do eixo e no monopólio estatal do petróleo e na luta pela redemocratização do país. Pernambuco — como o resto do país — vivia sob forte ditadura protofascista, autoritária, conservadora e nacionalista. Nesse período, o sentido das grandes mobilizações de massa, nas quais esteve presente o partido comunista por orientação de seu Comitê Central, foi se empenhar nas lutas antifascistas, acompanhando os comunistas do mundo inteiro (período das frentes populares) em favor das reformas nacionalistas, antiautoritárias e antiditatoriais. O conteúdo dessas reformas se mesclara facilmente com a luta pela redemocratização do país: é como se uma alimentasse a outra. Em nosso estado, o ponto alto dessas manifestações foi a realização do comício da pracinha do *Diário de Pernambuco*, onde se fez um comício na sacada do velho prédio do jornal em prol da redemocratização do país, depois da deposição de Getúlio Vargas. Vários intelectuais e acadêmicos da terra estavam presentes no momento em que, do meio da multidão, ouviu-se um disparo, que atingiu mortalmente o estudante de Direito Demócrito de Souza e Filho. Esse episódio foi o estopim para a batalha final contra o interventor no estado de Pernambuco Agamenon Magalhães. Dessas jornadas memoráveis, os comunistas e socialistas participaram ativamente seja na frente de massas ou no interior dos movimentos sociais, particularmente no movimento estudantil (sobretudo na Escola de Engenharia do Recife e na Faculdade de Direito). Outro grande momento dessa participação dos comunistas pernambucanos coincide com a eleição dos governos da chamada "Frente do Recife" (Pelópidas Silveira, Miguel Arraes e Cid Sampaio), que desmontou a possante máquina eleitoral e partidária criada pelo ex-interventor Agamenon Magalhães durante a ditadura do "Estado Novo". O clima de renovação e abertura política, cultural, econômica e social reinante no estado ensejou uma profunda colaboração, uma parceria entre as diversas forças políticas de Pernambuco — as mesmas que deram sustentação à "Frente" — entre as quais estava o Partido Comunista, então representado pela figura de Paulo Cavalcanti e outros membros do PCB.

A inserção e a influência da militância comunista — via universidade e movimento secundarista — foi decisiva para o avanço democratizante e popular das chamadas "reformas de base", os Movimentos de Educação de Base (MEBs), o Movimento de Cultura Popular (MCP), o teatro popular do Nordeste, os ateliês coletivos etc. Muito da extraordinária gestão da cultura dos prefeitos dessa época tem a ver com a participação dos comunistas e intelectuais simpatizantes no movimento de massas e nas próprias instituições de ensino e da cultura. Alguns nomes mais conhecidos nesse período são Hermilo Borba Filho, Abelardo da Hora, José Claudio, Wellington Virgulino, José Wilker, Paulo Rosas, Ariano Suassuna, entre outros. A efervescência dessa época teria de ser carreada, como de fato foi, para a política partidária, seja no interior das entidades estudantis, seja fora delas no contexto das lutas mais gerais da sociedade brasileira. As escolas de Engenharia, Medicina, Direito e Filosofia, a Universidade Federal Rural de Pernambuco e a antiga Faculdade de Filosofia do Recife forneceram abundantemente lideranças, militantes e ativistas para o movimento estudantil e quadros políticos para o PCB, a esquerda católica e a corrente trotskista, em um movimento de alta produtividade histórica responsável, mais tarde, pela geração de lideranças políticas, empresariais e públicas em Pernambuco e no Brasil. Alguns desses nomes foram Candido Pinto (Escola de Engenharia), Luciano Siqueira (Faculdade de Medicina), Jarbas Vasconcelos (Faculdade de Direito do Recife), Marcos Freire (Faculdade de Direito do Recife), Marco Maciel e Roberto Freire (Faculdade de Direito do Recife). É neste contexto que se insere também o movimento de resistência dos diretórios estudantis à ocupação militar da universidade brasileira e seus prepostos. Prova disso foi o covarde atentado perpetrado pelo Comando de Caça aos Comunistas (CCC) contra o acadêmico Candido Pinto, que o deixou paraplégico pelo resto da vida.

O regime militar de 1964 promoveu uma feroz e cruenta repressão ao movimento estudantil e aos militantes de esquerda nele inseridos. Cassando, prendendo, assassinando, torturando esses militantes. É o caso de lembrar o que aconteceu com o estudante da Universidade Rural Odijes de Carvalho, que sumiu nos cárceres e tumbas clandestinas da ditadura militar. Ou a prisão de Edival Nunes (conhecido por "Cajá") associado ao Partido Comunista Revolucionário e também ligado à diocese do Recife e Olinda. Cajá foi preso e torturado pelos militares do Quarto Exército. Finalmente, recorde-se o nome do nosso último presidente da UNE, ligado ao Partido Comunista do Brasil, Renildo Calheiros, hoje deputado federal pelo seu partido ou a atual vice-governadora de Pernambuco, Luciana Santos, pertencente também ao PCdoB. Ambos oriundos da Escola de Engenharia da UFPE. Ou de outros militantes de esquerda, como Ednaldo Miranda, que foi presidente da Associação dos Docentes da UFPE (ADUFEPE).

Referências

CAVALCANTI, Paulo. *O caso eu conto como o caso foi*: a luta clandestina. São Paulo: Alfa Ômega, 1978.

GORENDER, Jacob. *Combate nas trevas*. São Paulo: Ática, 1998.

MACHADO, Otavio; ZAIDAN, Michel. *Movimento estudantil brasileiro e a educação superior.* Recife: Editora Universitária da UFPE, 2004.

MACHADO, Otávio; ZAIDAN, Michel. *O pensamento das juventudes brasileiras no século XX.* Recife: Editora Universitária da UFPE, 2010.

MACHADO, Otavio; ZAIDAN, Michel. *Juventude e movimento estudantil*: ontem e hoje. Recife: Editora Universitária, da UFPE, 2008.

5

A IGREJA CATÓLICA E O SERVIÇO SOCIAL NO NORDESTE:

acenos históricos e perspectivas

Maria Alexandra da Silva Monteiro Mustafá

Introdução

Este capítulo explana sobre a presença da Igreja católica no interior do Serviço Social no Nordeste do Brasil, mostrando o processo de reflexão que tem levado à sua paulatina superação, e conclui apresentando sugestões para que tal presença seja abolida e para que o Serviço Social passe a aconselhar a sociedade brasileira e seus usuários, com o objetivo de abolir da prática a visão religiosa de mundo em prol de uma visão científica e socioeconomicamente corrigida.

A interferência da Igreja católica no Serviço Social no Nordeste iniciou quando da formação da Escola de Serviço Social do Recife. A tese de Helena Padilha, do Departamento de Serviço Social da UFPE, que historia o desenvolvimento dessa escola (*História da Escola de Serviço Social de Pernambuco: uma análise do projeto ideopolítico em articulação com a realidade pernambucana e brasileira dos anos 30 a 70 do século XX*) revela que a Igreja católica dinamizou ali vários projetos teoricamente não compatíveis uns com os outros. Aqueles foram projetos estratégica e propositalmente fundamentados em princípios ora conservadores, ora aparentemente progressistas; visavam atingir um espectro maior de indivíduos envolvidos no Serviço Social. Tais projetos tinham raiz teórica comum: a *Doutrina Social da Igreja*. Ela, percebendo a centralidade do pauperismo no mundo burguês nascente, decidira focar sua abordagem de atuação, estrategicamente, na "questão social". Aquela doutrina, inicialmente, foi difundida na Europa e na América Latina e teve no Serviço Social um de seus focos de interesse privilegiado.

Os intelectuais orgânicos da Igreja católica, desde cedo, perceberam que a era moderna apenas inaugurada possuía duas tendências teóricas de base, antagônicas entre si: o capitalismo e o comunismo. O primeiro elaborando um discurso chamado liberal, enquanto o segundo, um discurso coletivista. Os intelectuais católicos terminaram por criar a expressão "terceira via" para chamar a atenção sobre si, como os dadores de uma opção, no dizer deles, mais adequada a um projeto societário. Assim elegeu-se uma atualização do velho e medieval tomismo que foi dita neotomismo. Tal escolha era estratégica, pois na Idade Média o aristotelismo tinha apontado para a razão humana como o parâmetro noético para a compreensão das coisas existentes no mundo dos sentidos e no mundo da intelecção, mas o tomismo o tinha neutralizado. Como a modernidade tinha nascido a partir da fundação da era da razão, a Igreja achou por bem ressignificar o termo "razão", enlaçando a ele a noção de razão divina, hipoteticamente existente e superior àquela humana; deteriorando, com isso, o alto valor da razão humana proposto por aqueles novos e laicos tempos.

A Doutrina Social da Igreja condenou, com seus princípios, tanto o individualismo — dito exacerbado, proposto e exaltado pelo liberalismo, que defendia o modo de produção capitalista — quanto as propostas coletivistas, vindas dos campos anticapitalistas tachados de materialismo ateu.

A Igreja católica havia estruturado seu projeto de ingerência nos tempos modernos, que tinham querido erradicar da face da terra desde a Revolução Francesa. Ela decidira abrir, no seu *modus operandi*, uma prática destinada a lhe reposicionar na nova sociedade. Os leigos logo foram convocados para penetrar nos ambientes vedados aos sacerdotes: incentivados a penetrar nos ambientes declaradamente favoráveis ao capitalismo (onde conservadores estruturavam sua resistência contra as rebeliões operárias), e naqueles onde se asseverava a possibilidade de uma sociedade cada vez mais perfeita do ponto de vista da divisão de bens e das igualdades entre os seres humanos. Nesse campo, em especial, se encontravam os seguidores de Marx, que apontavam para a necessidade de uma transformação nas estruturas socioeconômicas e da socialização da riqueza e do saber.

Obviamente, a reforma dos textos oficiais da Igreja, voltados para permitir tal penetração, não era 100% eficiente, porque contraditória. Na encíclica emanada para proporcionar essa maior flexibilidade de ação dos leigos na sociedade moderna, a *Rerum Novarum*, apontava-se para a "questão social", o pauperismo, e o denunciava como indigno e necessário de resolução; contudo, ao mesmo tempo, nas suas cláusulas defendia a propriedade privada. Os católicos se aproximaram mais e mais dos ambientes onde lutas sociais eram travadas, mas ao encontrarem-se com os marxistas, a incompatibilidade entre eles tomava um relevo tal que os fazia parecer oportunistas. A estrutura criada pela Igreja católica para promover tal ação leiga fora a Ação Católica, estruturada em forma de uma variedade de movimentos, cada um deles com a missão de atuar num segmento social estratégico.

A Igreja não esperava que o contato dos leigos com o marxismo pudesse levar vários deles a optar por uma adesão consciente às teorias e às práticas propostas e ativadas ali. Isso viria a ter grande importância na história da Escola de Serviço Social de Pernambuco e de várias outras no Brasil, e esse fenômeno teria grande importância na história do Serviço Social, de modo que, nele, a presença de personalidades vindas das fileiras da Igreja católica e "convertidas" ao marxismo é majoritária.

O neotomismo e a questão social

O neotomismo é entendido como a filosofia da Igreja católica na modernidade e se resume a uma atualização do pensamento de Tomás de Aquino. Ela se apresenta como proposta filosófica de interpretação e atuação no mundo, tomando como suporte principal as elaborações de um Aristóteles cristianizado. O tomismo surgiu no contexto da Idade Média e representou a tentativa da Igreja de se afirmar diante dos primeiros intelectuais que ousaram, apesar das proibições e dos perigos de sérias represálias, tecer uma crítica ao pensamento da Igreja católica perante seu conservadorismo platônico e teocêntrico.

Os primeiros filósofos que ousaram recorrer ao pensamento de Aristóteles e tiveram influência no mundo medieval foram reconhecidos como os que fundaram o *Averroismo latino*. A polêmica essencial nesse contexto recaía sobre a afirmação de Aristóteles de que a alma humana seria mortal, bem como toda a sua construção teórica que negaria, na prática, o Criacionismo.

Assim, Tomás de Aquino tomou para si a tarefa de "cristianizar" o problemático filósofo grego e, para tanto, escreveu a *Suma Teológica*, onde Aristóteles é constantemente citado e igualmente distorcido para parecer que seu modo de ver a realidade não destoava tanto do modo de o catolicismo vê-la.

Tomás de Aquino, para abrandar a distância incompatível entre aristotelismo e catolicismo, buscou ressignificar conceitos aristotélicos que pudessem servir de gancho conceitual para uma adaptação católica da sua visão de mundo. Um desses ganchos, por exemplo, pode ser identificado no conceito aristotélico *motor imóvel*, ao qual Tomás procurou sugerir que Aristóteles ali estaria concebendo a existência de Deus. Assim, Aristóteles poderia ser lido pelos cristãos sem o risco de tal leitura levá-los ao ateísmo.

Outro exemplo de apropriação indevida dos conceitos aristotélicos por parte de Tomás de Aquino pode ser encontrado no uso que ele fez da afirmação de Aristóteles segundo a qual a contemplação seria o objetivo maior de se fazer filosofia. Aristóteles estava se referindo à contemplação da verdade, mas Tomás, aproveitando-se do fato de o cristianismo considerar que a verdade é Cristo, apontou para a divindade cristã afirmando que a contemplação de Deus seria a mais alta função do fazer filosofia.

Séculos depois, nos fins dos 1800, a Igreja, para se estruturar diante dos impactos sofridos pelas tendências mais fortes da modernidade, terminou se valendo da estratégia de Tomás de Aquino de buscar seletivamente valores nas teorias contrárias a ela e os absorver, transformando-os no significado e empoderando-se deles. Por isso ela batizou sua nova filosofia de neotomismo. A questão social, assim, foi eleita como tema adequado para a absorção católica, como já dito acima. E tal atitude, em grande parte oportunista, da Igreja católica faz com que sua presença no interior do Serviço Social precise ser crivada de análises críticas e minuciosas, para que assim se evite cair em argumentações falaciosas enquanto se acredita encontrar compatibilidades entre as análises autenticamente marxianas e as da Igreja católica.

Convém ainda pontuar que a atitude oficial da Igreja católica contra os tempos modernos se expressa, mais precisamente, quando os restauradores do Estado italiano expropriaram Roma das mãos da Igreja, depois de uma série complexa de acontecimentos, no evento conhecido como Tomada de Roma, ou Brecha de Porta Pia. Pio IX, ao perceber que, sob o seu pontificado, a Igreja, além de perder todo o território chamado Estado da Igreja (praticamente toda a região central da Itália) tinha também perdido Roma, sua intolerância para com a modernidade subiu estratosfericamente, e o signo mais evidente dessa postura do papa é a emanação da bula denominada *Syllabus Errorum* que condenou: o liberalismo, velhas heresias que reapareciam nas ideias da época, o ateísmo, o comunismo, o socialismo, o indiferentismo e outras proposições relativas à Igreja e à sociedade civil. A partir daí a Igreja tomou total consciência da necessidade de criar novas estratégias para sobreviver na modernidade, enquanto espera condições para recuperar seu antigo domínio sobre as mentes humanas.

A ação católica, suas ramificações e as escolas de Serviço Social

A Ação Católica foi historicamente entendida como os braços da hierarquia da Igreja no meio dos leigos, a partir da extensão da sua ação evangélica no mundo laico. Na realidade, ela foi uma estratégia de atuação eclesiástica que não apenas tornou acessível a teologia para o mundo laico, como também constituiu uma estrutura de ação social que envolveu os leigos na forma considerada viável pela Igreja para enfrentar a questão social. Com efeito, se a Igreja, historicamente, tinha um acúmulo de experiências no campo da assistência social, agora ela associava às virtudes da caridade e à ação de ajuda o elemento teológico advindo do pensamento personalista e neotomista.

Como teóricos do personalismo se destacaram Emanuel Mounier e Jacques Maritain, que se ocuparam da elaboração da teoria da "terceira via" e procuraram dar um tom intelectual que combatia o pensamento de Marx. Assim, o personalismo passou a ser o fundamento do "Humanismo Integral", encarnando uma visão de homem que aparentemente colocava no centro o ser humano, mas que, em última instância, conduzia tudo para o reino de Deus — numa perspectiva transcendental em que a história e a realidade eram apenas o cenário imediato que requeria um ajustamento à ordem divina e sobrenatural.

Vale considerar, aqui, que a preocupação fundamental da Igreja católica, enquanto instituição, tornou-se impor-se diante dos poderes temporais, especialmente aos estados que não aceitavam a supremacia do pensamento católico. Isso ficou evidente quando da inauguração do Cristo Redentor no Rio de Janeiro, por meio da célebre frase pronunciada por D. Sebastião Leme que afirmou, referindo-se ao então presidente Getúlio Vargas, que tentava reduzir a influência da Igreja no Estado e especialmente no monopólio da educação com as escolas particulares em detrimento das escolas públicas, "ou o Estado respeita a religião do povo ou o povo não respeitará o Estado".

Note-se que, à época, a ingerência da Igreja no Estado brasileiro se fazia sobretudo a partir da ação da Liga Eleitoral Católica (LEC) e do Centro Dom Vital, que preparavam tanto candidatos a assumirem cargos no interior da estrutura do Estado como trabalhavam a mentalidade dos eleitores para elegerem seus representantes que, em última instância, eram os defensores do pensamento e dos interesses da Igreja, no âmbito da política.

Na tentativa de atingir todos os segmentos da sociedade civil, de forma a assegurar uma ampla difusão dos princípios e *modus operandi* cristãos, a Ação Católica se constituiu com uma estrutura cujas ramificações se ampliavam para o mundo rural e urbano, para os jovens estudantes do Ensino Médio e Superior, para os trabalhadores e membros das classes média e alta.

É famoso o seu A — E — I — O — U, particularmente para a juventude: Juventude Agrária Católica (JAC), Juventude Estudantil Católica (JEC), Juventude Independente Católica (JIC), Juventude Operária Católica (JOC) e Juventude Universitária Católica (JUC).

Havia uma distinção de gênero — os grupos de Ação Católica para Mulheres e para Homens. Para o mundo do trabalho, além da JOC foi criada a Ação Católica Operária (ACO), voltada para os que trabalhavam e eram casados.

Todos esses grupos utilizavam a metodologia do "ver, julgar e agir" que tomava como ponto de partida a visão dos dados da realidade concreta referente aos fatos que aconteciam nos diversos segmentos dos quais participavam; o julgamento ou análise da realidade, a partir dos princípios do evangelho e da doutrina social da Igreja e, a partir daí, tomavam decisões para que fossem implementadas como ação individual e coletiva como solução ou encaminhamento diante dos desafios apresentados nos fatos analisados.

Vale considerar que tal metodologia foi a grande responsável pelas mudanças que vieram a ocorrer posteriormente no próprio interior da Igreja, como a formação da Teologia da Libertação, e conduziu os grupos como a JEC, a JOC e a JUC a assumir análises e ações que muitas vezes fugiam àquelas permitidas pela hierarquia da Igreja e levaram os membros de tais grupos a questionar a gravidade da situação de autoritarismo do Estado, com a ditadura militar e o acirramento das desigualdades sociais, e a tomar posicionamentos que extrapolavam os limites pensados pela própria Igreja, gerando outros movimentos como a Ação Popular (AP) e mantendo afinidades com o Partido Comunista Brasileiro.

Os participantes da JOC eram motivados pelo confronto direto com as situações de exploração e as péssimas condições de trabalho que atingiam os jovens trabalhadores e os participantes da JUC, por terem acesso, nas universidades, aos textos originais de Marx, se viam instigados a buscar alternativas mais condizentes com a perspectiva marxiana. Ambos os movimentos, por esta razão, receberam represálias da hierarquia da Igreja e muitos deles foram perseguidos durante os períodos mais duros da ditadura militar. Também a Ação Católica Operária foi alvo dessas represálias e perseguições. Os militantes que vivenciavam o cotidiano das fábricas lidavam com a realidade dos baixos salários, das horas extras não pagas, dos acidentes de trabalho, das humilhações e da falta de direitos trabalhistas, passando a ver nessas condições motivo para luta e reivindicação. Assim, emergiram dos grupos da Ação Católica muitos militantes que passaram a atuar em sindicatos, associações, organizações, entidades de luta, organizações não governamentais e até partidos de esquerda. Esse fato foi relevante para ex-militantes de JEC que passaram a atuar na JUC, quando da inserção na Escola de Serviço Social de Pernambuco, como veremos a seguir.

A JUC e a atuação dos jovens nas universidades e no Serviço Social

Muitas estudantes da Escola de Serviço Social de Pernambuco vinham da militância na JEC e ingressavam na JUC, como foi o caso de Lúcia Freire e Vitória Gehlen. No depoimento desta última, percebe-se quanto a metodologia do "ver, julgar e agir" promovia uma análise crítica da realidade, fato que as aproximava das tendências políticas de matriz marxiana que buscavam uma mudança radical para a sociedade brasileira.

A professora Vitória Gehlen, por exemplo, do Departamento de Serviço Social da UFPE, que foi aluna da Escola de Serviço Social de Pernambuco no início dos anos 1960, nos forneceu as seguintes informações:

> Eu pertencia aos movimentos da Igreja Católica Progressista no Recife através de atividades com o arcebispo Dom Hélder, quando ainda estudava no Colégio das Damas da Instrução Cristã, onde participei da Juventude Secundarista e fui presidente do Diretório Acadêmico no Colégio das Damas, como também no movimento de Ação Católica através da JEC, que promovia um trabalho coletivo nos colégios católicos. Também nesse período já prestava trabalho voluntário na Operação Esperança. Quando prestei vestibular na antiga Escola de Serviço Social continuei nas atividades estudantis como vice-presidente e depois como presidente do diretório acadêmico de Serviço Social. Nesse período participei da JUC e continuei na luta da Operação Esperança.

Nas palavras de Mônica Kornis, no seu artigo sobre a Ação Popular, "a partir de 1960, entretanto, a JUC começou a sofrer um processo de radicalização, engajando-se na luta pela transformação dessa sociedade". No depoimento de Vitória Gehlen, essa radicalização se fez sentir no interior da Escola de Serviço Social, sobretudo por meio dos campos de estágio nas comunidades rurais e da Região Metropolitana do Recife, com a participação de padres que posteriormente vieram a sofrer penalidades e até foram mortos, como foi o caso de padre Henrique, assessor de Dom Helder. Vale salientar que figuras notáveis do Nordeste brasileiro também faziam trabalhos literários e artísticos na linha da radicalização contra o regime militar, e suas obras serviam de inspiração para as reflexões dos grupos de JEC e JUC, conforme afirmou a professora Vitória Gehlen:

> O Padre Geraldo era o responsável pela evangelização dos jovens do meio rural e a assistente social e supervisora do meu estágio na área rural foi a professora Eunice Pereira. Já na época, discutíamos com os jovens estudantes secundaristas de Pontezinha e Cabo sobre desenvolvimento do meio rural, através de leituras do autor João Cabral de Melo Neto e seu poema Morte e Vida Severina — que foi encenado pelos jovens estudantes do meio rural da Mata Sul, ligados entre si pela diocese e Operação Esperança, no teatro da Cidade do Cabo de Santo Agostinho. Essa apresentação contou com a presença do escritor João Cabral de Melo Neto e Dom Helder Câmara, presentes no teatro e debatendo sobre o significado dela no meio rural e em suas vidas, de acordo com o método do Movimento da Ação Católica: Ver, Julgar e Agir. Assim, conhecendo e debatendo sobre a realidade do meio, confrontando com os valores defendidos na evangelização da Igreja católica pretendíamos passar à ação de transformação da situação de exploração existente do uso da terra ocupada pelos canaviais e como latifúndio, fazendo os jovens entenderem a realidade da Mata Sul.

A articulação entre a JUC, a União Nacional dos Estudantes (UNE) e o PCB se deram especialmente pela mediação da criação de um movimento chamado Ação Popular (AP) que foi criado para dar mais autonomia aos jucistas diante da reação que a própria JUC provocava no interior da Igreja católica. Os acontecimentos que se sucederam são narrados assim por Mônica Korniz:

> No início de 1961, já provocando reação dentro da Igreja, a JUC participou de um seminário organizado pela União Nacional dos Estudantes (UNE)

> em Salvador. Nesse mesmo ano, o jucista Aldo Arantes, presidente do Diretório Central dos Estudantes da PUC do Rio, foi eleito presidente da UNE. A reação da Igreja diante do fato traduziu-se na expulsão de Arantes da JUC pelo cardeal Dom Jaime Câmara. Era evidente que a concepção da JUC sobre sua esfera de ação e sobre seu lugar no interior da Igreja tornava-se incompatível com o pensamento dominante na hierarquia eclesiástica. Diante das crescentes reivindicações de autonomia, surgiu a ideia [...] de se formar uma nova organização que pudesse atuar independentemente da Igreja. Assim, no início de 1962, foi lançado um manifesto de convocação de um congresso da JUC, durante o qual se trataria dessa questão. O documento era de autoria de Herbert José de Sousa, importante militante jucista e editor de um jornal estudantil publicado pela Ação Católica Mineira, intitulado Ação Popular.

Os rebatimentos dessas transformações tiveram implicações na vida da Escola de Pernambuco e na vida das pessoas que faziam parte dela, como a de Vitória Gehlen:

> Daí minha vontade de estar sempre participando em grupos e movimentos culturais, seja da Igreja ou laico, [para] fazer acontecer na minha vida encontros com pessoas que participavam tanto da JUC quanto do PCB. No meu caso, com Deda Aureliano, com a qual debatia e refletia sobre os problemas sociais, participando ativamente nos movimentos de protesto contra a ditadura e passeatas e comícios, como o que aconteceu na Praça do Diário de Pernambuco e onde fui presa. Logo após Deda Aureliano sugeriu ir estudar em Moscou para formação de jovens intelectuais do PCB.

A partir daí percebemos que as influências, de fato incompatíveis, entre aquilo que a cúpula da Igreja católica almejava alcançar através da Ação Católica e das Escolas de Serviço Social nem sempre se verificaram, e até mesmo terminaram provocando a ruptura de movimentos da Ação Católica, como a JUC, com a hierarquia da Igreja. Assim, a partir de 1964, a AP passou a atuar nas universidades, nos centros populares de cultura, no Movimento de Educação de Base (MEB) — que era um movimento de alfabetização e conscientização das camadas populares e que teve como protagonista o pedagogo Paulo Freire, que também foi professor da Escola de Serviço Social de Pernambuco.

Considerações finais

O exemplo utilizado neste capítulo que focou a JUC e sua importante presença no interior do processo do nascimento do Serviço Social Brasileiro e Nordestino sob a influência da Igreja católica para a consciência da situação real do modo de produção capitalista, provocando pobreza sistemática e toda a estrutura social desigual, foi um exemplo apto para levar o leitor e a leitora a perceber a profissão se desenvolvendo e amadurecendo teórica e praticamente. Outras personalidades de relevo também devem ser lembradas como marcantes nesse processo que vai da influência da Igreja católica no Serviço Social até a laicização, com a introdução da escola na universidade pública. Por exemplo, figura central nesse processo foi a professora Evany Mendonça, que conduziu a passagem para a criticidade da profissão, nos anos 1970, em plena ditadura militar. Ela era diretora da Escola e tinha uma ligação muito forte tanto com a Igreja progressista quanto com a teoria marxista. Evany, no mais, tinha grandes relações acadêmicas com o pedagogo Paulo Freire e com o seu pensamento. Além disso, a questão final que se coloca em relação a essa temática não é apenas se a estrutura da Igreja católica produziu (nas Escolas de Serviço Social do Nordeste do Brasil, por conta da metodologia que utilizava e das contradições da realidade política e socioeconômica em que as militantes da JEC, JUC e AP viviam) uma aproximação com partidos políticos de esquerda no Brasil e com a literatura marxista. Na realidade, trata-se aqui de considerar tanto o papel explícito (declarado) quanto o papel implícito da religião no interior da profissão (visível, por meio de um estudo temporal e teoricamente mais alargado, como esse que esboçamos aqui). No interior da profissão e no meio da sociedade também, enquanto é cientificamente acertado que a religião é um elemento que produz e contém alienação no seu bojo. Assim, uma crítica bem-feita a ela requer um cuidadoso exame da natureza equivocada da religião mesma. Ela é algo que não apenas deve ser analisado pelo seu caráter conservador, mas também como sinal inequívoco de caráter ideológico, em contraposição à cientificidade moderna, já denunciado por Marx como algo que merecia ser *o objeto* da primeira das críticas[1].

Diante de tudo o que foi visto, é possível perceber que a profissão de Serviço Social no Brasil é ainda uma profissão em construção. Todavia, nos orgulhamos de exercer uma profissão que tem tido, no decorrer de sua história, um marcado caráter da autoanálise crítica e de constantes correções em sua própria estrutura. A Escola de Serviço Social de Pernambuco, que é o núcleo da profissão que aqui tratamos, fez e ainda faz um tal percurso. Ela nasceu sob a influência da Igreja católica mas, enquanto se tratava de uma influência que, por sua vez, já tinha brotado por conta da influência dos clamores por justiça da classe proletária emersa com a modernidade, ela soube crivar a matéria misturada que a Igreja lhe trazia e tem sabido também separar o ouro da escória. As décadas se passaram, a Escola de Serviço Social de Pernambuco hoje é o Departamento de Serviço Social da UFPE em aliança com todos os outros departamentos de Serviço Social que formam profissionais no nosso estado e na Região Nordeste. A cientificidade vem crescendo mais e mais desde a criação do nosso Programa de Pós-Graduação com as muitas turmas já formadas de mestres e doutores.

Os embates sociais vivenciados no suceder-se das conjunturas político-econômicas das últimas décadas têm dado à nossa escola uma tarimba de não pouco relevo; tarimba essa também epistemológica,

---

1. Ver, desse autor, *Introdução à crítica da filosofia do direito de Hegel*.

crítica, profunda. A religião nos dias correntes ainda é, universalmente, dita possuidora de uma imunidade social que, na prática, tem levado a um consenso pouco científico que impede que se a crive de críticas sérias e capazes de hipotetizar a necessidade de sua abolição no tecido social.

Todavia, com o advento da pandemia de covid-19, que ainda se está vivendo enquanto escrevo este artigo, percebe-se que uma nova era na humanidade vem surgindo. Esta era, está cada vez mais claro, exige da humanidade um grau de cientificidade muito maior do que até agora a presença matreira da religião nas sociedades permitiu. Sente-se que a humanidade precisa receber um novo tipo de formação; uma formação que não tolere mais contradições ilógicas valorizadas como plausíveis ao lado de teoremas científicos e cálculos proposicionais voltados para a análise do real e a solução dos problemas complexos que o real mais e mais coloca para ela.

Assim, concluímos que se pode prever que, em breve, os congressos do Serviço Social Brasileiro terão que enfrentar a importante questão da urgência de a profissão prestar também o serviço de desalienação à cidadania, sob pena de se omitir diante das reais exigências colocadas por esse terrível vírus; exigências estas que não podem não ser a abolição da visão religiosa de mundo em prol de uma visão científica e voltada para um projeto societário no qual a potencialidade humana possa ser 100% desenvolvida.

Referências

BEATO Pio IX, *Encíclica Quanta Cura. Le proposizione relative all'ecumenismo vanno dalla XV alla XVIII.* (Contém também o texto do *Syllabus Errorum*.) Disponível em: http://www.paginecattoliche.it//modules.php?name=News&file=article&sid=27. Acesso em: 20 jun. 2021.

ETIENNE, Gilson. *História da Filosofia cristã*. Petrópolis: Vozes, 1970.

KORNIS, Mônica. *Ação Popular (AP)*. Disponível em: http://www.fgv.br/cpdoc/acervo/dicionarios/verbete-tematico/acao-popular-ap?fbclid=IwAR32ZLTw-CjNupx6O4kLKe3eWl1YhGasBbUvfsIzo4XWIAKuwna8ETgoE-lI. Acesso em: 20 jun. 2021.

MARX, Karl. *Crítica da filosofia do direito de Hegel*. São Paulo: Boitempo, 2005.

MUSTAFÁ, Maria Alexandra. *Ação Católica Operária*: fé e luta em tempos difíceis do Nordeste do Brasil. 1992. Dissertação (Mestrado) — Universidade Federal de Pernambuco, Recife, 1992.

MUSTAFÁ, Maria Alexandra. *Centralità dell'etica nella riprogettazione dello Stato Sociale*. 1999. Tese (Doutorado) — Pontificia Università Salesiana, Roma, 1999.

MUSTAFÁ, Maria Alexandra. Ética e religião: ingerência da Igreja católica na soberania nacional. A capitulação do Estado brasileiro. *Sociedade em Debate*, v. 12, n. 2, p. 7-32, 2006. Disponível em: https://revistas.ucpel.edu.br/rsd/article/view/430/384. Acesso em: 20 set. 2021.

MUSTAFÁ, Maria Alexandra. Justiça social: parâmetros para o estudo no Serviço Social. *In*: AMARO, Sarita (org.). *Dicionário crítico de Serviço Social*. Rio de Janeiro: Autografia, 2015. p. 92-109.

PADILHA, Helena M. B. *História da Escola de Serviço Social de Pernambuco*: uma análise do projeto ideopolítico em articulação com a realidade pernambucana e brasileira dos anos 30 a 70 do século XX. 2008. Tese (Doutorado) — Universidade Federal de Pernambuco, Recife, 2008.

Parte II

Gênese, Desenvolvimento e Renovação do Serviço Social no Nordeste

1

MARCOS HISTÓRICOS DO SERVIÇO SOCIAL EM ALAGOAS

Maria Virgínia Borges Amaral
Reivan Marinho de Souza
Rosa Lúcia Prédes Trindade

Introdução

Este texto trata do Serviço Social em Alagoas e sintetiza processos que configuraram a estruturação da profissão nesse estado, capitaneada originariamente pela Escola Padre Anchieta da Arquidiocese de Maceió entre 1957 e 1971, seguida pela trajetória de quase 50 anos, desde 1972, do curso de Serviço Social na Universidade Federal de Alagoas (Ufal). A elaboração deste texto foi possível graças a iniciativas de investigação sobre a história do Serviço Social em Alagoas. Tem-se claro que a trajetória da profissão, que completou 64 anos em 2021, suplanta o espaço destinado a este texto, mas cabe o esforço para contemplar os principais marcos de cada década.

Nessa trilha, retoma-se o projeto do curso, ocorrido tardiamente em relação à trajetória do Sudeste do país, o perfil do corpo docente e o contexto pós-1964. A laicização da formação profissional em Alagoas foi mediada pela expansão da Universidade Federal de Alagoas (Ufal) no início de 1970, no rastro da reforma universitária de 1968, e pela impossibilidade de a escola continuar no âmbito da Igreja católica. Chama-se a atenção para o fato de o Serviço Social ser o único curso superior existente na época que não participara do processo de fundação da Ufal, em 1961.

Mostra-se como o curso se estruturou no Departamento de Serviço Social da Ufal, como se consolidou nas décadas seguintes e como promoveu seu processo de renovação crítica a partir dos anos 1980. Registram-se os processos de criação da pós-graduação, especialmente o programa *stricto-sensu* e os processos de capacitação continuada promovidos pela Faculdade de Serviço Social/Ufal. Nas considerações acerca do trabalho profissional, percebe-se que, mesmo sendo o segundo menor estado da federação, as tendências nacionais se fizeram presentes. Sobretudo a partir da década de 1990, o crescimento dos espaços sócio-ocupacionais impôs desafios teórico-metodológicos, técnico-operativos e éticos para consolidar a proposta curricular de 1984 e avançar, nos anos de 1990 e 2000. Assim também avançaram as revisões do currículo, articuladas ao debate das Diretrizes Curriculares Nacionais para construir um perfil profissional esperado pelos projetos pedagógicos alinhados à renovação crítica e que contemplem as requisições desses espaços sócio-ocupacionais. Tem-se claro que a formação do assistente social em Alagoas está estreitamente marcada pelas mudanças no ensino superior para responder às demandas do desenvolvimento capitalista na sociedade brasileira e alagoana.

Ao mesmo tempo, evidencia-se um conjunto de saberes constitutivos e necessários ao saber-fazer da profissão que se redefinem em função das respostas do Estado, via políticas sociais, às necessidades de reprodução social da classe trabalhadora e dos segmentos mais pauperizados no Brasil. Isso certifica que essa profissão se encontra em permanente conflito com os interesses das classes dominantes.

A Escola Padre Anchieta e as origens do Serviço Social em Alagoas

As origens do Serviço Social em Alagoas decorrem de processos desencadeados pela Igreja católica no estado, em atendimento a demandas postas pela sociedade na década de 1950, o que englobou a criação da Escola Padre Anchieta, em 1957, vinculada à arquidiocese de Maceió. A escola foi uma estratégia da Ação Católica (AC) local, movimento inspirado na experiência de São Paulo e Rio de Janeiro, inserido nas particularidades do desenvolvimento econômico de um estado brasileiro periférico e de expressões da questão social de uma sociedade agrária que aos poucos se urbanizava.

A Escola de Serviço Social Padre Anchieta, de Maceió, foi fundada em 19/03/1957, sob a direção da irmã Zilda Galvão Leite, assistente social da Sociedade Feminina de Instrução e Caridade e madre das Missionárias de Jesus Crucificado, congregação que dirigia escolas de Serviço Social em diversos estados brasileiros (Costa *et al.*, 2017, p. 52).

Em 1961, a escola concluiu a formação da primeira turma, com dez assistentes sociais, e, nesse mesmo ano, o governo do estado de Alagoas criou a Secretaria de Saúde e Serviço Social, o que indica o início da organização do mercado de trabalho local[1] (Silva, 2008, p. 77). Como nos lembra Medeiros (2007, p. 85), é interessante observar que, para a formação profissional em Serviço Social, assim como em outras faculdades alagoanas, sobretudo de Filosofia e Economia, fundadas na década de 1950, a escola teve um corpo docente marcado pelo improviso, "basicamente composto por clérigos, religiosas e militantes católicos, entre estes alguns parlamentares", constituído de professores de diversas áreas, "à exceção das Missionárias de Jesus Crucificado, que possuíam formação específica em Serviço Social". Como atestam

1. Ainda na década de 1960, a organização política da categoria em Alagoas já se apresentava, com a Associação Profissional das/dos Assistentes Sociais de Alagoas (APASAL), entidade pré-sindical, criada em 1966, com a finalidade de "coordenar, estudar e defender os interesses profissionais da categoria" (APASAL, Ata, 1966, *apud* Couto, Rêgo, França, 2003, p. 28). Em 1967, a APASAL participa da luta nacional pelo salário mínimo profissional da categoria.

Nolasco *et al.* (2008), os professores ministravam um currículo com as seguintes disciplinas: Serviço Social de caso; Serviço Social de grupo; Desenvolvimento e organização de comunidade; Administração em Serviço Social; Psicologia; Sociologia; Pesquisa Social e Estatística; Economia Social; Direito; Ética; Higiene e Medicina Social; Introdução à Filosofia; Doutrina Social da Igreja; Cultura Religiosa; Política Social e Higiene Mental; e Psiquiatria.

Evidencia-se que o perfil da formação em Serviço Social em Alagoas seguia as características nacionais, havendo a combinação entre tecnicismo e valores e orientações advindas da Doutrina Social da Igreja. Nesse contexto, o/a assistente social, "agente de desenvolvimento", efetivava uma "prática profissional vinculada às políticas sociais" e respondia às expectativas do projeto modernizador, inscrevendo-se "nos espaços institucionais como Secretaria de Educação, Secretaria de Planejamento, Secretaria de Trabalho, Legião Brasileira de Assistência, Sesc, Sesi" (Costa; Souza, 2008, p. 14).

Trata-se, portanto, da inserção da formação profissional em Serviço Social em Alagoas no pós-Segunda Guerra Mundial, momento de expansão da política desenvolvimentista no Brasil, alinhada aos interesses intervencionistas estadunidenses na América Latina, pautada em um projeto de industrialização como via de superação do subdesenvolvimento, comandado pelo estado. Nesse contexto, também ocorre a expansão e a organização da educação brasileira, "a qual será direcionada para formar indivíduos para o processo de 'modernização' da indústria urbana e da agricultura no espaço rural". (Costa *et al.*, 2017, p. 53-54).

Em 1963, madre Zely Perdigão Lopes assume a direção da Escola, "que em 1965 passou a contar com a irmã Maria de Lourdes na vice direção, ambas permaneceram até o fechamento da escola, em 1972" (Costa *et al.*, 2017, p. 52). A mudança na direção da Escola em 1963 foi decisiva para enfrentar o período posterior ao golpe militar de 1964, pois a Escola se colocou como espaço de resistência e de debates. Nesse contexto, o movimento estudantil, e nele o Diretório Acadêmico de

Serviço Social, fundado em 1957, foi muito atuante em manifestações políticas contrárias ao golpe militar de 1964 (Silva, 2008, p. 78).

O curso vinculado à arquidiocese funcionou até 1971 e, em 1972, a formação de assistentes sociais no estado passou a ser responsabilidade da Universidade Federal de Alagoas (Ufal). Antes de situarmos esse processo, será necessário demarcar que essa inserção na Ufal foi tardia em relação a outras áreas profissionais. A primeira Universidade pública de Alagoas foi aprovada, em 1960, na Câmara dos Deputados, do Projeto de Lei n. 2.391 A-1960, e criada em 1961, com a articulação dos seguintes estabelecimentos de ensino que perfaziam o ensino superior em Alagoas: Direito, Medicina, Engenharia, Odontologia, Ciências Econômicas e Farmácia. O surgimento da Ufal coincide com a promulgação da Lei de Diretrizes e Bases da Educação, em 20 de dezembro de 1961, Lei n. 4.024/61, que vigorou em 1962. Como se vê, o curso de Serviço Social da Escola Padre Anchieta, então já em funcionamento, não participou do processo originário de criação da Universidade Federal de Alagoas.

Ainda em 1961, houve providências administrativas na Escola para a inserção do curso de Serviço Social na Ufal (Costa *et al.*, 2017, p. 54-55); em 1964, a mantenedora da Escola já havia comunicado ao Conselho Federal de Educação sobre os problemas financeiros para a sua manutenção (Costa e Souza, 2008, p. 15). Houve movimentação do diretório acadêmico a favor desse pleito (Seixas, 1978, p. 23, *apud* Vasconcelos, 2018, p. 53); entretanto, as pesquisas ainda não ofereciam explicações suficientes sobre os reais motivos dessa ausência do Serviço Social na fundação da Ufal.

No plano das hipóteses, pode-se considerar alguns fatores: o primeiro deles diz respeito ao caráter tardio da Ação Católica em Alagoas, incrementada somente na década de 1950 e para a qual era estratégica a manutenção do curso em suas hordas, a fim de fortalecer sua penetração na sociedade (Medeiros, 2007); finalmente, pode-se apontar o caráter doutrinário da formação profissional, ainda pouco científico para os padrões universitários, como uma das justificativas do retardado ingresso do Serviço Social na Ufal (Costa *et al.*, 2017, p. 71). Em decorrência disso, a formação em Serviço Social em Alagoas só vai se laicizar na década de 1970, como veremos a seguir.

Década de 1970: o curso de Serviço Social na Ufal e a laicização da profissão em Alagoas

A partir de 1969, começa o movimento para o deslocamento da formação católica do Serviço Social, rumo à progressiva laicização. Os contatos e acordos preliminares para o processo de mudança ocorreram entre a Universidade Federal de Alagoas e a Arquidiocese de Maceió. Envolveu representantes da referida escola, leigas e religiosas. Tais negociações culminaram no início do ano de 1972, quando a Escola de Serviço Social Padre Anchieta foi fechada e parte dos docentes e todos os alunos matriculados no curso passaram a compor o novo curso de Serviço Social. Na pesquisa de Costa *et al.* (2017), foram identificados dois entendimentos desse processo: para a Arquidiocese e para os que faziam o curso da Escola Padre Anchieta, o curso da Ufal era uma continuação do curso existente desde 1957, chamada de integração ou incorporação; mas nos registros da Universidade, o processo está registrado como a criação de um novo curso.

Em 1972, instituiu-se na Ufal o Plano de Expansão, com o apoio do MEC, o que permitiu realizar 243 concursos e seleções, envolvendo todos os setores docentes e administrativos. Havia uma definição para qualificar o quadro de servidores, pois apenas 3,1% dos docentes até o ano de 1972 tinham titulação em nível de mestrado, 23,4% possuíam curso de especialização e de aperfeiçoamento, e os demais tinham apenas o curso de graduação. Na área das Ciências Humanas foi prevista a admissão de 30 docentes na categoria de auxiliar de ensino com nível de graduação e 3 auxiliares de ensino com especialização, caso não houvesse candidatos aprovados com título de mestrado (Costa *et al.*, 2017, p. 67-68).

O projeto do novo curso apresentou o currículo em dois ciclos, Básico e Profissional, compostos por dezessete disciplinas, totalizando três mil horas distribuídas em quatro anos letivos como tempo médio — três no mínimo e cinco no máximo —, atendendo, assim, às horas fixadas pelo Conselho Federal de Educação — CFE n. 242/1970 (2.500 mais 150 horas para provas e 350 para os estágios acima do limite de 1/10 do tempo útil), parâmetro nacional para os cursos de Serviço Social. O documento sugere que as disciplinas sejam distribuídas nos oitos semestres letivos, tendo como parâmetro o currículo da Universidade Federal de Pernambuco e duas propostas feitas pela Escola de Serviço Social Padre Anchieta. Os documentos do arquivo elencam a relação de disciplinas admitidas no currículo para o curso de Serviço Social no IFCH (Brasil, 1971 *apud* Costa *et al.*, 2017, p. 63-64).

Sobre o corpo docente para o novo curso, 19 professores faziam parte do IFCH e 23 pertenciam a outras unidades. Disciplinas tais como Economia, Estatística, Direito e Legislação Social e Estudos Brasileiros, deveriam ser ministradas noutras unidades que possuíam departamentos nessas matérias. No IFCH, os departamentos envolvidos na distribuição de docentes eram: Departamento de Filosofia, Departamento de Ciências Sociais, Departamento de Psicologia e o Departamento de Serviço Social. Também se distribuíram entre faculdades, como a Faculdade de Direito e de Economia e o Instituto de Ciências Exatas e a Reitoria (Costa *et al.*, 2017, p. 64).

O vestibular para a primeira turma a ingressar na Ufal, em 1972, foi realizado ainda na Escola, com 51 aprovadas (Santos; Costa, 2017, p. 75). Nos vestibulares anuais e subsequentes da Ufal, o curso se manteve bem procurado: em 1973, houve 187 inscritos e 50 classificados; em 1974, foram 182 inscritos e 40 classificados. Nos anos de 1975 a 1978, houve um considerável aumento de inscrições, sendo 40 candidatos classificados a cada ano: 1975 — 272 inscritos; 1976 — 301 inscritos; 1977 — 391 inscritos; 1978 — 420 inscritos. Sobre os matriculados, durante o período 1972 a 1978: em 1972 eram 159 discentes, certamente somando-se aos aprovados no primeiro vestibular e os (64) transferidos da antiga Escola Padre Anchieta; em 1973, são 176 matriculados; em 1974, são 187; em 1975, 194; em 1976, 186; em 1977 e 1978, são 169 matriculados. Sobre os concluintes, tem-se que, entre os anos de 1972 a 1976, o curso apresenta entre 28 e 33 concluintes; em 1977, foram 45 e, em 1978, foram 44 concluintes (Brasil,1982 *apud* Costa *et al.*, 2017, p. 67). Portanto, pode-se observar que, logo em seus primeiros anos, o curso se consolidou, com regularidade na entrada de discentes e na formação de bacharéis em Serviço Social.

Sobre o mercado de trabalho em Alagoas na década de 1970, Vasconcelos (2018) registra informações colhidas em trabalhos acadêmicos desenvolvidos no curso de Serviço Social da Ufal na década de 1970. De um universo de 28 instituições públicas federais, estaduais e municipais, além de algumas de natureza privada, a pesquisa demonstra que: 14,3% dessas instituições atingiam a área geográfica de âmbito federal; 64,3% de âmbito estadual; 17,8%, municipal; e 3,6% em esfera regional. A pesquisa ainda aponta que, do total de 20 unidades de estudo, 35,7% eram diretamente subordinadas a órgão de âmbito federal; 35,7% subordinadas ao âmbito estadual; 7,1% circunscritas à subordinação municipal; e 21,5% eram entidades particulares. O estudo notabilizou que "a atuação do técnico de serviço social" — denominação adotada à época — estava concentrada somente em áreas de âmbito estadual (com 66,7%), municipal (26,7%) e regional (6,6%). Da investigação, os estudiosos concluem que "os limites de atuação do técnico não ultrapassam a área regional" (Araújo, Menezes, Lins, p. 34, 1970, *apud* Vasconcelos, 2018, p. 74).

Evidencia-se que o processo de formação de profissionais em Serviço Social em Alagoas se desenvolveu e acompanhou as mudanças requeridas pela realidade social em âmbito local, regional e nacional. Hoje se configura a continuidade de uma formação de qualidade atenta às necessidades de transformações societárias mais amplas.

Renovação crítica da formação profissional do/a assistente social em Alagoas: de 1980 aos dias atuais

É na transição de 1970 a 1980 que se engendram processos de rearticulação de forças políticas progressistas no país. Conforme Amaral (1994), o movimento de profissionais e estudantes de Serviço Social entrou na história das organizações sociais e políticas mobilizadas por transformações na sociedade brasileira. Nesse período, ganhou forma o processo de revisão dos currículos de Serviço Social. De 1975 a 1981, elaborou-se a proposta de currículo mínimo no Brasil, aprovado pelo CFE, Parecer n. 412/82, colocando o desafio para a formação profissional: capacitar o segmento docente das universidades. Esse desafio fez parte da programática da ABESS, por dez anos. De 1983-1985, realizou-se um projeto de investigação sobre o tema: *Formação Profissional do Assistente Social no Brasil — determinantes históricos e perspectivas*. Esse projeto orientou a revisão/implantação dos currículos, sintetizando discussões fundamentais da formação para construir o novo perfil profissional. Em Alagoas, no final de 1970, o Departamento de Serviço Social da Universidade Federal de Alagoas/Ufal apoiou a qualificação de cinco docentes em nível de Mestrado em Serviço Social na PUC-RJ, motivado pelas incursões do Serviço Social à tradição marxista, de influência althusseriana e pela aproximação à perspectiva fenomenológica.

Assim, a revisão curricular no Brasil e em Alagoas dá-se no cenário da renovação profissional crítica, matizada pela tradição marxista e inserida no movimento de redemocratização no país, nos idos de 1985, 1986 e 1987. Tudo isso levou a Ufal, pressionada pelos segmentos organizados do movimento docente, técnico e estudantil, a realizar eleições diretas dos seus órgãos internos (Coordenações de Curso, Chefias de Departamento, Conselhos Superiores, Reitorado). As mudanças na sociedade brasileira, com a aprovação da Constituição de 1988, requereram ações profissionais vinculadas às políticas de Seguridade Social, ampliando os espaços sócio-ocupacionais do/a assistente social em Alagoas.

A realidade das desigualdades sociais no estado e a expansão de políticas sociais, na década de 1980, impulsionaram a abertura do mercado de trabalho dos assistentes sociais com a realização de três concursos: Secretaria de Educação (1986), Unidade de Emergência Dr. Afrânio Lages/Fundação Governador Lamenha Filho-Funglaf (1987) e Secretaria de Saúde e Serviço Social — SSSS (1987). O programa do concurso da SSSS revelava a influência da renovação crítica no universo profissional, desde a revisão curricular de 1984. Em 1990, o processo de municipalização da política de saúde ampliou a contratação de assistentes sociais e, nos anos 2000, a municipalização da política de assistência social possibilitou o crescimento do mercado de trabalho de assistentes sociais nos municípios. Tal tendência referente à política de assistência social permanece até os dias atuais.

O curso de Serviço Social na Ufal incorporou o desafio da crítica ao conservadorismo, construindo uma nova história na formação e no exercício profissional em Alagoas; estimulou o debate teórico entre as forças políticas do Departamento de Serviço Social para articular as organizações da categoria; e investiu na qualificação docente para elaborar o novo currículo de 1984. Nesse momento de aproximação ao marxismo, realizou-se o curso de pós-graduação *lato sensu* – Metodologia do Serviço Social –, com duração de 480 horas, de setembro de 1984 a agosto de 1986[2]. Esse curso e os estudos dos docentes, sob a supervisão da equipe da ABESS, foram fundamentais para a elaboração do projeto de formação profissional (PPC/

2. Esse curso também foi ampliado para a qualificação de supervisores de campo do estágio curricular obrigatório. Os docentes mestres e doutores que ministraram aulas nesse curso se referenciavam na tradição marxista. Destaque-se que: "Os professores do curso, as disciplinas que ministraram e a Universidade de origem foram: Ivo Tonet — Filosofia (Ufal); Norma Cristina Brasil Cassab — Economia Política (PUC-SP); José Chasin — Formação Social, Política e Econômica do Brasil (UFPB); Salomão Almeida de Barros — Sociologia (Ufal); Severina Lins de Abreu — Antropologia (Ufal); Marta Silva Campos — Política Social (PUC-SP); Marilda Villela Iamamoto — Teoria do Serviço Social (UFRJ); Maria Julieta Costa Calazans — Pesquisa em Serviço Social (FGV-RJ); Ivandro da Costa Sales — Desenvolvimento de Comunidade (UFPE); José Paulo Neto — Metodologia do Serviço Social (PUC-SP); Maria Nilce de Mendonça Pinto — Metodologia do Ensino Superior (Ufal)" (Amaral, Alcântara e Souza, 2017, p. 174).

Ufal — 1984), o qual se tornou referência, demonstrando o avanço do curso de Serviço Social na Ufal em termos da apropriação do marxismo, revelado na estruturação da matriz curricular, consolidando a laicização profissional. Para construir o PPC e qualificar a formação profissional, recorreu-se aos fundamentos do marxismo e à contribuição de vários docentes da Ufal e de outras universidades. (Amaral; Alcântara; Souza, 2017). Cabe evidenciar, portanto, que o avanço na construção da tendência de ruptura com o conservadorismo, entre 1980 e 1990, mostra como o Serviço Social em Alagoas acompanhou o Serviço Social brasileiro contemporâneo.

Acrescente-se que, de 1984 até os tempos atuais, o Departamento e a Faculdade de Serviço Social/FSSO, assim denominada desde 2006, promoveram cursos de especialização/*lato sensu* gratuitos, sobre diversos temas, para qualificar profissionais inseridos nas instituições públicas no estado. Em 2011, ampliou-se a formação de egressos em Serviço Social na pós-graduação *lato sensu*, com a inserção da FSSO na Residência Multiprofissional em Saúde no Hospital Universitário Alberto Antunes (HUPAA/Ufal). Na qualificação continuada de profissionais, destacam-se os cursos do CapacitaSUAS (Programa de capacitação de trabalhadores do Sistema Único de Assistência Social), 2017-2018, ofertados aos municípios de Alagoas por meio de convênio entre a Ufal e a gestora estadual do SUAS.

Em 1990, dando continuidade ao processo de renovação crítica, o Departamento de Serviço Social inicia a avaliação da matriz curricular de 1984. O novo Projeto Pedagógico/PPC, datado de 1993, alinha-se às Diretrizes da ABESS, e implanta o regime seriado anual. Em 1997, ocorre uma adequação do PPC, com a implantação do curso noturno. Em 2003, 2007 e 2019 ocorreram mais revisões no Projeto Pedagógico da Graduação. Em síntese, essas revisões de 1980 a 2019 "instigam a pensar em uma formação acadêmica [crítica], cujo centro da reflexão seja a sociedade e suas contradições" (Rocha e Torres, 2017, p. 110), tendo em vista construir um perfil profissional, com competência teórica, técnica e ética para responder as requisições profissionais na realidade alagoana e brasileira.

É interessante destacar que, nos anos 2000, no contexto da reforma universitária brasileira, ocorreu a expansão dos cursos de Serviço Social em Alagoas, acompanhando a tendência de privatização das universidades no país. Foram implantados cursos de graduação em Serviço Social, um na Unidade Educacional de Palmeira dos Índios/Campus Arapiraca-Ufal, integrando o projeto de interiorização da Universidade em Alagoas, e cinco em instituições privadas em Maceió[3], todos na modalidade presencial. Mas é importante lembrar que é visível o crescimento da modalidade de ensino a distância — EAD em Alagoas, ofertados por instituições privadas (Amorim, Trindade, 2017, p. 157).

Na contracorrente da privatização do ensino superior em Alagoas, a Faculdade de Serviço Social/Ufal empreendeu iniciativas para realizar uma formação profissional continuada de docentes, com qualidade crítica. A pós-graduação se colocou nesse horizonte desde 1990. Como registram Amaral, Alcântara e Souza (2017, p. 175), o Departamento de Serviço Social/Ufal iniciou o curso *stricto sensu* por meio do intercâmbio com o Programa de Pós-Graduação em Serviço Social/PPGSS-UFPE. Entre 1994 e 2001, formaram-se duas turmas de mestrado. A primeira, no período de 1994-1998, titulou oito mestres. A segunda, de 1998-2001, formou 10 mestres. Em 2000, criou-se o Mestrado Interinstitucional Ufal/UFPE, concluído em 2003 com a diplomação de 13 mestres. Prosseguindo a política de qualificação docente do curso de Serviço Social na Ufal entre 2000 a 2006, titularam-se oito docentes em nível de doutorado.

O processo de qualificação docente, realizado pelo Departamento e, depois, Faculdade de Serviço Social/FSSO (2006), articulado à assimilação de uma produção científica marxista do Serviço Social brasileiro e à continuidade da realização de pesquisas, foi decisivo para

3. Centro Universitário Tiradentes/UNIT; Centro de Estudos Superiores de Maceió/Cesmac; Universidade Maurício de Nassau; Faculdade Raimundo Marinho; e Faculdade Alagoana Tecnológica/FAT.

assentar a aproximação às fontes originais marxianas, nunca isenta de conflitos e apreensões metodológicas diferenciadas em relação à pesquisa, ao ensino e à extensão universitários. Na transição das mudanças societárias de 1990, e, posteriormente, a partir dos anos 2000, consolida-se a apropriação dos fundamentos da teoria social de Marx e dos seus intérpretes Gramsci e Lukács, presentes nas pesquisas e na produção científica de docentes, mestrandos e doutorandos da FSSO. Pode-se inferir que a multiplicidade das investigações revela uma análise crítica das expressões dos fenômenos na dinâmica do desenvolvimento capitalista contemporâneo e de questões relacionadas ao Serviço Social, demonstrando o avanço qualitativo da pesquisa na FSSO e em Alagoas. As pesquisas e a produção científica vêm contribuindo para superar uma influência gnosiológica na formação e assenta a apreensão ontológica da realidade social, haja vista sustentar-se em fundamentos da crítica da economia política a partir de Karl Marx.

Os frutos dos processos de qualificação docente no nível de doutorado se consolidam em 2004, com a criação do curso de Mestrado, estruturando o Programa de Pós-Graduação em Serviço Social/PPGSS-Ufal, aprovado pela Capes, com área de concentração Serviço Social, Trabalho e Direitos Sociais. Outrossim, houve a estruturação de Grupos de Pesquisa na FSSO, o desenvolvimento da Iniciação Científica (PIBIC), a inscrição de projetos em editais de agências de fomento à pesquisa e à extensão e o incremento da produção bibliográfica. A formação de profissionais em Serviço Social e áreas afins cresceu em número e qualidade, haja vista a continuidade da formação de docentes em estágios de pós-doutoramento, a abertura aos processos de intercâmbios, com pesquisas nacionais[4], o início da internacionalização e a realização de eventos internacionais e nacionais pelo PPGSS.

---

4. Acrescente-se a esse processo as experiências de duas pesquisas do Procad — Projeto de Cooperação e Intercâmbio em Serviço Social (UFRJ-UFPE-Ufal e UFJF), que envolveu docentes do PPGSS/Ufal, concluído em 2014. A aprovação do Procad Casadinho Projeto de cooperação e intercâmbio acadêmico nacional, envolvendo docentes dos PPGs em Serviço Social da PUC-SP, UFRJ e Ufal, concluído em 2016.

A aprovação, em 2012, do Programa de Doutorado Interinstitucional DINTER, entre os PPGSS UERJ e Ufal, culminou, no mesmo ano, com a elevação do conceito do PPGSS/Ufal pela Capes (conceito 4). O DINTER UERJ-Ufal, iniciado em 2013, diplomou quinze docentes dos cursos de Serviço Social da FSSO e da Unidade Educacional de Palmeira dos Índios, e de vários cursos do A. C. Simões e outros *campus* da Ufal, em 2015 e 2016. Em 2016, foi aprovado pela Capes o Curso de Doutorado, com sua implantação em 2017. A consolidação do PPGSS vem impactando na formação de docentes de cursos de Serviço Social, no ensino superior público e privado, e de profissionais nas instituições do estado de Alagoas.

Considerações finais

Por fim, reafirmamos que a história da profissão em Alagoas exige maiores aprofundamentos, por ser parte de um processo de preservação e recuperação da memória histórica do Serviço Social nesse estado. Nos limites desse texto, mostrou-se que o caráter tardio da Ação Católica em Alagoas incidiu sobre a não participação do curso de Serviço Social na criação da Ufal, em 1961, e contribuiu para que a Escola Padre Anchieta deixasse de ser prioridade para a Igreja católica no final dos anos 1960. Outro ponto que se destacou na exposição foi a ocupação do espaço da Ufal pelas/pelos protagonistas da criação do curso nessa universidade, levando a sua consolidação logo na primeira década de funcionamento do curso.

Um traço marcante nessa trajetória histórica foi a interlocução com a Universidade Federal de Pernambuco (UFPE), quando do encerramento das atividades da Escola Padre Anchieta, oferecendo contribuições na elaboração do projeto pedagógico do curso de Serviço Social na Universidade Federal de Alagoas. Mais recentemente, é notória a contribuição da UFPE tanto para a formação pós-graduada de docentes da Ufal quanto por seu decisivo apoio na criação da pós-graduação *stricto sensu* na área de Serviço Social.

Ainda, cabe dizer que, embora tenhamos a convicção dos avanços do Serviço Social em Alagoas, com a consolidação da renovação crítica, os desafios da formação e do exercício profissional são inúmeros, haja vista a gravidade da crise contemporânea que afeta a vida social e impacta as Instituições de Ensino Superior/IES no Brasil. Isso nos impõe continuar enfrentando a expansiva privatização da educação superior, a qual nega a dimensão universal como direito público e uma formação acadêmica crítica e de qualidade.

Referências

AMARAL, Maria Virginia B. *Análise do discurso da associação brasileira de ensino de Serviço Social*: desvendando os limites da profissão. 1994. Dissertação (Mestrado em Letras e Linguística) – Programa de Pós-Graduação em Linguística e Literatura, Universidade Federal de Alagoas, Alagoas, 1994.

AMARAL, Maria Virgínia B.; ALCÂNTARA, Maria Norma; SOUZA, Reivan M. de. Pós-Graduação em Serviço Social na Ufal: história, desafios e perspectivas. *In*: AMARAL, Maria Virginia B.; SOUZA, Reivan M. de (org.). *60 anos do Serviço Social em Alagoas*: marcos e marcas históricas da formação profissional. Maceió: Edufal, 2017. p. 161-186.

AMORIM, Kamilla Lays S.; TRINDADE, Rosa Lúcia P. A expansão dos cursos de Serviço Social no Brasil e em Alagoas a partir dos anos 2000. *In*: AMARAL, Maria Virgínia B.; SOUZA, Reivan M. *60 anos do Serviço Social em Alagoas*: marcos e marcas históricas da formação profissional. Maceió: Edufal, 2017. p. 147-160.

CARVALHO, Alba Maria P.; BONETTI, Dilsea Adeodata; IAMAMOTO, Marilda V. Projeto de investigação: a formação Profissional do Assistente Social no Brasil — determinantes históricos e perspectivas. Revista *Serviço Social & Sociedade*. São Paulo: Cortez, n. 14, 1984.

COSTA, Gilmaisa M. da; SOUZA, Reivan M. de (org.). *Curso de Serviço Social 50 Anos em Alagoas*: educação, direitos e emancipação humana. Maceió: Edufal, 2008.

COSTA, Erika Flávia S. da; BARBOSA, Mayra de Q.; COSTA, Renata Aranda P. da; TRINDADE, Rosa Lúcia P.; VASCONCELOS, Thaynara B. P. *In*: AMARAL, Maria Virginia B.; SOUZA, Reivan M. de (org.). *60 anos do Serviço Social em Alagoas*: marcos e marcas históricas da formação profissional. Maceió: Edufal, 2017. p. 45-74.

COUTO, Ana Lúcia M.; RÊGO, Luciana M. G.; FRANÇA, Vera Lúcia C. *Resgate Histórico do Movimento Político Sindical das/dos Assistentes Sociais em Alagoas.* 2003. Monografia de Especialização, Departamento de Serviço Social, Curso de Pós-Graduação em Gestão e Controle das Políticas Públicas. Maceió: Ufal, 2003.

MEDEIROS, Fernando A. M. de. *O homo inimicus*: Igreja católica, ação social e imaginário anticomunista em Alagoas. Maceió: Edufal, 2007.

NOLASCO, Amanda C.; ROCHA, Janne A.; FRANÇA, José N. *et al*. Serviço Social em Alagoas: o protagonismo da Escola de Serviço Padre Anchieta. *In*: COSTA, Gilmaisa M. da; SOUZA, Reivan M. de (org.). *Curso de Serviço Social 50 anos em Alagoas*: educação, direitos e emancipação humana. Maceió: Edufal, 2008. p. 83-101.

PROGRAMA ASSISTENTE SOCIAL. *Concurso Público.* Secretaria de Saúde e Serviço Social/SSSS do Estado de Alagoas. Alagoas, 1987, p. 3. Mimeografado.

PROGRAMA DE PÓS-GRADUAÇÃO EM SERVIÇO SOCIAL/PPGSS UERJ. *Programa Doutorado Interinstitucional DINTER — PPGSS/UERJ e Ufal*. Rio de Janeiro: UERJ, 2012.

PROJETO CURSO DOUTORADO — PPGSS/Ufal. Maceió: Ufal, 2016.

ROCHA, Islânia L.; TORRES, Maria Adriana da S. Formação profissional em Serviço Social na Ufal: do currículo mínimo às diretrizes curriculares. *In*: AMARAL, Maria Virgínia B.; SOUZA, Reivan M. de (org.). *60 anos do Serviço Social em Alagoas*: marcos e marcas históricas da formação profissional. Maceió: Edufal, 2017. p. 109-146.

SANTOS, Margarida Maria Silva dos; COSTA, Maria Betania Buarque Lins. O curso de Serviço Social na Universidade Federal de Alagoas: conhecendo a história da primeira turma. *In*: AMARAL, Maria Virginia B.; SOUZA, Reivan M. de (org.). *60 anos do Serviço Social em Alagoas*: marcos e marcas históricas da formação profissional. Maceió: Edufal, 2017. p. 75-86.

SANTOS, Margarida Maria S.; VERAS, Mariluce M. Especialização na Faculdade de Serviço Social: espaço específico da Pós-Graduação na Universidade Federal de Alagoas. *In*: AMARAL, Maria Virginia B.; SOUZA, Reivan M. de (org.). *60 anos do Serviço Social em Alagoas*: marcos e marcas históricas da formação profissional. Maceió: Edufal, 2017.

SILVA, Jaqueline L. da. Curso de Serviço Social em Alagoas e movimento estudantil. *In*: COSTA, Gilmaisa M. da; SOUZA, Reivan M. de (org.). *Curso de Serviço Social 50 anos em Alagoas*: educação, direitos e emancipação humana. Maceió: Edufal, 2008. p. 75-81.

VASCONCELOS, Thaynara B. P. *Modernização e laicização do Serviço Social na década de 1970*: formação e mercado de trabalho profissional em Alagoas. Maceió: Ufal, 2018.

2

A ESCOLA DE SERVIÇO SOCIAL DA BAHIA EM SUA PRIMEIRA DÉCADA (1944-1954)[1]

Iraneidson Santos Costa
Cristiana Mercuri de Almeida Bastos

Durante a primeira metade do século XX, contrariando a expectativa criada pelo crescimento demográfico e da infraestrutura urbana, pelos avanços na balança comercial externa e na receita tributária e pelo desenvolvimento dos sistemas de transporte e energético (Spinola, 2004), a estagnação econômica vivenciada pela Bahia, denominada por Octávio Mangabeira[2] de "enigma baiano", foi identificada como um *processo involutivo da industrialização estadual* pela dificuldade de capitalização associada à perda da representatividade na alçada da política nacional. Nessa quadra histórica, ainda

1. Este artigo faz parte de uma pesquisa mais ampla sobre a Escola de Serviço Social da Bahia no século XX.

2. Governador da Bahia no período de 1947 a 1951.

com a depressão de 1929, houve também um grande abalo em sua economia agrário-mercantil[3], o que, entre outras consequências, penalizou brutalmente os trabalhadores, cujas últimas conquistas haviam sido logradas com a greve de 1919, e provocou manifestações populares do tipo "quebra-bondes" ocorridas em outubro de 1930 e as greves de 1934, ambos os episódios ocorridos em Salvador, nestes breves períodos de menor incidência do poder coercitivo do Estado (Sampaio, 1982).

No plano nacional, após a Revolução de 1930, o desenvolvimento industrial intensificou o fluxo migratório, acirrando o processo de concentração da população nas áreas urbanas, ao tempo em que foram institucionalizados mecanismos para o enfrentamento das contradições capitalistas, especialmente as estratégias de controle da classe trabalhadora, estas para além da coerção, que também foi ampliada a partir da ditadura instituída pelo Estado Novo (de 1937 a 1945). Nesse período, a Bahia, como os demais estados, foi governada por interventores federais, no caso, entre 1938 e 1942 por Landulfo Alves, e, de 1942 a 1945, Renato Onofre Pinto Aleixo, ambos da Aliança Liberal. Consuelo Sampaio (1982, p. 94) ressalta que os referidos interventores, nomeados por Getúlio Vargas em nome do combate ao "coronelismo", eram "[...] completamente estranhos ao *establishment* político local [...]", o que também prejudicou a Bahia.

De acordo com João Eurico Matta (2003, p. 22), inicia-se em 1930 a fase de orientação gerencial do estado, que permanece até os dias atuais e abrange várias subfases[4]. No caso deste estudo, interessa-nos as subfases relativas aos períodos da primeira e à parte inicial da segunda fase:

---

3. Segundo Sampaio (1982, p. 98), "a crise de 1929 teve efeitos catastróficos na Bahia, [...] o valor total das exportações caiu de 8.238 [libras] em 1928 para 4.649 em 1930 e 2.162 em 1933 [...]. As importações caíram de 2.872 libras em 1928 para 609 em 1932 [...]".

4. Para Matta (2003), a fase gerencial é a segunda fase do formalismo jurídico da federação — esse iniciado com a primeira Constituição Republicana em 1891, cuja primeira é apresentada como a fase da orientação legal e juridicista (1889-1891 a 1930).

> 1) de 1930 a 1950; o formalismo do modelo mecanomórfico de modernização administrativa, que foi transplantado do managerialism norte-americano, via DASP — Departamento Administrativo do Serviço Público, passando pela criação em 1944, da Fundação Getúlio Vargas, até o 1º Plano SALTE, de 1947; 2) 1950-1963 — economicismo do Estado desenvolvimentista do governo Vargas — 1951-1954 (Matta, 2003, p. 23).

O Departamento Administrativo do Serviço Público (DASP) foi criado em 1938 pelo governo federal e à sua semelhança foram também criados nos estados os Departamentos do Serviço Público (DSP). Na Bahia com Landulfo Alves, o DSP foi instituído pelo Decreto-lei de n. 12.306A publicado em 19 de abril de 1942[5]. Sob essas determinações sócio-históricas, aqui apenas pontudas, foi criada a Escola de Serviço Social da Bahia (ESSBA), cuja história dos seus primeiros dez anos de existência constitui-se objeto deste capítulo, que, além da introdução e conclusão, tem em seu desenvolvimento a apresentação da sua fundação e da primeira geração dos pioneiros na Bahia.

Fundação da Escola de Serviço Social da Bahia

A Ata da sua fundação não deixa margem de dúvida quanto ao caráter confessional daquele grupo. Todos eram elementos dirigentes da Ação Católica, que reunidos na sede do Palácio Arquiepiscopal da Sé, em Salvador, dia 15 de fevereiro de 1944, criam "uma Escola de Serviço Social com orientação católica"[6], a Escola de Serviço Social da Bahia. De fato, o Serviço Social começa a surgir como uma espécie de

---

5. O Decreto-Lei 12.306A foi alterado, já sob a gestão de Pinto Aleixo, pelo Decreto-Lei n. 12.750, de 11 de maio de 1943.

6. *Ata da sessão constitutiva da sociedade civil denominada "Escola de Serviço Social da Bahia"*. Salvador, 15 de fevereiro de 1944. Arquivo da Escola de Serviço Social da Bahia.

"departamento" especializado da Ação Social e da Ação Católica, "[...] num momento extremamente importante para a definição do papel da Igreja dentro das novas características que progressivamente vai assumindo a sociedade brasileira" (Iamamoto; Carvalho, 2006, p. 214).

Que grupo era esse? Quais concepções e princípios norteavam sua conduta? Como ele se inseria na sociedade baiana e brasileira da época? Para tentar responder a tais questões, fundamentais para uma compreensão do contexto e da finalidade da Escola de Serviço Social da Bahia, adotaremos uma perspectiva genética, detalhando sua composição.

Antes, porém, uma salutar advertência: não nos deixemos cair na tentação de uma abordagem simplista e homogeneizadora, que compreende a Ação Católica apenas e tão somente como uma reação, um movimento defensivo de recuperação de prestígio, o que seria reduzir o fenômeno religioso ao campo político-ideológico. Esse tipo de visão dificulta, por exemplo, entender que um de seus desdobramentos, algumas décadas depois, será o Cristianismo de Libertação, politicamente radical.

É bem verdade que a Ação Católica da Bahia (ACB), implantada em junho de 1935, não se situava na vanguarda desse processo, em boa medida pelo perfil do episcopado de dom Augusto Álvaro da Silva (1924-1968), cuja postura centralizadora e infensa ao diálogo e à oposição eram proverbiais, dificultavam em muito a partilha do apostolado hierárquico com os leigos:

> [...] sua excessiva preocupação com as formalidades, seu temperamento áspero e intransigente, seu gênio forte e, principalmente, a não aceitação em ser contrariado [...], muito menos desafiado, que só acatava autoridade superior à sua [...], (Alves, 2018, p. 158).

Seguindo de perto o pioneiro trabalho de Diva Costa (1987, p. 20), em termos esquemáticos, podemos decompor essa geração fundadora em quatro subgrupos: religiosos, profissionais liberais, educadores e jovens leigos e leigas. Entre os religiosos, pontificava o padre Antônio Mendonça Monteiro, assistente geral da ACB e presente na fundação da Escola. Natural de Cachoeira, ele havia sido doutorado em Teologia Dogmática pela Pontifícia Universidade Gregoriana (PUG), de Roma, tendo sido ordenado nesta cidade em 1931. Retornando ao Brasil, lecionou inicialmente no Seminário de Maceió e, ao ser transferido para Salvador, assumiu a Paróquia da Boa Viagem. Em dezembro de 1943, foi designado Assistente Geral da ACB e, anos depois, Reitor do Seminário Central de Salvador. Quando da sua elevação a Bispo Auxiliar de Salvador em 1950, monsenhor Antônio Monteiro gozava de grande prestígio na Arquidiocese, tendo sido saudado como "grande pioneiro da Ação Católica e da construção do Seminário em Salvador"[7].

Outra figura de relevo entre os sacerdotes fundadores da ESSBA foi o monsenhor Eugênio Veiga. Doutor em Direito Canônico pela PUG e ordenado sacerdote de Roma em 1942, havia regressado nesse mesmo ano ao Brasil, tendo lecionado Direito Canônico no Seminário Central de Salvador. Na esfera da ACB, atuou sobretudo como diretor da Ação Social Rural. No terreno eclesiástico, tornou-se secretário do arcebispo na década de 1950. Por fim, o frei franciscano Jacinto Brilla foi capelão da Ordem Terceira de São Francisco e prior do Convento de São Francisco, em Salvador.

A fração de profissionais liberais era composta por médicos e advogados, com primazia inequívoca para os primeiros, sobretudo os pediatras, como Álvaro Pontes Bahia, Álvaro Franca Rocha e Eliezer Audíface de Carvalhal Freire. O recém-formado José Ramos de Queiroz, por sua vez, se especializou em cirurgia. O predomínio da pediatria e da puericultura se explica em grande medida pela situação de vulnerabilidade que acometia as crianças das classes populares naquela conjuntura, exigindo, portanto, uma atenção especial por parte da assistência social. Não à toa, a tríade de pediatras integrantes desse grupo fundador era discípula do professor de clínica pediátrica

7. Cf. *Jornal do Commercio*, Rio de Janeiro, p. 10, 12 abr. 1950. Dom Antônio Monteiro permaneceu na capital até 1957, quando foi nomeado Bispo de Bonfim.

médica e higiene infantil da Faculdade de Medicina da Bahia (FMB), Joaquim Martagão Gesteira, e, junto com ele e outros médicos baianos, havia criado em 1923 a Liga Baiana Contra a Mortalidade Infantil (LBCMI). Já o único bacharel, Orlando Bahia Monteiro, era um ex-aluno do Colégio Antônio Vieira (CAV), da Companhia de Jesus, e, além do exercício da advocacia, era professor do Instituto Normal e do Instituto Feminino da Bahia.

Aliás, como não poderia deixar de ser, diversos educadores compunham essa geração precursora, como Marfisa Simões de Araújo, Graziela Cerqueira Baggi e Dahyl Teixeira dos Reis (as duas primeiras professoras do Colégio Estadual da Bahia). Marfisa Araújo era presidente da Juventude Feminina Católica da ACB, um dos ramos mais ativos da Ação Católica no estado, presente em pelo menos dez paróquias de Salvador e dez do interior, realizando "[...] a Páscoa de Domésticas, Comerciárias, das Famílias, das Crianças, a Semana das Mães, aulas noturnas para operárias e domésticas, catecismo às crianças etc.[8]". Já Dahyl Teixeira dos Reis fazia parte das Senhoras da Ação Católica (SAC), enquanto Graziela Baggi logo se transferiu para a rede pública de ensino do Rio de Janeiro. Outras duas figuras notáveis da educação baiana tiveram um papel significativo na primeira geração da ESSBA: Henriqueta Martins Catharino e Anfrísia Santiago.

Oriunda de uma tradicional família burguesa baiana, Henriqueta Catharino havia fundado em 1923, junto com o monsenhor Flaviano Osório Pimentel e dentro da linha de ação social católica, a Casa de São Vicente de Paula, uma agência de empregos e de cursos profissionalizantes nas áreas de contabilidade e secretariado que visava proteger a mulher trabalhadora. Poucos anos depois a obra cresceu e terminou resultando no Instituto Feminino da Bahia (IFB), criado em 1929 em virtude da "urgente tarefa de recristianizar a sociedade"[9]. Essa missão católica pode ser aquilatada pela Ata do IFB de 14 de novembro de

8. *A Cruz*, Rio de Janeiro, p. 41, 7 set. 1942.

9. *Jornal do Commercio*, Rio de Janeiro, p. 9, 10 dez. 1937. Sobre Henriqueta Catharino, cf. Schumaher; Brasil, 2001, p. 306-307.

1946, quando sua diretoria deliberou "não mais ceder o salão senão para atividades de Ação Católica" (*apud* Passos, 2010, p. 38).

Desde que havia se diplomado pela Escola Normal da Bahia em 1910, aos 16 anos, Anfrísia Santiago vinha se dedicando intensamente à educação, sendo já àquela altura uma pedagoga de prestígio nacional, a ponto de, naquele ano de 1944, integrar o *Dicionário Bio-bibliográfico das Mulheres Intelectuais e Ilustres do Brasil*, de autoria de Adalzira Bittencourt. De forte formação católica, representou a Bahia no Primeiro Congresso Católico de Educação, realizado no Rio de Janeiro, em setembro de 1934, quando defendeu "[...] um modelo de educação baseado na tendência filosófica tradicional, de caráter essencialista, hegemônica no Brasil dos anos 1930 e presente ao longo da nossa história educacional" (Passos, 2005, p. 52).

Por fim, uma significativa amostra do jovem laicato baiano havia sido recrutada para aquela empreitada histórica. José Maria da Costa Vargens era estudante de Filosofia e militante vibrante da ACB, na qual chegou a galgar a presidência, quando participou da decisiva Quarta Semana de Ação Católica Brasileira, realizada no Rio de Janeiro em 1950, e que marcou a inflexão da Ação Católica Geral para a Especializada. Outra estudante de Filosofia, Leda Ferraro Jesuíno, concluiria seu curso no ano seguinte, em 1945, quando deu início a uma exitosa carreira docente, tanto no ensino particular (Colégios Ipiranga e Sofia Costa Pinto) quanto no público (Universidade da Bahia), convertendo-se numa referência na discussão do planejamento educacional (Passos, 2004). Havia ainda dois estudantes de medicina: Airton Bessa Cirino e Thomaz de Araújo Corrêa, este último natural de Ipu, no Ceará, para onde regressou depois de se especializar no ramo da pediatria e puericultura. Por seu turno, José Newton Alves de Souza em seu relato acerca da criação da ESSBA é bastante esclarecedor.

> Em inícios da década de 40, quando cursava Ciências Sociais na Faculdade de Filosofia, fui convidado pelo professor Thales Olímpio Góes de Azevedo para fazer parte do grupo fundador da escola, [...] um grupo de pessoas ligadas à Igreja e inspirado na Escola de São Paulo,

> [...] em caráter inteiramente privado, intimamente relacionado com a Igreja, entretanto autônoma, e sem nenhuma dependência formal com os órgãos oficiais[10].

A menção à inspiração paulista é fundamental. Para além dos participantes locais, a fundação da ESSBA contou com o decisivo apoio da Escola de Serviço de São Paulo, sobretudo na figura das professoras Helena Iracy Junqueira e Nadir Gouvêa Kfouri e do padre jesuíta Roberto Saboia de Medeiros. Em termos concretos, um grupo de assistentes sociais prestou consultoria nesses anos iniciais, especialmente a família Paula Ferreira. Os irmãos Ernani, Francisco e Tolstói de Paula Ferreira haviam estudado na Escola Normal da Praça da República no início da década de 1930 e se graduado em Serviço Social em 1939, na mesma turma, aliás, de Luís Carlos Mancini[11].

Convocado à Bahia como consultor técnico, Tolstói de Paula Ferreira era um alto funcionário do já referido DASP e autor de uma das primeiras tentativas de historiar o Serviço Social no país, sua monografia de conclusão de curso, intitulada *Subsídios para a História da Assistência Social em São Paulo* e que havia sido publicada em 1940 pela *Revista do Arquivo* do Departamento de Cultura de São Paulo. Mas não só isso: era também um vigoroso militante católico (na década de 1950 chegou a se filiar ao Partido Democrata Cristão) e portador de um anticomunismo intransigente:

> Há, atualmente, no mundo, duas grandes forças que se disputam a hegemonia da sociedade: duas doutrinas opostas cujos valores se medem com a mesma distância que existe entre o erro e a verdade, o mal e o bem. Duas concepções de vida inteiramente irreconciliáveis, porque uma serve a Deus e a outra ao mundo; uma quer a virtude e a outra o vício; uma é a salvação para os que têm fé e outra é a perdição da alma que

10. Entrevista concedida por José Newton Alves de Souza a Diva Costa em 8 de agosto de 1986. (Costa, 1987, p. 19-20).

11. Sobre a trajetória da família Paula Ferreira, cf. Simões, 2010, p. 162-164.

> não crê: *Cristianismo* que santifica e *comunismo* que animaliza o homem (Ferreira, 1937, p. 4, itálicos e maiúsculas no original).

Um de seus irmãos, Francisco de Paula Ferreira, era chefe da Divisão Técnica do Departamento de Serviço Social do Estado de São Paulo e secretário do Instituto de Serviço Social de São Paulo, tendo presidido a seção paulista da Associação Brasileira de Assistentes Sociais (ABAS). No espaço da militância, era membro da Associação de Jornalistas Católicos (AJC), tendo participado do Segundo Congresso dos Jornalistas Católicos no Rio de Janeiro em outubro de 1940, quando, inclusive, conheceu pessoalmente Thales de Azevedo. Na década de 1950, chegou a ser secretário-executivo da Missão Católica Internacional de Serviço Social. Sua defesa da atuação da Igreja católica na área social era igualmente enfática: "Durante todo o tempo em que estive trabalhando no Serviço Social [de São Paulo] foi-nos dado conhecer de perto, boa parte das numerosas organizações católicas de assistência social [...], prova exuberante da união da Igreja com o povo"[12].

Nesta genealogia da ESSBA, deixamos intencionalmente por último Thales Olímpio Góes de Azevedo: médico, professor, militante leigo católico (tendo sido ex-aluno da Companhia de Jesus), ele é a síntese perfeita desse grupo fundador. Não nos parece nenhum exagero designar de geração thalesiana a essa primeira década da ESSBA, tal o papel catalisador exercido pelo mestre, recrutando quadros, estabelecendo contatos, delineando princípios, inspirando iniciativas.

Formado em medicina em 1927, naquele momento ele era médico da Secretaria de Saúde, diretor da Secretaria do Conselho de Assistência Social do Estado e, desde 1943, atendendo ao convite de Isaías Alves de Almeida, então secretário de Educação e Saúde, havia iniciado sua atividade docente à frente da primeira cadeira de antropologia e etnografia na recém-criada Faculdade de Filosofia da

---

12. *Diário da Noite*, São Paulo, p. 14, 24 dez. 1946. A delegação paulista era completada com Célia de Paula Ferreira (esposa de Tolstói) e Ruth Silveira, que exerceram a função de monitoras dos primeiros cursos da ESSBA.

Universidade da Bahia. No âmbito católico, era presidente da Junta Arquidiocesana da ACB. De acordo com ele,

> foi nessa altura que imaginei a possibilidade de criar na Bahia uma faculdade de filosofia, a Faculdade Católica de Filosofia, mas me dirigi no sentido do serviço social, já que eu conhecia o pessoal lá em São Paulo [...]. Eu já trabalhava em alguma coisa na área de filosofia, relacionada com o catolicismo. Umas senhoras religiosas belgas, dedicadas ao serviço social, tinham uma escola em São Paulo. Elas iniciaram o movimento do serviço social e eu me relacionei muito com elas, fui para lá. Daí a influência de criar, na Bahia, alguma coisa nesse sentido. [...] Fui sempre muito motivado pelo catolicismo (Azevedo, 1996, p. 153).

Mas não se restringia aos vínculos com a Ação Católica a identidade coletiva do grupo fundador da ESSBA. Aliás, como bem frisaram Marilda Iamamoto e Raul de Carvalho, há que sempre se levar em consideração as conexões com o Estado. À luz da experiência paulista, propõem que a Escola de Serviço Social "não pode ser considerada como fruto de uma iniciativa exclusiva do Movimento Católico Laico, pois já existe presente uma demanda — real ou potencial — a partir do Estado, que assimilará a formação *doutrinária* própria do *apostolado social*" (Iamamoto; Carvalho, 2006, p. 176, itálicos no original).

Processo similar se verifica no caso baiano. A título de ilustração, a diretoria da Comissão Estadual da Bahia da Legião Brasileira de Assistência (LBA) — um órgão assistencial público brasileiro surgido um pouco antes da Escola, em agosto de 1942, fundado por Darcy Vargas, então primeira-dama — desse período estava recheada de fundadores da ESSBA, a exemplo do vice-presidente Eugênio Veiga e dos membros do Conselho Consultivo Álvaro Pontes Bahia e Thales de Azevedo. A propósito, uma vez formada assistente social, Marfisa Araújo se tornou chefe do Serviço de Assistência à Família (SAF) da LBA.

Também não deve causar espanto o fato das Jornada Brasileiras de Puericultura e Pediatria, realizadas a cada cinco anos por iniciativa do professor Martagão Gesteira, diretor geral do Departamento Nacional da Criança, recomendassem insistentemente a criação, por parte dos governos estaduais, da carreira de puericultoras e assistentes sociais nos seus quadros do funcionalismo público[13]. E não custa recordar que a missão de Tolstói de Paula Ferreira na Bahia não se restringiu à esfera pedagógica.

> Atendendo a um pedido do Interventor Federal no Estado da Bahia [Renato Pinto Aleixo], o presidente do DASP designou-o [enquanto chefe da seção de recrutamento da Divisão Social] para organizar a seção de Seleção e Aperfeiçoamento do DASP na Bahia[14].

Primeira Geração (1944-1954)

Como vimos, Tolstói de Paula Ferreira desembarcou em Salvador em abril de 1944 para se "[...] articular com o professorado baiano a fim de instalar a Escola de Serviço Social, cujos trabalhos serão iniciados no dia 27 com um Curso de Formação Prévia"[15]. Concebido com o objetivo de "[...] divulgar as finalidades e a natureza dos problemas sociais, preparar ambiente para os trabalhos ordinários da Escola, bem como verificar o interesse da sociedade baiana pelos referidos problemas"[16], esse primeiro curso teve sua aula inaugural no dia 1° de maio de 1944,

> num ambiente solene, com a presença de um número elevado de convidados, [...] estando presentes ao ato o Juiz de Menores da capital, que ocupou a presidência, o senhor Antônio Simões, diretor geral do

13. *Brasil Médico*, Rio de Janeiro, n. 16-17, p. 35, 19-26 abr. 1952.
14. *Correio da Manhã*, Rio de Janeiro, p. 2, 20 fev. 1944.
15. *O Jornal*, Rio de Janeiro, p. 7, 20 abr. 1944.
16. *Escola de Serviço Social da Bahia*. Salvador: s.d.p., p. 8, 1945. *Apud* Costa, 1987, p. 21.

Departamento de Saúde Pública, o representante do arcebispo primaz e outras figuras destacadas do nosso meio[17].

Diva Costa nos conta como naquele momento não havia assistentes sociais formados que pudessem ministrar as cadeiras específicas de Serviço Social, em agosto de 1944 "[...] a professora Marfisa Araújo seguiu para São Paulo a fim de graduar-se em Serviço Social e, de volta, [assumiu] a direção técnica da Escola, como profissional habilitada para as questões específicas" (Costa, 1987, p. 20). O vínculo estreito com a Igreja católica se manteria, como o indica o curso intensivo de Auxiliar de Serviço Social ministrado às religiosas da Arquidiocese de São Salvador e orientado pela madre Coração Eucarístico Ribeiro dos Santos, que era formada pela Escola Normal de São Paulo, com aperfeiçoamento na França, e dirigia o Instituto Ruth Aleixo[18]. Na edição de 1947 o Certificado foi concedido a 24 religiosas que trabalhavam nos orfanatos, asilos, hospitais e estabelecimento de educação com o objetivo de uma melhor "preparação daquela categoria de trabalhadoras sociais"[19].

No entanto, o Serviço Social não deve "[...] ser visto apenas a partir do desenvolvimento do prisma assistencial e caridoso da ideologia e prática católicas [...]. O componente 'modernizador" em que se constitui o apostolado social dará um conteúdo novo à devoção e caridade cristãs" (Iamamoto; Carvalho, 2006, p. 215). Com efeito, um documento institucional elaborado logo no ano seguinte a sua fundação explicitava que a ESSBA se justificava em virtude dos "numerosos problemas sociais a resolver na Bahia", o que requeria a formação de agentes competentes para a execução de uma "assistência social organizada e eficiente com bases científicas"[20].

---

17. *A Noite*, Rio de Janeiro, p. 8, 16 maio 1944.

18. Cf. *Boletim da LBA. Comissão Estadual da Bahia*. Salvador, ano 1, n. 4, p. 29, dez. 1948.

19. Cf. *Jornal do Commercio*, Rio de Janeiro, p. 9, 4 dez. 1947.

20. *Escola de Serviço Social da Bahia*. Salvador: s.d.p., p. 1, 1945. *Apud* Costa, 1987, p. 17.

Quais concepções e princípios regeram a instituição em sua década inaugural? Qual *arranjo teórico-doutrinário* podemos inferir de suas primeiras produções monográficas? Em seu discurso de paraninfo da turma de Assistentes Sociais de 1954, Thales de Azevedo nos dá algumas pistas:

> Os três elementos indispensáveis à boa preparação e treinamento da Assistente Social são uma base intelectual adequada, o adestramento técnico especializado e uma profunda espiritualidade cristã [...]. O essencial é que, além de aprofundar as suas raízes espirituais, carece o serviço social de alargar a sua base científica por meio da psicologia e das ciências sociais. [...] Apesar de tudo, também na Bahia verificaram-se, nos passados dez anos, alguns progressos, ao tempo em que se acumularam dificuldades pela falta de programas delineados com inteligência dos programas sociais. Nesse período, apesar daquilo, a expressão e o conceito do serviço social entraram na vida baiana e ganharam sentido e existência em uma série de obras que criaram agências ou entregaram a Assistentes Sociais a direção e execução dos seus programas. As técnicas do serviço social começaram a modificar e atualizar as antigas e beneméritas obras pias, a tal ponto que meia centena de docentes, diplomadas e alunas adiantadas da Escola de Serviço Social, dedicam-se à nova profissão e colaboram na solução dos nossos problemas, gravas, múltiplos e crescentes (Azevedo, 1954, p. 89, 95, 102).

Conclusão

Sobre o processo de institucionalização dos serviços sociais na Bahia e sobre os *feitiços* das relações sociais capitalistas presentes nos discursos do Serviço Social baiano, registramos antecipadamente a riqueza dos Trabalhos de Conclusão de Curso de cerca de trinta assistentes sociais formados pela Escola de Serviço Social da Bahia entre 1948, ano de conclusão da primeira turma, e 1954.

Ideias e linguagem carregadas de contradições sobre a gênese e as expressões da questão social marcam esses trabalhos, que ao tempo em que identificam dentre as causas dos "desajustes" a perda do emprego e dentre as formas de enfrentamento a disponibilização ao "pobre" de uma oportunidade de trabalho, defendem que o "desajustado" é o indivíduo. Por um ângulo, ressaltam com veemência que, se "[...] os recursos sociais da comunidade [...] forem deficientes em qualidade e em quantidade, tende a crescer o número de desajustados [...]", e asseveram ainda que, o Serviço Social "[...] não pode prevenir desajustamentos [...] se a comunidade não estiver bem organizada [...], não dispuser de recursos indispensáveis à sua utilização"; por outro, afirmam que "[...] será ainda atribuição do Serviço Social ajudar a suprir as falhas dessa mesma comunidade, a fim de que possam os indivíduos encontrar os meios necessários ao seu ajustamento [...]". Eis o esboço do *significado social da profissão* nos termos de Iamamoto.

Nessa mesma perspectiva, concluímos com as provocações de Bastos (1954, p. 19), que ao tratar "dos problemas do lar abandonado" indaga e responde: "Onde vão conseguir estes remédios, se o pouco que ganham mal dá para a alimentação? Só dois caminhos podem tomar: ou abandonam o tratamento [...] ou recorrem às Agências de Serviço Social, como é o nosso caso, e que muitas vezes se sentem impotentes [...]".

Conhecer as inquietações e os caminhos construídos pelas assistentes sociais na Bahia, estes no período assentados na defesa do *caráter científico* do conhecimento e dos métodos de organização e das abordagens de *caso individual, de grupo e de comunidade* constituem também a história da *cultura profissional* na Bahia (Netto, 1996), o que supõe entrelaçar organicamente essas referências ao conhecimento do que identificamos neste trabalho como a genealogia da Escola baiana.

Para concluir, lembramos uma indicação do prestígio alcançado pela ESSBA, no início de 1957. Juntamente com as diretoras das Escolas de Serviço Social de Natal, de Niterói e do Rio de Janeiro, Marfisa Araújo viajou aos Estados Unidos a convite da Escola de Serviço Social da Wayne State University (WSU), de Detroit (Michigan), sob os auspícios do Departamento de Saúde dos Estados Unidos e da International Cooperation Administration, com a finalidade de visitar escolas de ação social nos Estados Unidos[21]. Mas esse já é outro capítulo dessa história.

Referências

ALVES, Solange Dias de Santana. *Dom Augusto Álvaro da Silva e a* romanização *na Bahia*. Salvador: Sagga, 2018.

AZEVEDO, Thales de. Serviço Social, aspectos morais e técnicos. *Serviço Social*, São Paulo, ano XIV, n. 72, p. 87-104, abr./jun. 1954.

AZEVEDO, Thales de. Thales de Azevedo: desaparece o último dos pioneiros dos antropólogos brasileiros de formação médica (depoimento). Entrevista concedida a Marcos Chor Maio. *Manguinhos*. Rio de Janeiro, v. III, n. 1, p. 133-171, mar./jun. 1996.

BASTOS, Rita Mandt. *Problemas do lar abandonado*. 1954. Trabalho de conclusão de curso (Trabalho para obtenção do título de Assistente Social) – Escola de Serviço Social da Bahia, Salvador, 1954.

BRANDÃO, Maria de Azevedo. Thales de Azevedo: ciclos temáticos e vigência na comunidade acadêmica. *Caderno CRH*, Salvador, v. 18, n. 44, p. 299-311, maio/ago. 2005.

COSTA, Diva de Souza. *Estudos preliminares para avaliação do currículo da Escola de Serviço Social*. 1987. Dissertação (Mestrado em Educação) – Universidade Federal da Bahia, Salvador, 1987.

FERREIRA, Tolstói de Paula. Obedece para salvar. *Caldas de São Pedro*. São Pedro, p. 4, 26 set. 1937.

IAMAMOTO, Marilda Villela; CARVALHO, Raul de. *Relações sociais e Serviço Social no Brasil*: esboço de uma interpretação histórico-metodológica. 19. ed. São Paulo: Cortez; Lima: Celats, 2006.

21. Cf. *O Jornal*, Rio de Janeiro, p. 2, 13 abr. 1957.

IAMAMOTO, Marilda Villela. *Serviço Social em tempo de capital fetiche*: capital financeiro, trabalho e questão social. São Paulo: Cortez, 2007.

MATTA, João Eurico. Breves reflexões sobre 60 anos desde a introdução do Gerencialismo no Governo da Bahia (1942-2002). *Gestão pública*: a trajetória da função administração no estado da Bahia. Salvador: FLEM, 2003. 168 p. p. 19-38. (Cadernos FLEM, 6).

NETTO, J. Paulo. Transformações societárias e Serviço Social — notas para uma análise prospectiva da profissão no Brasil. Revista *Serviço Social & Sociedade*, São Paulo; Cortez, p. 87-132, abr. 1996.

PASSOS, Elizete. *Aleda Jesuino*. Salvador: EDUFBA: FACED, 2004.

PASSOS, Elizete. *Anfrísia Santiago*. Salvador: EDUFBA: FACED, 2005.

PASSOS, Elizete. *Henriqueta Cathatino (1886-1969)*. Salvador: EDUFBA: FACED, 2010.

RIBEIRO, Maria Angélica. *O trabalhador do comércio e alguns de seus problemas*. 1950. Trabalho de conclusão de curso (Trabalho para obtenção do título de Assistente Social) – Escola de Serviço Social da Bahia, Salvador, 1950.

SAMPAIO, Consuelo Novais. Movimentos Sociais na Bahia de 1930: condições de vida do operariado. *Universitas* (29), 95-108, jan./abr. 1982.

SCHUMAHER, Schuma; BRASIL, Erico Vital (org.). *Dicionário Mulheres do Brasil*: de 1500 até a atualidade. Rio de Janeiro: Zahar, 2001.

SIMÕES, Ricardo Torres. *Paula Ferreira*: memórias de uma família. São Paulo: Clube de Autores, 2010.

SPÍNOLA, Noelio Dantaslé. A economia baiana: os condicionantes da dependência. *RDE — Revista de Desenvolvimento Econômico*. Salvador, ano VI, n. 10, jul. 2004.

3

O CURSO DE SERVIÇO SOCIAL NO CEARÁ

Leila Maria Passos de Souza Bezerra
Liduina Farias Almeida da Costa

Preâmbulo: lembrar o passado, reinventar o presente

Este capítulo tematiza a história do Curso de Serviço Social, da Universidade Estadual do Ceará (Uece), no intuito de rememorar seu processo de criação e implementação nas particularidades cearenses, nos anos de 1950, de modo entrelaçado às (re)configurações dessa profissão no Brasil.

Múltiplas foram as transformações e desafios enfrentados pelo Serviço Social desse estado ao longo dos seus setenta e um anos, com destaque às resistências e lutas sociopolíticas empreendidas no sentido de garantir sua legitimidade social até o assumir de seu projeto ético-político vinculado com um projeto societário de transformação e emancipação humana.

Reconstruir esse passado recente amplia as possibilidades de ressignificações da profissão, de reinvenções teórico-metodológicas e técnico-operativas, e de reafirmação do compromisso ético-político com as classes subalternas. Vivenciamos um presente pleno de desafios encarnados nas novas-velhas expressões da questão social[1], nosso objeto de investigação e de intervenção profissional, adensadas e complexificadas nesse século XXI[2].

É exatamente quando a vida presente e a dimensão imaginativa do futuro parecem nos escapar que o recurso à *memória* e à historicidade nos é vital! Adotamos, aqui, a concepção de *memória coletiva* (Halbwachs,1990), nos termos enunciados por Ecléa Bosi ao afirmar:

> [...] lembrar consiste, sobretudo, em refazer, reconstruir, repensar, com imagens e ideias de hoje, as experiências do passado. *A memória* não é um sonho, *é trabalho*. Se assim é, deve-se duvidar da sobrevivência do passado, "tal como foi", e que se daria no insconsciente de cada sujeito. A lembrança é uma imagem construída pelos materiais que estão, agora, à nossa disposição, no conjunto de representações que povoam nossa consciência atual. [...] O simples fato de lembrar o passado, no presente, exclui a identidade entre as imagens de um e de outro, e propõe a sua diferença em termos de ponto de vista (Bosi, 1994, p. 55).

Buscamos apreender a memória coletiva, (re)construída com base em quadros sociais específicos. Mediação pela qual podemos

---

1. Fenômeno sócio-histórico vinculado à lógica do capital em termos do modo de produção e reprodução material e espiritual da vida. Para aprofundamento, conferir Iamamoto,1999; 2012.

2. Desde 2020, convivemos com a pandemia de covid-19, no Brasil. País de capitalismo tardio, periférico, dependente e com uma ferida do colonialismo que ainda sangra sob as formas contemporâneas da colonialidade do poder, do saber e do ser (Maldonado-Torres, 2008); e da experiência da escravidão e sua reconfiguração em *racismo estrutural* (Almeida, 2018). Tempos trágicos e sombrios, de enlutamentos individual, coletivo e político vivenciados diante dos(as) 609 mil brasileiros(as) mortos(as) desde o início dessa pandemia. Em correlato, atravessados por agudização das desigualdades sociais, da pauperização, da fome, do desemprego, da superexploração, da precarização ocupacional e de regulação do trabalho.

interligar ideias, palavras, sentimentos, práticas e espaços sociais que deram sentido ao curso desde sua criação. Destarte, talvez escapemos ao imediatismo e à tendência de esquecimento coletivo potencializados na contemporaneidade, emblemáticos da indiferença para com a história ou a sua compreensão superficial.

Rememorar as particularidades da criação do Curso de Serviço Social no Ceará constitui estratégia fecunda, a nos permitir evidenciar a pluridimensionalidade da existência humana expressiva nas temporalidades de passado, presente e futuro, bem como descortinar caminhos possíveis, apreendidos no *trabalho da memória coletiva*. Recurso indispensável para efetuarmos a (re)invenção de modos de (re)existir — a incluir e transcender o campo do Serviço Social — nos reconhecendo e (re)afirmando a condição de sujeitos (as) ético-políticos (as) de nosso tempo histórico.

"Modernização" do Ceará e as necessidades históricas de emergência do Serviço Social

É nessa proposta crítico-analítica de rememorar a história desse curso que compreendemos sua gênese e (re)configurações inscritas na dinâmica da modernização capitalista à brasileira na década de 1950.

A criação da Escola de Serviço Social de Fortaleza e as correlatas proposições para a formação e intervenção profissional ocorreram no decurso do processo de "modernização conservadora" do Ceará, na perspectiva desigual e subalterna de integração regional do Nordeste aos circuitos do capitalismo industrial brasileiro, especificamente à região Sudeste, sob o comando do estado. Para Bezerra e Costa (2010, p. 23):

> a característica fundamental desta fase era a prevalência de relações comerciais de excedentes exportáveis, assim como a presença de significativa competição inter-regional entre as unidades federadas

> componentes de um Nordeste que sequer havia adquirido os contornos político-administrativos atuais.
>
> Havia, no Ceará, uma incipiente indústria de beneficiamento dos produtos agrícolas de exportação (algodão, carnaúba e oiticica), abrindo-se espaço para um parque industrial cearense (têxtil e óleos), o qual entra em declínio para o Sudeste, mais precisamente São Paulo, ao transformar-se no centro hegemônico do país, com o processo de industrialização e urbanização, sob forte proteção estatal, contando com o esteio do fundo público, a partir da década de 1930.

O Ceará ocupava posição econômica e política subalterna nos contextos regional e nacional, e caracterizava-se por uma hibridação conflituosa e ambígua entre os ditos "conservadores" — representantes das elites oligárquicas agrárias e da Igreja católica local — e "modernos" — defensores da ideologia da modernização via industrialização e urbanização. O estado enfrentava o desafio da "modernização econômico-política", sendo alvo dos esforços de irradiação da ideologia modernizadora do Nordeste, a exemplo de iniciativas do Governo Federal voltadas ao desenvolvimentismo e ao planejamento regional, destacando-se as criações do Banco do Nordeste do Brasil (BNB), em 1952; e da Superintendência de Desenvolvimento do Nordeste (Sudene), em 1959.

Naquele contexto, as expressões da questão social, embora não reconhecidas publicamente em sua vinculação orgânica com o capitalismo, complexificaram-se e agudizaram-se no Ceará, a exigir reconfigurações das práticas estatais. Fortaleza sobressaía-se como importante polo comercial com o exterior, com um frágil processo de industrialização e um crescente contingente de trabalhadores urbanos em situação de pobreza pluridimensional (Bezerra, 2015). A esses se somavam os "retirantes das secas" originários dos sertões, posto que o "flagelo da seca" constituía peculiar manifestação da questão social nesse estado nordestino.

As décadas de 1950 e 1960 registraram um aumento populacional de quase 100% em Fortaleza, com o advento de migrantes sertanejos, que se instalaram em "espaços vazios" da cidade. A ocupação desses espaços de maneira acelerada, desordenada e sem contar com a ação protetiva do Estado, originou amplas "periferias" desprovidas de infraestrutura urbana e serviços sociais. Uma das resultantes do processo de modernização do Nordeste foi a formação de "favelas" e/ou bairros "periféricos" situados nas margens urbanas, submetidos a condições de desigualdades e discriminações múltiplas entrelaçadas a processos de estigmatização e segregação socioterritoriais (Bezerra, 2015).

Apesar das desigualdades sociais vivenciadas pelas classes subalternas, no campo e na cidade, nossa história não se reduziu à sua completa opressão e exploração político-econômica impelidas pela modernização conservadora. Ressaltamos o protagonismo político de moradores (as) das "periferias" de Fortaleza — sendo emblemáticos os bairros Pirambu e Lagamar — a exprimir parte da dimensão política da questão social na vida cearense: as resistências, as organizações e as lutas sociais e político-culturais.

O movimento operário cearense não tinha tradição combativa, segundo explicitaram Bezerra e Freire (2009) e Silva (1987), em virtude de relações estreitas estabelecidas entre parcela dos (as) trabalhadores (as) e a Igreja católica. Não obstante, ocorreram greves de *chauffers* de automóveis e transportes coletivos, bem como de operários da Fábrica de Tecidos São José, sobre cujas famílias produziu-se, em 1953, a primeira monografia do Curso de Serviço Social (Fiúsa, 1953).

Sob orientação conservadora das elites e da Igreja católica locais, prevalecia uma interpretação da questão social como "problemas sociais" de caráter individualizado e moral, a demandar duas frentes complementares de atuação. De um lado, as ações socioassistenciais para os indivíduos cumpridores das normas socioinstitucionais, portanto, que acatassem as autoridades da Igreja, do Estado, suas instituições e seus representantes. De outro, práticas coercitivas de cunho punitivo-penal impelidas às parcelas da população — em específico de trabalhadores (as) — que buscassem as vias da organização política e/ou incorressem na criminalidade.

Segundo Silva (1987), a disseminação da visão de mundo da Igreja católica acerca da questão social fortalecia a ocultação da exploração e da opressão dos/as trabalhadores/as. Escamoteava e expurgava os conflitos e as lutas de classe, de maneira a incentivar a colaboração e a solidariedade entre classes de interesses antagônicos e inconciliáveis: a burguesia e o proletariado. Para essa autora, a versão conservadora e moralizadora da questão social foi reproduzida pelas primeiras "assistentes sociais" em virtude de sua forte vinculação à Igreja católica. Conforme explicitou Silva (1987, p. 35-36):

> [...] a questão social era tida como consequência da desunião, da incompreensão e do egoísmo das próprias classes entre si [...] e não como questão política [...]. A solução da questão social está fortemente marcada pela presença da solidariedade cristã. [...] A problemática do operariado é vista no aspecto da falta de moral e de educação, e não como questão de ordem material, advinda da situação da exploração capitalista e da dominação política. Esta é a explicação dada pelos grupos ligados à Ação Católica.

A Igreja católica, por intermédio de sua Doutrina Social implícita nas encíclicas papais *Rerum Novarum* e *Quadragésimo Anno*, estabeleceu diretrizes gerais para a compreensão dos "problemas humano-sociais" e normas genéricas referentes ao exercício da fé católica, disseminadas pela Ação Católica, um de seus principais instrumentos político-ideológicos. A sua grande preocupação dirigia-se à formação e à educação moral da juventude, com foco nos operários e em suas famílias, além das futuras lideranças católicas. Para tanto, instituiu colégios e faculdades dirigidos por congregações religiosas e sob sua influência político-ideológica, dentre essas, a Escola de Serviço Social em foco.

Em contraposição ao enfoque endógeno da gênese do Curso de Serviço Social no Ceará, reiteramos a visão histórico-crítica ora adotada, qual seja: compreender a história da profissão inserida na totalidade das relações sociais capitalistas e situada na esfera da reprodução social. Assim, o surgimento dessa profissão inscreve-se nas estratégias da classe burguesa para enfrentar e controlar expressões da questão social na fase do capitalismo monopolista (Netto, 1996). E responde, contraditoriamente, de maneira seletiva e compensatória, às necessidades-exigências sócio-históricas e político-culturais postas pelos trabalhadores em seus processos de resistência, organização e lutas por melhores condições de vida e de trabalho, para fins de emancipação política.

O Estado brasileiro, em sua versão peculiar no Ceará, atuava via incipientes políticas sociais. Neutralizava e institucionalizava conflitos de classes, a despolitizar as necessidades-reivindicações sociais dos/as trabalhadores/as, transformando-as em questões técnico-administrativas a serem minimizadas por meio de *serviços sociais*. Por um lado, o Estado atendia às necessidades das elites em termos de controle de expressões da questão social. Por outro, atendia, contraditória e minimamente, às demandas dos trabalhadores, naquilo que fosse essencial à sua reprodução social.

É sob tal interpretação histórico-crítica que buscamos situar a gênese e a implementação do Curso de Serviço Social da Uece, inscrito nas estruturas e dinâmicas do capitalismo brasileiro, em suas particularidades na Região Nordeste e, desse modo, no Ceará.

Memórias do Curso de Serviço Social da Universidade Estadual do Ceará

A gênese do curso de Serviço Social da Uece antecede à criação dessa instituição, cuja integração ocorreu em 05/03/1975. Suas origens remontam aos anos de 1950, quando foi inaugurada a Escola de Serviço Social de Fortaleza, em 25 de março daquele mesmo ano, com o primeiro curso (não universitário)[3]. Funcionava em prédio de dois

3. Segundo depoimento da Assistente Social Áurea Bessa, uma de suas fundadoras e diretoras, a escolha desta data deveu-se à comemoração da Abolição dos Escravos no Ceará

pavimentos situado à Avenida Barão de Studart, n. 1688, no bairro Aldeota, de propriedade da Arquidiocese de Fortaleza. Vinculada ao Instituto Social de Fortaleza (ISF)[4], a escola era administrada pela Congregação da Sociedade das Filhas do Sagrado Coração de Maria[5]. Funcionava como unidade particular de ensino mantida pela Associação de Educação Familiar e Social (ABESF), fundada em 1949. Em sua criação e implementação, recebeu orientação político-ideológica da Igreja católica, representada pelo então arcebispo da Arquidiocese de Fortaleza, Dom Antônio de Almeida Lustosa (Bezerra; Freire, 2009).

Segundo Freire (Bezerra; Freire, 2009), a primeira turma de Serviço Social era composta por quarenta e duas alunas, com diversificados níveis de escolaridade. Seu corpo docente era constituído por pessoas vinculadas à Ação Católica, à União Católica Feminina, à União dos Moços Católicos, ao jornal *O Nordeste* e por membros do Movimento Integralista. Denotava a orientação conservadora alicerçada na Doutrina Social da Igreja católica, correntes filosóficas humanistas, ciências sociais de viés positivista — de origem franco-belga — e os empiricismo, tecnicismo e pragmatismo norte-americanos. Configurava a *matriz teórico-doutrinária-operativa*, hegemônica até meados dos anos 1960 (Iamamoto, 1999; Netto, 1990). Hegemonia observada nas particularidades da vida social cearense, expressiva da *modernização conservadora* do Brasil.

Mantendo tais influências teórico-metodológicas, o Curso de Serviço Social em tela foi reconhecido de nível superior, em 04/07/1956, conforme o Decreto n. 39.511, homologado em 31/10/1956, via Decreto n. 49.229, durante o governo de Juscelino Kubitschek (1956-1961). A partir de então, o Instituto e a Escola de Serviço Social foram agregados

---

e homenagem à Festa da Anunciação, relevante para a Igreja católica. Conferir Silva (1987); e Costa, Bezerra e Pio (2010).

4. Constituía-se em entidade de direito privado, com estatuto, regulamentos e regimento interno originários da Comissão de Ensino Superior do Ministério da Educação e Cultura, à época. Além da Escola de Serviço Social, o ISF era composto ainda pela Escola de Educação Familiar e Social. Conferir Costa, Bezerra e Pio (2010).

5. Instituição católica com sede na França e atuante no território brasileiro, dirigia, à época, a Escola de Serviço Social do Rio de Janeiro (Silva, 1987).

à Universidade Federal do Ceará (UFC), no período do reitorado do professor Antônio Martins Filho, ato público emblemático da inserção do Serviço Social no circuito universitário cearense, a garantir a interlocução com outras áreas do conhecimento e sua laicização. Agregados à UFC, ambos preservaram suas personalidades jurídicas. Com independência financeira e de decisão política, o curso manteve as mensalidades pagas pelas/os estudantes, ainda que inferiores às praticadas em instituições privadas de ensino superior do país, pois contava com recursos da Igreja católica e subvenções complementares do governo federal.

Diante da dinâmica societária da década de 1960[6], novas disciplinas foram inseridas no curso, a considerar mudanças na história socioeconômica e político-cultural do contexto brasileiro, destacando-se a vertente teórico-metodológica de viés modernizador, fundamentada no positivismo-funcionalismo, sem desconsiderar as visões teóricas "dissonantes", silenciadas com a ditadura militar de 1964.

Foi um momento de ampliação dos movimentos estudantis e político-sociais, com envolvimento de estudantes e docentes do Curso de Serviço Social, a qual é intensificada nas décadas de ditatura militar (1964-1985). Nessa direção, realçamos a participação de estudantes do Serviço Social na "greve do terço" que, sob a direção da União Nacional dos Estudantes (UNE), eclodiu, em 1962, em todas as universidades federais. A reivindicação principal era a participação de um terço em todos os colegiados deliberativos das universidades. Os relatos[7] abaixo são ilustrativos desse período:

> Tínhamos o centro acadêmico, que se chamava diretório acadêmico (D.A.) e hoje é o centro acadêmico (C.A.). Nós participávamos dos diretórios acadêmicos. Nosso movimento estudantil era junto com o movimento estudantil da Universidade Federal do Ceará (UFC). Na

6. Conferir Carvalho (1987); Costa (2000; 2005); Costa e Frota (2020).

7. As entrevistas citadas nesse texto pertencem ao acervo da pesquisa "Memória e História do Serviço Social: reconstruindo trajetórias de assistentes sociais cearenses" (Bezerra; Freire, 2009).

> época, as lideranças eram aquelas de confronto com a ditadura militar, de fazer pichação, de irmos ao bairro Jacarecanga atrás dos trabalhadores para apoiar nas greves e a polícia entrava no meio. Nós participávamos ativamente, os estudantes do serviço social. Nesse movimento, tinha passeata. Tudo aquilo que tinha na história nós participávamos. [...] nosso D.A. tinha muita articulação nacional. É tanto que nós trouxemos, em 1967/1968, o Congresso Brasileiro de Estudantes de Serviço Social, organizado por nós, em Fortaleza. Realizamos na faculdade de Direito da UFC. E foi rodeado pela polícia! Os estudantes participavam! Assistia-se a um movimento social e político bastante acirrado (Assistente social e docente aposentada do Curso).
>
> Já como estudante, quando entrei na universidade em 1967, estávamos em plena ditadura militar, só que ainda foi um período em que a ditadura estava "mais maleável". E logo que eu entrei na universidade, entrei no movimento estudantil. E, em 1968, eu me candidatei ao diretório acadêmico, como era chamado nesta época, e fiz parte do diretório de serviço social de 1967/68 e 69. Em 1968, todos os diretórios acadêmicos atuavam na clandestinidade, inclusive o nosso. Houve o Ato Institucional n. 5 (o AI-5), um período em que a ditadura foi mais violenta. E eu fui a última presidente do diretório acadêmico do período da ditadura, porque, depois, ele só reabriu no período da redemocratização, na luta pela anistia. Ainda participei do movimento feminino pela anistia e do movimento mais amplo pela anistia. [...] E depois, eu entrei para o sindicato de serviço social (Assistente social e docente do Curso).

Relembrar o Curso de Serviço Social cearense nos permite perceber a atuação política vivenciada por seus estudantes e docentes, a se insurgirem por entre as brechas do conservadorismo das origens da profissão. Participação política — intensificada a partir do final da década de 1970 e início dos anos 1980 — contra o projeto político-econômico da ditadura militar e a favor da redemocratização do país, a fazer da universidade pública *lócus* por excelência de crítica, resistências e lutas.

Ainda na década de 1960, o Serviço Social cearense adquiriu certa relevância, em virtude da expansão das políticas sociais — de cariz centralizador, compensatório e seletivo — implementadas pelo Estado técnico-burocrático-autoritário burguês (Netto, 1991). O "Serviço Social tradicional" entrava em declínio em face das novas demandas advindas com o projeto de "desenvolvimentismo com segurança social", no escopo da modernização conservadora. A racionalização desse Estado lançou demandas socioinstitucionais ao Serviço Social, a salientarmos a macro atuação relativa ao planejamento, avaliação e gestão das políticas sociais, sem descartar a micro atuação, a administração dos serviços sociais e sua prestação direta.

A estruturação da burocracia estatal implicou ampliação do mercado de trabalho de assistentes sociais nas empresas privadas, nas organizações filantrópicas e no Estado (Netto, 1991). Período de inserção ampliada do Serviço Social nos circuitos universitários, sob a responsabilidade estatal para a garantia de sua reprodução, com vistas ao controle da questão social, sobretudo, frente aos movimentos sociais e políticos contra o regime militar.

Embora inscrito no circuito universitário — na condição de agregado à UFC desde 1956 — o curso de Serviço Social passou por novas mudanças nos anos 1970. Segundo relatos de outra entrevistada (Bezerra; Freire, 2009), foi pela intermediação de lideranças católicas cearenses que o curso saiu da UFC para ser integralizado à Fundação Educacional do Estado do Ceará (Funeduce), então mantenedora da Uece (Costa; Bezerra; Pio, 2010). Tal processo ocorreu durante a gestão do Governador César Cals de Oliveira (1971-1975), oficializado pelo Decreto n. 11.233, de 10/03/1975, quando o Curso de Serviço Social se constituiu em um dos cinco primeiros a integrar a Uece, alçando seu caráter público e gratuito. O aproveitamento do pessoal docente e administrativo do Curso de Serviço Social pela Funece encontrou base legal na Lei n. 9753, de 18/10/1973; na Resolução n. 03/75, de 14/03/1975; no Decreto n. 12224, de 28/10/1976; e na Portaria n. 08/77, de 12/01/1977. Em janeiro de 1978, passou a funcionar no Campus do Itaperi, situado na Avenida Dedé Brasil (atualmente Dr. Silas Munguba), n. 1.700, no bairro Itaperi, em Fortaleza.

As dinâmicas socioeconômicas e político-culturais instauradas no Brasil ditatorial propiciaram a emergência do Movimento de Renovação do Serviço Social[8] no país. Perfilado por seu caráter plural e de disputas pela hegemonia teórico-prática e político-organizativa desta categoria profissional, preponderaram, segundo a análise de Netto (1991), três vertentes — "modernizadora", "reatualização do conservadorismo" e "intenção de ruptura" — cada uma influenciada por fundamentações teórica-metodológicas específicas (Netto, 1991).

Distinções e disputas estiveram presentes nas (re)configurações do curso de Serviço Social cearense, a evidenciar também a vigilância, a censura e a repressão impelidas pelo regime militar em relação às produções acadêmicas consideradas "subversivas", segundo enunciou Silva (2010, p. 345):

> As pessoas que escreviam a monografia (que era o TCC) e que utilizavam, por exemplo, Paulo Freire, naquela época, tido como uma pessoa que não podia ser lida nem discutida na sala de aula, a direção da Escola de Serviço Social não proibia, as pessoas escreviam a monografia do jeito que queriam, mas depois eram enterradas. Vocês sabiam dessa história? Que as monografias eram enterradas? Por causa do controle militar. Eles frequentavam a biblioteca, eles liam as monografias que estavam sendo escritas, então aquelas que tinham uma literatura que na época era proibida eram escondidas ou nas camas das freiras ou enterradas. E assim passavam muitos trabalhos, muita literatura que era lida e que era escondida e que as pessoas não podiam ter, então foi mais ou menos assim esse tempo essa época de 1960 e 1970 muito complicada. [...] Até mesmo pelo momento, não tinha essa liberdade de expressão, não tinha essa liberdade de literatura, quem era que ia

8. Consistiu no "[...] conjunto de características novas que, no marco das constrições da autocracia burguesa, o Serviço Social articulou, à base do rearranjo de suas tradições e da assunção do contributo de tendências do pensamento social contemporâneo, procurando investir-se como instituição de natureza profissional dotada de legitimação prática, através de respostas a demandas sociais e da sua sistematização, e de validação teórica, mediante a remissão às teorias e disciplinas sociais" (Netto, 1991, p. 131).

> ler Marx nessa época! [...] A repressão foi muito forte, cercearam muito a produção acadêmica, as produções dos professores.

Não obstante a repressão do regime militar e sintonizado com a renovação do Serviço Social brasileiro, o Serviço Social no Ceará redefiniu as bases teórico-metodológicas de sua formação profissional em direção às abordagens marxiana e marxista(s), expressivas ao final de 1970 e nos anos 1980, conforme testemunho abaixo:

> Outra questão que também marcou a época da gente — além da participação política — foi a preocupação com a formação acadêmica. O curso de serviço social da época, nós tínhamos muito poucos livros e nossos eram mais em espanhol. A gente tinha acesso a esta bibliografia em espanhol. A profissão já se preocupava com essa busca por conhecimento crítico. Nossos livros sobre Paulo Freire, Marx e Althusser, isso era proibido na época. Mas a gente conseguia adquirir. Tinha professores que davam aula sobre isto em plena ditadura. Muitas vezes éramos tomados de surpresa pela polícia federal, que dava umas batidas na universidade, ia à biblioteca e levava todos os livros que a gente tinha. A diretora da faculdade era chamada na polícia federal para depor. Chegava lá, tinha uma relação nominal dos alunos que eram tidos como "agitadores". Toda essa efervescência da minha vida estudantil foi muito marcante e eu me orgulho muito de ter participado desta época da profissão porque eu acho que valeu a pena a experiência. E apesar de uma militância muito intensiva, a gente estudava mais do que hoje. Nós não tínhamos "xerox". Estudávamos em livros originais. A formação profissional era muito boa, muito consistente.

Em síntese, o processo de renovação do Serviço Social no Brasil ganhou contornos particulares no Ceará e implicou reformulações do projeto de formação profissional desse curso na Uece, de maneira a decifrar e enfrentar as expressões da questão social. A contra-hegemonia construída — sob a orientação histórico-crítica — sintonizava-se com os novos tempos democráticos, sobretudo com a redemocratização e as conquistas sociais advindas com a Constituição Federal de 1988 e as promessas de construção de nosso Estado democrático de direito, do sistema de proteção social, da garantia da cidadania.

A perspectiva ora hegemônica no Serviço Social, desde os anos 1980, pauta-se na premissa analítica tornada consensual na nossa categoria profissional, conforme ratificaram Bezerra e Costa (2010): a emergência e legitimação do Serviço Social como profissão encarna uma necessidade social configurada na fase do capitalismo monopolista, quando o Estado fora chamado a enfrentar e/ou controlar as expressões da questão social via políticas sociais. Para tanto, requisitou profissionais qualificados/as para sua execução junto às instituições socioassistenciais em expansão.

Portanto, a inscrição do Serviço Social na divisão sociotécnica do trabalho vincula-se, historicamente, às estratégias burguesas de regulação da questão social, tais como: ações de disciplinamento/adestramento, controle moral, amortização, punição e/ou repressão aberta e/ou sutil direcionadas às classes subalternas, em meio às suas formas de resistências, organizações e lutas político-culturais.

Nesta dinâmica societária, tensões, conflitos e disputas pela hegemonia instauraram-se por dentro da profissão, não só nas universidades e faculdades de Serviço Social, mas também nos campos sócio-ocupacionais e instâncias organizativas da categoria. O compromisso ético-político com as classes subalternas entrelaça-se a uma direção social voltada à emancipação política e humana, a indicar o reconhecimento das articulações entre projetos profissionais e projetos societários. Desafios a exigir, constantemente, assistentes sociais com competências teórico-metodológicas, técnico-operativas e ético-políticas, de modo a entrecruzar as dimensões investigativa e interventiva em seu exercício profissional cotidiano.

A consolidação do curso de Serviço Social da Uece, ao longo de seus 71 anos de existência, expressa a maneira qualificada e ética com que as/os docentes assumem o ensino, a pesquisa e a extensão. Contemporaneamente, os desafios postos ao Serviço Social cearense exigem formação profissional crítico-propositiva e transdisciplinar capaz de decifrar o tempo presente, em especial, as novas-velhas expressões da questão social brasileira e de suas particularidades socioterritoriais, com vistas à construção de respostas profissionais garantidoras de sua legitimidade/utilidade social e sintonizadas com o compromisso ético-político assumido com os interesses e as necessidades das classes subalternas.

Referências

ALMEIDA, Sílvio Luiz de. *O que é racismo estrutural?* Belo Horizonte: Letramento, 2018.

ARAÚJO, Maria Neyara de Oliveira. *A miséria e os dias*: história social da mendicância no Ceará. São Paulo: Hucitec, 2000.

BENJAMIN, Walter. O narrador. Considerações sobre a obra de Nicolai Leskov. *Obras escolhidas*. São Paulo: Brasiliense, 1985.

BEZERRA, Leila Maria Passos de Souza; FREIRE, Maria do Carmo. *Memória e História do Serviço Social*: reconstruindo trajetórias de assistentes sociais cearenses. Fortaleza: Universidade Estadual do Ceará (Uece), 2009. Mimeografado.

BEZERRA, Leila M. Passos de S. *Pobreza e lugar(es) nas margens urbanas*: lutas de classificação em territórios estigmatizados do Grande Bom Jardim, 2015. 450 f. Tese (Doutorado em Sociologia) — Programa de Pós-Graduação em Sociologia, Universidade Federal do Ceará, Fortaleza, 2015.

BEZERRA, Leila Maria Passos de Souza; MORAES, Elivânia da Silva; LEMOS, Eveline Chagas; RAIMUNDEZ, Violeta Quiroga. *Formação profissional nos cursos de graduação em Serviço Social no Brasil e na Espanha*: diálogos entre contextos. *In*: CUNHA, Laura Maria (org.). *Serviço Social*: história, formação profissional e ética. Fortaleza: Socialis: EdUece, 2018.

BOSI, Ecléa. *Memória e sociedade*: lembranças de velhos. 3. ed. São Paulo: Companhia das Letras, 1994.

CARVALHO, Inaiá Maria Moreira de. *O Nordeste e o regime autoritário*: discurso e prática do planejamento regional. São Paulo: Hucitec/Sudene, 1987.

COSTA, Liduina Farias Almeida da; BEZERRA, Leila Maria Passos de Souza; PIO, Maria da Conceição. *Fragmentos do passado e do presente*: 60 anos de Serviço Social no Ceará. Fortaleza: EdUece, 2010.

COSTA, Liduina Farias Almeida da. *O Nordeste e a globalização*: posicionamentos dos empresários-políticos cearenses. 2000. Tese (Doutorado em Sociologia) – Universidade Federal do Ceará (UFC), Fortaleza, 2000.

COSTA, Liduina Farias Almeida da. *O sertão não virou mar*: Nordeste(s), globalização e a imagem pública da nova elite. São Paulo: Annablume, 2005.

COSTA, Liduina Farias Almeida da; FROTA, Francisco Horácio da Silva. *Nordeste(s), novos desafios*: políticas públicas e dinâmicas institucionais. 2. ed. Fortaleza: EdMeta, 2020.

FIÚSA, Sarah Maria. *Uma pesquisa social realizada na Fábrica de Tecidos São José.* Trabalho de Estágio de Campo (TEC), Instituto Social de Fortaleza, 1953.

FREIRE, Maria do Carmo Marques. *Apresentação do Curso de Serviço Social na Semana do Assistente Social*. Fortaleza, 11 maio 2000. Mimeografado.

HALBWACHS, Maurice. Memória coletiva e memória individual. *A memória coletiva.* São Paulo: Vértice, 1990.

IAMAMOTO, Marilda Villela. *O Serviço Social na contemporaneidade*: trabalho e formação profissional. 2. ed. São Paulo: Cortez, 1999.

IAMAMOTO, Marilda Villela. *Serviço Social em tempo de capital fetiche*: capital financeiro, trabalho e questão social. São Paulo: Cortez, 2010.

MALDONATO-TORRES, Nelson. La descolonización y el giro des-colonial. Decolonization and the Decolonial Turn. *A descolonização e o giro des-colonial.* Bogotá: Tabula Rasa, n. 9, julio-diciembre

NETTO, José Paulo. *Ditadura e Serviço Social*: uma análise do Serviço Social no Brasil pós-64. São Paulo: Cortez, 1991.

NETTO, José Paulo. *Capitalismo monopolista e Serviço Social.* 2. ed. São Paulo: Cortez, 1996.

OLIVEIRA, Francisco de. *Elegia para uma re(li)gião — Sudene, Nordeste, Planejamento e conflitos de classe.* Rio de Janeiro: Paz e Terra, 1981.

RIOS, Kênia Sousa. *Isolamento e poder*: Fortaleza e os campos de concentração na seca de 1932. Fortaleza: Imprensa Universitária, 2014.

SILVA, Neíse Távora de França. Entrevista concedida às alunas de Fundamentos Históricos, Teóricos e Metodológicos de Serviço Social II (2009). Curso de Serviço Social da Universidade Estadual do Ceará. *In*: COSTA, Liduina Farias Almeida da; BEZERRA, Leila Maria Passos de Souza; PIO, Maria da Conceição. *Fragmentos do passado e do presente*: 60 anos de Serviço Social no Ceará. Fortaleza: EdUece, 2010.

SILVA, Neíse Távora de França. As relações sociais e o Serviço Social no Ceará (1950-1960). Fortaleza: NUPEDSS, Curso de Serviço Social/Uece, 1987. Mimeografado.

SOUZA, Simone de; GONÇALVES, Adelaide *et al. Uma nova história do Ceará.* 4. ed. rev. e atual. Fortaleza: Edições Demócrito Rocha, 2007.

4

FORMAÇÃO PROFISSIONAL EM SERVIÇO SOCIAL NO MOVIMENTO DA HISTÓRIA NO MARANHÃO

Franci Gomes Cardoso
Marina Maciel Abreu
Josefa Batista Lopes
Raimunda Nonata do N. Santana
Cristiana Costa Lima

Introdução

Neste momento histórico, 2020 e 2021, é muito difícil, complexo e, por vezes, imobilizador, mas ao mesmo tempo, desafiante, pensarmos qualquer objeto histórico na sua gênese e desenvolvimento. Vive-se uma crise mundial sem precedentes, com dimensões econômica, política e sanitária. Essa última, caracterizada pela pandemia da covid-19, desvenda e denuncia determinações estruturais manifestadas nas formas de desemprego, precarização do trabalho, adoecimento físico e mental, dentre outras, com profundos impactos destrutivos na natureza e nos seres humanos, sobretudo no Brasil, onde a devastação da vida atinge milhares de pessoas de todos os estados da federação. No Maranhão, um dos estados mais pobres da região Nordeste do país, já ultrapassou, nesses 14 meses de pandemia, um contingente populacional de 7.681 mortos e o quadro de infecção e mortalidade vem sendo progressivo (Maranhão,15/05/2021). Nessa crise de amplo alcance, os assistentes sociais, sobretudo os que atuam no campo da saúde, vêm enfrentando profundos desafios, notadamente na dimensão sanitária da crise, tanto para dar respostas às velhas e novas demandas que lhes são impostas, na intervenção, nas condições precarizadas do mercado de trabalho em constante metamorfose, que exigem novas competências e habilidades, quanto pelo processo de vulnerabilização a que são submetidos que resultam, muitas vezes, em adoecimento e perda da própria vida.

A dinâmica atual do mundo, em particular da sociedade brasileira "onde a crise se aprofunda em virtude do domínio de forças reacionárias de ultradireita e da persistência do Governo, em sua postura negacionista que compromete as estratégias de enfrentamento e combate à crise" (Cardoso, 2020, s/p), impõe a necessidade do aprofundamento do conhecimento crítico das determinações sócio-históricas da realidade em movimento no mundo, no Brasil e na particularidade do Maranhão; e das inflexões do Serviço Social nesse movimento, na perspectiva de sua reconstrução em todas as dimensões que o constituem como totalidade histórica: a dimensão interventiva, a formação profissional, a produção de conhecimento e a organização política dos assistentes sociais.

O convite para participar desta obra, que vem preencher uma lacuna sobre a História do Serviço Social no Nordeste, organizada pelas professoras Ana Elizabete Mota, Ana Cristina Vieira e Angela Amaral, na comemoração dos 80 anos do Curso de Serviço Social em Pernambuco e dos 40 anos do Programa de Pós-Graduação em Serviço Social da Universidade Federal de Pernambuco, impulsionou o interesse para esta reflexão sobre formação profissional em Serviço Social, no Maranhão, o seu desenvolvimento neste estado, cuja dinâmica exerce influência na profissão, ao mesmo tempo que é por ela influenciada. A opção por essa dimensão como eixo para uma recuperação sucinta de marcos históricos da profissão no movimento da história no Maranhão prende-se ao fato de que a história da formação se imbrica à própria história da profissão, na relação dialética com demais dimensões, "em que cada uma em sua especificidade responde a necessidades postas pela intervenção profissional" — dimensão primeira definidora da natureza e identidade profissional —, "mas, com função de direção, atuam sobre ela a partir do confronto autônomo com as diferentes correntes de pensamento e na correlação de forças na sociedade". (Lopes, Abreu, Cardoso, 2014, p.196)

Assim, a periodização feita neste texto sobre a formação profissional dá destaque a importantes demarcações do seu processo histórico referidas à gênese nos anos 1950 e à inserção e ao desenvolvimento no âmbito da estrutura acadêmico-administrativa da Universidade Federal do Maranhão (UFMA), a partir de meados dos anos 1960 quando passa a integrar a estrutura dessa instituição até o momento atual, em que o Serviço Social, em suas diferentes dimensões, enfrenta uma diversidade de desafios determinados pelo movimento histórico nos âmbitos local, nacional e internacional. Cabe ressaltar que no final de 1970 é marcante o desenvolvimento do processo de ruptura com a herança conservadora do Serviço Social, na construção de um projeto ético-político profissional vinculado aos interesses das classes subalternas, influenciado pelo pensamento de Marx e da tradição marxista —hegemônico a partir de 1979, no movimento que produziu a chamada "virada" profissional[1]. Tal perspectiva traduz-se pela vinculação "a uma determinada perspectiva societária, cuja construção exige o fortalecimento de processos emancipatórios das

1. O III Congresso Brasileiro de Assistentes Sociais (IIICBAS), e a XXI Convenção Nacional da então Associação Brasileira de Escolas de Serviço Social (ABESS), são marcos históricos desse movimento.

classes subalternas" (Cardoso, 2016, p. 159). Significa a superação da sociedade capitalista, tendo como horizonte a emancipação humana.

Com a clareza das forças em confronto que determinam a construção da formação profissional e dos desafios conjunturais e estruturais enfrentados pelo Serviço Social em sua totalidade na inserção no movimento da história, este artigo demarca na sua estruturação histórico-conceitual: elementos da gênese da formação profissional no Maranhão, nos anos 1950, sob forte influência da Igreja católica, articulada ao Estado e a instituições do comércio e indústria; marcos da consolidação da formação laica a partir da inserção na UFMA, mediada pelo projeto da modernização conservadora da ditadura civil-militar (1964/1985) na particularidade do governo Sarney (1966/1970) que fortalece a herança conservadora do Serviço Social neste estado, mas, com a qual a profissão rompe no movimento de construção do projeto ético-político profissional orientado pela necessidade da emancipação humana, em que a formação tem lugar privilegiado; a mercantilização do ensino superior, sua expansão no Brasil e suas particularidades no Maranhão, como ameaça à formação profissional crítica em Serviço Social; e a resistência com organização e luta, como instrumento indispensável para a sustentação do projeto ético-político profissional em permanente construção, tanto teórica quanto historicamente.

Da criação da primeira Escola à sua inserção na estrutura acadêmico-administrativa da UFMA

A criação do primeiro Curso de Serviço Social no Maranhão, em 1953, o atual Curso de Serviço Social da UFMA, ocorreu 17 anos após a fundação da primeira Escola de Serviço Social no Brasil, em 1936, na PUC de São Paulo. Esta, a partir da criação do Centro de Estudos e Ação Social de São Paulo (CEAS), em 1932, "considerado como manifestação original" (Iamamoto e Carvalho, 1982, p. 172) da profissão no país, vinculado à assistência social. E, apesar de bastante tempo depois, a criação desse Curso, situa-se no mesmo movimento de expansão do Serviço Social, a partir da Europa, para a América Latina onde a primeira Escola de Serviço Social foi criada, em Santiago do Chile, em 1925, com expressiva mediação da Igreja católica (Castro,1987, p. 39), no âmbito da estratégia do controle social do capital (Mészaros, 1993). O momento é de efervescência social no mundo em guerra, pós-Segunda Guerra Mundial, e o Maranhão, em sua particularidade de estado periférico de um país na periferia do sistema mundializado do capital, vive um processo de significativas transformações territoriais, econômico-sociais, político-institucionais, culturais e étnicas, com articulação de lutas sociais no campo, onde avançava a organização dos camponeses articulada ao movimento nacional (Wagner, 1981) e na cidade, cujo principal marco no período é a "Greve de 51", em São Luís, sob uma ordem política oligárquica constituída com base no patrimonialismo e no clientelismo (Costa, 2004, p. 265). A criação do primeiro Curso situa-se, portanto, no âmbito das respostas às necessidades desse momento histórico, demandadas pelas populações rurais e urbanas e articuladas, pelo Estado, por instituições do comércio e da indústria e pela Igreja católica, segundo as funções e projetos políticos dessas instituições.

Os três grupos se envolveram em um movimento de criação do Curso. Os dois primeiros se articularam na primeira iniciativa em torno de uma Escola de Assistência Social, que não logrou se consolidar como curso de nível superior. Assim, abriu espaço para a Igreja católica, que desenvolvia um amplo programa de "ação social" no estado (Wagner, 1981, p. 47), criar a Escola Maranhense de Serviço Social pelo Decreto n. 5, de 10/02/1953, através do Arcebispo Metropolitano de São Luís, D. José Medeiros Delgado, por orientação do Secretariado Nacional de Ação Social. Coube à Sociedade Feminina de Instrução de Caridade (Irmãs Missionárias de Jesus Crucificado) a execução do projeto e à Irmã Altiva Pantoja Paixão a direção da Escola. No processo, essa Escola agregou a Escola de Assistência Social e, da fusão, derivou a Escola de Serviço Social do Maranhão, a base da formação de várias gerações de assistentes sociais no Maranhão, até a criação, em 2004, de um Curso de Serviço Social no movimento de expansão do ensino superior no estado.

Consoante ao reconhecimento de que a história ético-política é um dos cânones de interpretação histórica a ser considerado no exame e no aprofundamento do desenvolvimento histórico (Gramsci, 1999), é possível afirmar que essa Escola expressa um particular projeto da Igreja católica no Maranhão, com uma singularidade que se traduz em: a) disciplinas: Cultura Religiosa; Doutrina Social da Igreja, Seminário de Formação, Moral (Ética), Iniciação Filosófica; b) estágios junto a Ação Social Arquidiocesana (ASA), com atuação em bairros de São Luís, e no Movimento Intermunicipal Rural Arquidiocesano (MIRA). Era também estratégico e articulou-se, desde cedo, com a Associação Brasileira de Escolas de Serviço Social (ABESS, hoje Associação Brasileira de Ensino e Pesquisa em Serviço Social, ABEPSS), criada em 1946.

Ao longo da década 1960, no bojo do modelo *autocrático-burguês de transformação capitalista* para o Brasil e em particular para a Amazônia, quando se inaugura no Maranhão o movimento de modernização conservadora (Abreu, Lopes, Santana, 2006), a influência da Igreja católica na formação profissional de assistentes sociais no Maranhão começa a ser abalada por um processo de laicização e já no reconhecimento pelo Governo Federal (Decreto n. 39.082, de 30/04/1956) do Curso de Serviço Social da Escola de Serviço Social do Maranhão, sobressaem-se finalidades "técnicas" (Silva, 1995, p. 65). A Escola de Serviço Social do Maranhão, no entanto, ganha força e estatura de faculdade de Serviço Social em 1961, quando foi congregada, com a Faculdade de Filosofia, a Escola de Enfermagem "São Francisco de Assis" e a Faculdade de Ciências Médicas, à Universidade Católica do Maranhão[2] (Portal UFMA) que se constituiu em centro de organização e articulação da juventude universitária ao movimento nacional por reformas no país,

2. Criada pelo Decreto n. 47.784, de 10 de fevereiro de 1960, e reconhecida pelo Governo Federal através do Decreto n. 50.832, de 22 de junho de 1961.

destacando-se aí os Centros Acadêmicos, vinculados à União Nacional dos Estudantes (UNE) e a Juventude Universitária Católica (JUC). Em 1966, nos primeiros anos da ditadura, decorrente do golpe civil militar de 1964, a então Faculdade de Serviço Social, com as demais faculdades da Universidade Católica do Maranhão, mediante acordo da Igreja católica com o Governo Federal, são incorporadas ao sistema universitário federal e passam a integrar a Fundação Universidade Federal do Maranhão (Lei n. 5.152, de 21/10/1966). Assim, de forma diferente "de outras profissões de nível superior, que padeceram a refuncionalização da sua formação pela ditadura já com lastro acadêmico, o Serviço Social ingressa no circuito da universidade justamente no lapso da vigência da autocracia burguesa" (Netto, 1991, p. 125).

A formação profissional na UFMA no movimento nacional de construção do projeto ético-político profissional

As revisões curriculares realizadas nacionalmente no período 1970/1996 sob a coordenação da ABESS/ABEPSS, são mediações importantes do movimento da construção do projeto ético-político profissional. No protagonismo particular do Curso de Serviço Social na UFMA (CSS/UFMA) nesse movimento, consolida-se a ruptura com a formação sob a influência religiosa e se reconstrói criticamente com a clareza da sua função na totalidade da profissão no movimento da história.

A revisão curricular de 1970, ainda desalinhada desse processo de construção, orientou-se pela "racionalidade técnica e administrativa" (Oliveira; Teixeira,1986) do projeto da "modernização conservadora" da ditadura civil-militar (1964/1985) e, no CSS/UFMA agrega diretrizes do projeto "desenvolvimentista populista", tardiamente implantado no Maranhão no governo Sarney (1966/1970). O mercado de trabalho profissional foi reestruturado e ampliado no âmbito estatal, com a criação de inúmeras instituições, o que demandou mão de obra qualificada em diversas áreas. Tal demanda revigorou a necessidade de adequação do perfil profissional do assistente social à racionalidade técnica e administrativa —, condizente à tendência profissional modernizadora, hegemônica nos anos 1960/1970 — para atuar principalmente, nas áreas do planejamento estatal, da política assistencial, da extensão rural e na ação comunitária em apoio a programas governamentais, em especial na saúde, saneamento básico e habitação; e, com habilitação para o trabalho em equipe interprofissional. Em sintonia ao debate nacional — do qual docentes deste curso eram interlocutoras[3] —, na linha modernizadora, que apontava a chamada "integração metodológica", como superação da visão tripartite, criam-se as disciplinas "Metodologia Básica do Serviço Social" e Serviço Social Aplicado, sem eliminar, no entanto, o "Serviço Social de Caso, Grupo e Comunidade" como preconizava o novo currículo, aprovado pelo Conselho Federal de Educação (Resolução s/n. 13 de março de 1970).

Nessa mesma década nova revisão curricular foi realizada no CSS/UFMA, no movimento que produziu o currículo mínimo aprovado na XXI Convenção da ABESS[4] em 1979 e pelo CFE em 1982 (Resolução n. 6, de 23/07/1982), na "direção dos interesses coletivos das classes subalternas" (Carvalho *et al.*, 1984, p. 119). Foi o primeiro grande esforço para imprimir de forma crítica uma nova direção social à formação e superar o cunho instrumental conservador sob a influência do *Social Work* de origem estadunidense — entretanto, centrado na relação história/teoria/método enfatiza o conteúdo epistemológico e abordagem eclética. A crítica e a busca de fundamentação ao novo currículo impulsionou no CSS/UFMA a pesquisa e a extensão como

3. Destaque para a atuação da professora Mirtes Haickel Fonseca, integrante do seleto grupo de intelectuais da área que participou no Seminário de Teorização de Araxá/1967 e diretora da então criada Fundação do Bem-Estar Social do Maranhão, cujas ramificações Casa do Pequeno Trabalhador, Agência de Menores, Centro de Recepção e Triagem foram dirigidas também por docentes do CSS/UFMA.

4. Nesse evento, foi determinante a forte intervenção do movimento estudantil, da qual participou ativamente a então aluna do CSS/UFMA Lourdes Maria Leitão Nunes.

importantes estratégias, articuladas à capacitação continuada docente e da categoria, em especial dos supervisores de campo. São implementadas sob forte repressão e controle político-ideológico da administração superior da UFMA (1979/1988)[5] sobre docentes e atividades acadêmicas, como se evidencia, por exemplo, na desativação abrupta da pesquisa-ação: "Trabalho junto ao pescador artesanal da ilha de São Luís", (1979/1983), coordenado pela professora Franci Gomes Cardoso, sob alegação de proselitismo político. Entretanto, o processo avança sob o impulso da mobilização e organização política dos assistentes sociais na condição de trabalhadores assalariados e dos estudantes de Serviço Social no movimento estudantil nacional e na UFMA. Esses processos ocorrem na efervescência da organização dos trabalhadores e das lutas sociais populares e de outras forças progressistas no país pela democratização da sociedade no enfrentamento à ditadura civil-militar, em crise[6]. No Maranhão, particularmente, é adensado no fluxo da mobilização e rearticulação de forças de oposição frente ao agravamento da questão social, forjada pelas transformações econômico-sociais com a implantação do "Programa Grande Carajás" no final dos anos 1970, que reinsere subalternamente o Maranhão na rota da expansão do grande capital transnacional a despeito das suas próprias necessidades. Sediada no CSS/UFMA, a então ABESS, presidida pela professora Josefa Batista Lopes, coordena a implementação do novo currículo no país[7], numa dinâmica respaldada na força local ligada ao nacional e latino-americano e concretiza uma das mediações mais

5. Gestão do reitor José Maria Cabral Marques (1979/1988).

6. A ditadura civil-militar já se encontrava em crise econômica e de legitimidade (desencadeava a "distensão política"), enraizada na crise estrutural do sistema capitalista mundializado, desde meados dos anos 1970 e confrontada na crítica à dependência do país ao imperialismo estadunidense.

7. Nesse processo, a pesquisa foi uma importante estratégia, destaque para duas iniciativas: a pesquisa "A formação profissional do Serviço Social no Brasil: determinantes históricos e perspectivas", (1981/1985), coordenada pela professora Alba Maria Pinho de Carvalho, então docente da UFMA como base de preparação e acompanhamento dos cursos na implementação do novo currículo mínimo; e a realização do primeiro Seminário Nacional sobre Pesquisa em Serviço Social, realizado em São Luís (MA), em 1983.

importantes do protagonismo político-acadêmico do CSS/UFMA nesse processo[8].

O projeto pedagógico aprovado no início dos anos 2000 no CSS/UFMA gesta-se no movimento de construção e consolidação das Diretrizes Curriculares/1996 (DC/1996) (ABESS/CEDEPSS,1997), aprovadas em 2002 pelo CNE/CES (Resolução 15 de 13/03/2002), com a reafirmação da direção social e propósito de superação das defasagens do currículo mínimo/1982, amparadas nas categorias totalidade e historicidade à luz do pensamento marxista, confrontam-se às reformas neoliberais no país a partir da Reforma do Estado, nos anos 1990. O currículo pleno do CSS/UFMA incorpora com críticas a nova lógica curricular das DC/1996, frente à polêmica sobre a concepção da profissão a partir da categoria trabalho, tendo participado intensamente de sua construção, na dialética do movimento particularidade/totalidade/singularidade, com o protagonismo da professora Franci Gomes Cardoso, integrante da coordenação nacional. Internamente, o debate dinâmico e intenso é entravado pelas tensões derivadas da política mercantilista da Educação Superior, que avilta as condições de trabalho docente; somadas à flexibilização e precarização do trabalho alienado; além da receptividade ao pensamento pós-moderno. Nesse período, a reforma administrativa do estado do Maranhão (1995) principal empregador de assistentes sociais, reestruturou o mercado de trabalho profissional destacadamente com o desmonte das instituições vinculadas à política agrária e rural (Pereira, 2004) e ampliação da demanda profissional na área da assistência — fortalecida nos anos 2000 com a implementação do Sistema Único de Assistência Social (SUAS), paradoxalmente na

8. Na década de 1980, o CSS/UFMA sediou também a Asociación latinoamericana de Trabajo Social — Alaets e o Centro Latinoamericano de Trabajo Social — Celats (1986/1990); antes, em 1983/1986, sediou a vice-presidência dessa entidade, funções exercidas pela professora Josefa Batista Lopes (Lopes, s/d); também participou, em 2006, com outras docentes do curso da reestruturação da Alaets, transformada em Asociación latinoamericana de enseñanza e investigación en Trabajo Social — Alaeits, cuja estrutura integrou como representante do Brasil, na gestão 2006-2009, presidida pela professora Ana Elizabete Mota, da Universidade Federal de Pernambuco. Em 2007/2008, novamente foi sede da ABEPSS, com a professora Marina Maciel Abreu na presidência. Desde os anos 1970, docentes e estudantes (desde anos 1980) integram inúmeras gestões da ABEPSS.

direção da interiorização —, reforça a histórica vinculação profissional à assistência social e, na formação tem forte peso no ensino, pesquisa/produção do conhecimento e extensão. Em meio a essas contradições foram construídas/reconstruídas mediações de luta e resistência que consubstanciam a interlocução político-acadêmica nacional e internacional a partir do lastro da graduação e pós-graduação, da pesquisa, da produção do conhecimento e publicação bibliográfica[9], em que o pensamento marxista constitui forte referência.

Assim, a consolidação da graduação e da pesquisa respalda o Departamento de Serviço Social (DESES) na criação da pós-graduação *stricto sensu*, como proponente do Mestrado em Políticas Públicas/UFMA, implantado em 1993, com o forte protagonismo da professora Maria Ozanira Silva e Silva desde a elaboração do projeto inicial e durante todo seu desenvolvimento e consolidação, hoje coordenado pela professora Maria Eunice Ferreira Damasceno Pereira. A decisão pela temática Políticas Públicas, prende-se à importância da criação de um núcleo de pós-graduação no Centro de Ciências Sociais (CCSO) a partir de um eixo temático afeto à área do Serviço Social, de grande abrangência profissional, incidência no enfrentamento da questão social no estado e regiões Norte e Nordeste e de fortalecer-se fortalecendo a UFMA. Em sua constituição interprofissional e interdepartamental tem sua base de sustentação fundamentalmente no DESES e nos departamentos de Sociologia e Antropologia, Ciências Econômicas, Direito[10] (Silva; Pereira, 2019). Após oito anos, com crescente qualificação acadêmica, esse curso se transforma em Programa de Pós-Graduação em Políticas Públicas (PPGPP), com a criação do doutorado. Está entre os melhores Programas de Pós-Graduação em desenvolvimento no Brasil, na área, tendo obtido a nota 6 (seis) nas quatro últimas avaliações

9. Base da inserção de docentes do CSS/UFMA em GTP/ABEPSS, coordenações nacionais da área nos órgãos de fomento (CNPq e Capes) em várias gestões e em comissões de especialistas da área junto ao MEC/Inep.

10. Cabe mencionar a participação na estruturação e na docência no PPGPP, professores do Departamento de Saúde Pública, e atualmente dos Departamentos de Biblioteconomia e História (Silva e Pereira, 2019).

trienais e atualmente quadrienais da Capes. Contribui efetivamente, para a formação em níveis de mestrado e doutorado de profissionais de diferentes áreas[11] numa dinâmica sintonizada às demandas da sociedade, em que se inscrevem: a realização bienal da Jornada Internacional de Políticas Pública (JOINPP) desde 2003 — importante estratégia de socialização do conhecimento, intercâmbio acadêmico e internacionalização do Programa. O intercâmbio também se efetiva através de convênios com Universidades de outros países no âmbito da pesquisa e publicação (Argentina, Uruguai, Colômbia, Portugal, França, Inglaterra, Itália, entre outros) e de cotutela (França e Itália); e, a publicação em edição semestral da *Revista de Políticas Públicas*, desde 1995 (ISSN 2178-2865), conceito A2 no Portal de periódicos Capes, além da indexação em RCAAP, SEERIBICT, VLex Brasil, REDALYC, CLASE, DOAJ; cuja consolidação deve-se ao empenho e dedicação das professoras Raimunda Nonata do Nascimento Santana e Salviana de Maria Pastor Santos Sousa como editoras.

A mercantilização da Educação Superior e a ameaça à formação profissional na direção social do projeto ético-político profissional

A expansão da formação em Serviço Social no Maranhão tem início em 2004[12], quando se desencadeia neste estado o processo de expansão do ensino superior privado, como parte do movimento de aceleração da mercantilização da Educação Superior no Brasil, através da privatização das públicas e ampliação das instituições de ensino superior privado, sob o neoliberalismo, ou seja, 51 anos após a criação do primeiro Curso de Serviço Social no estado, em 1953.

---

11. No período 2001/2019, titularam-se 226 profissionais, de 27 áreas, a maioria (61) da área do Serviço Social.

12. O marco é a criação do Instituto de Ensino Superior do Sul do Maranhão (Iesma), em 2004, com sede na cidade de Imperatriz, a segunda maior cidade e primeira do segundo polo de desenvolvimento do estado (Lima, 2019). Ver Sistema e-MEC (2021).

Esse momento de expansão da privatização da Educação Superior é também de crescimento do ensino a distância, em um contexto de recrudescimento do pensamento conservador reacionário no mundo e também no Brasil onde o neoliberalismo consolidado no governo Fernando Henrique Cardoso (1995-2003), ganhou novos contornos e novas características estruturais no período Luís Inácio Lula da Silva (2003-2011) e Dilma Rousseff (2011-2015) no mesmo sistema de acumulação. (Leher, 2020, p. 110).

Desde então o Maranhão conta com 20 Unidades de Formação Acadêmica — UFA[13] (e-MEC, 2021) em Serviço Social, em instituições de ensino superior privadas as quais, com a UFA da UFMA, atuam através do ensino presencial. Mas conta, ademais, com 36 cursos de Serviço Social oferecidos na modalidade de ensino a distância — EAD, portanto, ainda que carecendo de avanços em pesquisas sistemáticas, os dados disponíveis já nos permitem afirmar que a maioria das (os) profissionais tituladas (os) como assistente social no estado do Maranhão, como na maior parte do Brasil, obtém o diploma pela modalidade de ensino a distância[14]. A expansão, ou mesmo explosão, dos cursos de Serviço Social no estado, iniciada em 2004, ocorre a partir do governo Luís Inácio Lula da Silva e segue no governo Dilma Rousseff em um novo momento de expansão do ensino superior privado no país[15]. É importante notar que, apesar da forte intervenção do governo Fernando Henrique Cardoso nas instituições de prática das/os assistentes sociais, portanto, no mercado

13. Essa designação foi feita pela ABEPSS, no Estatuto aprovado pela Assembleia Geral da entidade, realizada em São Luís, em 05/12/2008, na Gestão 2007/2008. Traduz a mudança de concepção de Unidade de Ensino referida restritamente ao ensino de graduação, para Unidades de Formação Acadêmica para abarcar a totalidade da formação: graduação e pós-graduação na relação com a extensão, a pesquisa e a produção do conhecimento.

14. Dados do Sistema e-MEC mostram que são 163.486 vagas oferecidas para o EAD, enquanto são oferecidas 3 mil vagas para o ensino presencial. Disponível em: https://emec.mec.gov.br/emec/nova#avancada. Acesso em: 24 abr. 2021 (Lima, 2019).

15. Cabe registrar que durante esses governos também houve, no país, expansão da Educação Superior pública, com a criação de 18 universidades federais e 24 cursos de Serviço Social nas instituições de ensino público, no período de 2003 — 2016, dos quais nenhum no Maranhão (Lima, 2019).

de trabalho dos assistentes sociais, com base na profunda reforma do Estado que realizou, nenhum curso de Serviço Social foi criado, sob esse governo (e-MEC, 2021). Uma hipótese provável está relacionada à reconfiguração do mercado de trabalho dos profissionais de Serviço Social, produzindo um profundo desmonte dos tradicionais órgãos de assistência social no Brasil, das quais a Legião Brasileira de Assistência — LBA, a primeira grande e mais importante instituição nacional de assistência social e uma das maiores e mais tradicionais instituições empregadoras desses profissionais em todo o país. O governo federal passou a difundir a ideologia da solidariedade interclasses com a mediação das organizações sociais, a partir das quais se expandiram as chamadas Organizações Não Governamentais — ONGs que passaram a assumir funções que deveriam ser do Estado". (Abreu, Lopes, Santana *et al.*, 2008). Tal reconfiguração teve grande impacto em todo o país, em todas as unidades da federação e no Maranhão se expressou fortemente, como dito, destacadamente em relação as instituições controladas pelo governo estadual e vinculadas à política agrária e rural que absorviam um significativo número de assistentes sociais (Pereira, 2004) até à criação do SUAS/2005.

Instituído sob o governo Lula, o SUAS constitui-se, embora não a única determinação, mas a determinação mais imediata da expansão do ensino em Serviço Social, em ambas as modalidades, nos governos Lula e Dilma, em um processo que, hegemonizado pela privatização e pela modalidade de ensino a distância, tende a impulsionar o retrocesso na formação profissional, como totalidade de ensino, pesquisa e extensão no ambiente acadêmico universitário; particularmente se consideramos que, mesmo entre as 20 UFAS[16] criadas na modalidade presencial, no Maranhão, há uma tendência de retorno à forma de faculdades isoladas que marcou o início do Serviço Social no Brasil e superado com a incorporação dessas faculdades pelo sistema universitário federal, como mostrado antes.

16. Dessas, apenas uma UFA **é** vinculada a universidade, sete UFAS estão em Institutos ou centros universitários, enquanto doze UFAS são faculdades isoladas. Ver Sistema e-MEC (2021).

Existe já um significativo debate acadêmico-político difundido em uma vasta literatura e a partir das Instituições de organização da categoria de assistentes sociais, destacadamente a ABEPSS e o CFESS — sobre a ameaça que essa expansão representa para a formação profissional crítica em Serviço Social, considerando um certo tensionamento com o pensamento crítico de orientação marxista e o avanço do conservadorismo reacionário no mundo e em particular no Brasil, cuja restauração no Serviço Social vem metamorfoseada pelo pensamento pós-moderno[17] que certamente encontrará na expansão da formação profissional pela mercantilização do ensino, na atual fase do capitalismo com a flexibilização das relações de produção e de trabalho, um espaço aberto para sua reprodução e fortalecimento, mas certamente não é a determinação central da ameaça.

Considerações finais

Com base na análise periodizada sucinta da "formação profissional em Serviço Social no movimento da história no Maranhão", reafirma-se como grande marco, o processo de construção do projeto ético-político profissional no Brasil, do qual o Serviço Social do Maranhão participa ativamente, enquanto um movimento em permanente construção no confronto ao conservadorismo que deu origem à profissão e continua ativo, porque hegemônico, na sociedade brasileira. O golpe de Estado de 2016, fruto da rearticulação das

17. Segundo Lima (2014), o pensamento pós-moderno alastra-se nas escolas de Serviço Social orientando a reflexão imprecisa de uma realidade cada vez mais complexa. Ao invés da pesquisa e elaboração cada vez mais precisas do tempo presente, contribui fortemente para ascensão de um profissional arredio à análise econômica de maior profundidade, desconectado do universal, preso à epiderme das origens das expressões da questão social. Enfim, "distante de sua investigação mais universal, totalizante, que exige elaborações mais complexificadas e desprovidas da influência do 'espírito do tempo' que impõe uma perspectiva de abandono das utopias, sobretudo se vinculadas a um projeto de transformação da realidade que lhe é dada imediatamente" (Lima, 2014, p. 161).

forças conservadoras de direita e extrema direita, torna as condições objetivas mais complexas e ameaçadoras ao projeto ético-político do Serviço Social, destacadamente a partir da chamada "guerra cultural" instaurada desde a eleição de Jair Bolsonaro como presidente do Brasil, em 2018, que radicaliza o neoliberalismo e organiza uma tendência nazifascista contra o "marxismo" e o "comunismo", que é efetivamente contra as classes populares, as classes trabalhadoras e os direitos que conquistaram em luta histórica.

Esse processo incidente na Educação em todos os níveis afeta a formação profissional em Serviço Social, enquanto profissão vinculada às estratégias culturais das classes sociais em luta pela hegemonia e afronta o projeto pedagógico crítico emancipatório sintetizado nas Diretrizes Curriculares de 1996. Os recortes da formação profissional no Maranhão aqui demarcados expressam múltiplas mediações construídas ao longo de uma trajetória de 68 anos, cujas contradições na atualidade apontam a ameaça do retorno à formação conservadora instrumental via estratégias mercantilistas da educação aligeirada e a distância para atender demandas imediatistas do mercado de trabalho — altamente precarizado e centrado na área assistencial. O enfrentamento requisita um movimento forte de resistência na sustentação do projeto ético-político profissional em nível teórico e histórico em que se insere a defesa das Diretrizes Curriculares/1996 — movimento necessário que requer o fortalecimento das instituições de organização acadêmica e política da categoria (Abreu; Lopes, 2007, p. 14) que têm se mantido firmes na sustentação dos fundamentos do pensamento crítico na profissão, articulando-se aos movimentos popular, sindical e partidário.

Referências

ABESS/CEDEPSS. Diretrizes gerais para o Curso de Serviço Social. *Cadernos ABESS*, n. 7. São Paulo: Cortez, 1997.

ABREU, Marina Maciel; LOPES, Josefa Batista; SANTANA, Raimunda Nonata *et al. Transformações contemporâneas e o sistema de controle social nas relações campo e cidade*: trabalho, luta social e prática do Serviço Social no Maranhão. Projeto de Pesquisa. São Luís: UFMA/DESES, 2006.

ABREU, Marina Maciel; LOPES, Josefa Batista; SANTANA, Raimunda Nonata *et al*. *Transformações contemporâneas e tendências do mercado de trabalho profissional do assistente social no Maranhão*. São Luís: ABEPSS, Anais do XI NPESS, 2008.

ABREU, Marina Maciel; LOPES, Josefa Batista. Formação profissional e diretrizes curriculares. *Revista Inscrita*, Brasília: CFESS, ano VII, n. X, 2007.

BRASIL. Sistema e-MEC. *Instituições de ensino superior e cursos cadastrados*. Brasília, DF, 2021. Sem paginação. Disponível em: http://emec.mec.gov.br/emec/nova#avancada. Acesso em: 24 abr. 2021.

CARDOSO, F. G. O Serviço Social como totalidade histórica no Brasil contemporâneo. *In*: SILVA, M. L. O. (org.). *Serviço Social no Brasil* — história de resistências e de ruptura com o conservadorismo. São Paulo: Cortez, 2016.

CARDOSO, F. G. Prefácio. *In*: GONÇALVES, C. M. da C.; DESTERRO, R. (org.). *Vulnerabilidades sociais em tempo de pandemia*. Rio de Janeiro: Lumen Juris, 2020.

CARVALHO, Alba Maria P. de; BONETTI, Dilséa Adeodata; IAMAMOTO, Marilda Villela. Projeto de investigação — a formação profissional do assistente social no Brasil: determinantes históricos e perspectivas. Revista *Serviço Social & Sociedade*, n. 14, ano V, São Paulo: Cortez, 1984. p. 104-143.

CASTRO, Manuel Manrique. *História do Serviço Social na América Latina*. São Paulo: Cortez/Celats, 1987.

COSTA, Wagner Cabral. A raposa e o canguru: crises políticas e estratégia periférica no Maranhão (1945/1970). *In*: COSTA, Wagner Cabral (org.). *História do Maranhão*: novos estudos. São Luís: EDUFMA, 2004.

GRAMSCI, Antonio. *Cadernos do cárcere*. Tradução de Carlos Nelson Coutinho, Luiz Sérgio Henriques e Marco Aurélio Nogueira. Rio de Janeiro: Civilização Brasileira, 1999. v. 1.

IAMAMOTO, Marilda Villela; CARVALHO, Raul. *Relações sociais e Serviço Social no Brasil*: esboço de uma interpretação histórico-metodológica. São Paulo: Cortez; Lima: Celats, 1982.

LEHER, Roberto. Guerra Cultural e Universidade Pública. *In*: GIOLO, Jaime; LEHER, Roberto; SGUISSARDI, Valdemar (org.). *Future-se*: ataque à autonomia das instituições federais de educação superior e sua sujeição ao mercado. Ilustrações de Rafael Leme. São Carlos: Diagramação Editorial, 2020. Disponível em: http://www.diagramaeditorial.com.br/project/future-se. Acesso em: 28 out. 2021.

LIMA, Cristiana. *A formação profissional em Serviço Social nos países amazônicos da América Latina sob o neoliberalismo*: tendências no movimento de expansão e privatização do ensino superior no Brasil e na Colômbia. 2014. Tese (Doutorado em Políticas Públicas) – Programa de Pós-Graduação em Políticas Públicas, Universidade Federal do Maranhão, São Luís, 2014.

LIMA, Cristiana. *A cultura do conservadorismo na formação profissional em Serviço Social na atual fase do capitalismo*: tendências e perspectivas. Projeto de pesquisa. São Luís: UFMA, 2019.

LOPES, Josefa Batista. *50 anos do movimento de reconceituação do Serviço Social na América Latina*: da crítica ao Serviço Social tradicional à construção de uma alternativa crítica. São Luís: UFMA/GSERMS, s/d.

LOPES, Josefa Batista; ABREU, Marina Maciel; CARDOSO, Franci Gomes. O caráter pedagógico da intervenção profissional e sua relação com as lutas sociais. *In*: ABRAMIDES, Maria Beatriz; DURIGUETTO, Maria Lúcia. *Movimentos sociais e Serviço Social*: uma relação necessária. São Paulo: Cortez, 2014.

MARANHÃO. *Boletim Epidemiológico covid-19*. São Luís: Secretária de Estado de Saúde do Maranhão. Disponível em: www.ma.gov.br. Acesso em: 15 maio 2021.

MÉSZÁROS, István. *A necessidade de controle social*. São Paulo: Ensaio, 1993.

NETTO, José Paulo. *Ditadura e Serviço Social*: uma análise do Serviço Social no Brasil pós-64. São Paulo: Cortez, 1991.

OLIVEIRA, Jaime A. de Araújo; TEIXEIRA, Sonia, M. Fleury. *(Im)Previdência Social*: 60 anos de história da Previdência no Brasil. Petrópolis: Vozes, 1986.

PEREIRA, Giselly Rodrigues. *A Reforma do Estado do Maranhão e seus impactos sobre o Serviço Social*: uma análise do caso da Emater no âmbito do desmonte das instituições de política agrária. 2004. Monografia (Graduação em Serviço Social) – Curso de Serviço Social. São Luís: UFMA, 2004.

PEREIRA, Maria Eunice Ferreira Damasceno. Correspondência da Coordenação do Programa de Pós-Graduação em Políticas Públicas à Reitoria da Universidade Federal do Maranhão. (Exposição de Motivos). São Luís, 2 maio 2019.

SILVA, Maria Ozanira da Silva e. *Formação Profissional do Assistente Social*. 2. ed. São Paulo: Cortez, 1995.

WAGNER, Alfredo. *Transformações econômicas e sociais no campo maranhense*: autonomia e mobilização política dos camponeses no Maranhão. São Luís: CPT-MA, 1981. v. 5.

5

O SERVIÇO SOCIAL EM NATAL (RN)[1]

Rita de Lourdes de Lima

Introdução

O "nascimento" do Serviço Social se situa na transição do capitalismo concorrencial ao monopolista a partir das exigências deste, que, no seu processo de expansão crescente, passou a exigir profissionais capacitados para as funções de articulação da população, operando com a coerção e o consenso. A profissão se realiza na disjunção entre os que demandam seus serviços — o Estado ou Patronato — e aqueles que o recebem — os trabalhadores (Iamamoto, 1983). Desse modo, o(a) assistente social é um(a) técnico(a) cuja atuação é geralmente mediatizada pela prestação de serviços sociais em instituições que implementam políticas sociais (*ibidem*).

1. Este artigo foi publicado originalmente na revista *Serviço Social & Sociedade*, n. 85 (mar. 2006). Aqui, inserimos e atualizamos algumas informações.

Assim caracterizado, o Serviço Social, como todas as demais profissões, nasceu em conjunturas históricas que exigiam novas formas de atuação frente às necessidades sociais. No caso do Serviço Social, foi o surgimento e a agudização da "questão social"[2], que demandou a atuação de profissionais capacitados para lidar com a administração desta questão. É justamente numa conjuntura específica de exacerbação da questão social em Natal — problemas sociais advindos das secas (1930 e 1942), tomada do poder pelos comunistas (1935) e eclosão da Segunda Guerra Mundial (1939-1945), que os setores dominantes e a hierarquia católica criam o Serviço Social na referida cidade.

A conjuntura sócio-histórica do surgimento do Serviço Social em Natal

Conforme assinalamos anteriormente, a necessidade do Serviço Social em Natal passou a ser sentida pelo clero católico e pela burguesia natalense, a partir dos problemas sociais advindos das secas de 1930 e 1942, da tomada de poder pelos comunistas em 1935 e da eclosão da Segunda Guerra Mundial.

Nos anos 30 do século XX, o agravamento das condições de vida em todo o Brasil, as tendências autoritárias do Governo Federal (Getúlio Vargas — 1930-1945) e o surgimento da AIB — Ação Integralista Brasileira (defesa do Estado autoritário, Nacionalista e Anticomunista) provocaram como reação a criação, em março de 1935, da Aliança Nacional Libertadora (ANL), que defendia objetivos democráticos, nacionalistas e reformistas. A adesão popular à ANL foi intensa e núcleos foram criados em todo o país. O Governo Federal respondeu com rapidez, em julho, fechou os núcleos e iniciou enorme repressão.

2. Para uma discussão acerca da relação entre o Serviço Social e a "questão social" ver, entre outros, Iamamoto, 1998.

As facções de esquerda da ANL decidiram, então, organizar uma insurreição sob a direção de Luís Carlos Prestes. O golpe foi deflagrado em 23 de novembro de 1935 em Natal e os comunistas permaneceram no poder por 4 (quatro) dias (Alencar, 1985).

Deste modo, em Natal, instituiu-se um governo revolucionário e popular, primeiro e único governo comunista instalado no país. As tropas ocuparam também as cidades do interior do Rio Grande do Norte (RN) próximas a Natal: Ceará-Mirim, Baixa Verde (hoje, João Câmara), São José de Mipibu, Santa Cruz e Canguaretama e enviaram tropas às cidades de Mossoró e Caicó (RN) e Recife (Almeida, 1995). Contudo, o Movimento só eclodiu em Recife e Olinda no dia seguinte, e, no Rio de Janeiro, somente em 27 de novembro.

A insurreição foi facilmente sufocada pelo governo. Graças à infiltração de pessoas deste na ANL — mas também à falta de adesão das massas ao movimento e à falta de organização e despreparo dos comunistas —, o governo conseguiu precipitar o início do movimento em Natal, sem que os revoltosos dos outros estados tomassem conhecimento. O fracasso da Insurreição deu margem para um maior endurecimento do governo federal face às forças de oposição e demonstrou a necessidade de se adotarem medidas de cunho social para afastar a população do comunismo. Assim, a partir da década de 1930, o governo brasileiro adota uma série de medidas de proteção social e legislação trabalhista[3] (Alencar, 1985).

É fácil imaginar o impacto da insurreição comunista na pequena cidade de Natal. A população, em sua maioria, assistiu atônita e com medo[4] e, predominantemente católica, festejou a vitória do governo. A possibilidade concreta de os comunistas chegarem ao poder também assustou a hierarquia católica, que, preocupada com a influência

---

3. Entre as medidas adotadas nas décadas de 1930-1940 estão: a criação do Ministério do Trabalho, Indústria e Comércio, a jornada de trabalho de 8 horas, a regulamentação do trabalho das mulheres e crianças, a criação dos Institutos de Previdência (IAPs) para várias categorias profissionais, o Conselho Nacional de Serviço Social (CNSS) e o salário mínimo.

4. A hierarquia católica incutia, na população, medo dos comunistas, afirmando que eles trariam o ateísmo, o desrespeito à Igreja, a dissolução da família e a prostituição das mulheres.

comunista entre as populações mais pobres, passou a pensar medidas mais sistemáticas para assistir a população indigente que chegava, à época, a Natal.

O processo migratório para Natal, apesar de ter sido impulsionado pelas secas de 1930 e 1942, respectivamente, não mais parou de crescer. Vieram os retirantes da seca, e milhares e milhares de famílias em busca de melhores condições de trabalho e estudo para seus filhos e filhas[5]. O processo de crescimento demográfico da cidade de Natal e de esvaziamento da área rural e/ou de cidades do interior do Estado se acelerou mais ainda com o advento da Segunda Guerra Mundial (1939-1945).

Na época da referida Guerra, Natal, pela sua posição geográfica em relação à Europa, tornou-se ponto estratégico para situar a base aérea de Parnamirim[6] a serviço dos países aliados contra os países do eixo — Alemanha, Itália e Japão.

> O Rio Grande do Norte, como aconteceu desde seus dias inaugurais, sempre teve, pela sua privilegiada situação geográfica, singular importância estratégica: é a costa mais próxima da Europa, pelo roteiro da África. [...] Quando sobreveio a II Guerra Mundial, os norte-americanos logo pensaram na "atalaia" do Nordeste — e transformaram o raso tabuleiro de Parnamirim em uma grande base aérea, criando a "Ponte do Atlântico para a África" [...]. *Natal — trampolim dos aliados — transfigurou-se;* tornou-se, com a afluência súbita de militares de todos os quadrantes do mundo — norte-americanos, ingleses, franceses, russos, canadenses — uma nova Babel, e *tomou ares de metrópole, falando línguas, comendo comidas estrangeiras, progredindo em ritmo surpreendente* (Almeida, 1995, p. 160-161, citando Enciclopédia Barsa, v. 12, grifos nossos).

5. As causas do processo migratório constante no Brasil da área rural para as cidades devem ser buscadas inicialmente na nossa questão agrária e na miserabilização crescente dos homens e mulheres do campo.

6. A cidade de Parnamirim, hoje, mesmo fazendo parte da chamada "Grande Natal", é um município independente. Contudo, na década de 1940, ainda era um pequeno município ligado a Natal e sem autonomia administrativa.

Junto com a modernização e urbanização que a cidade experimentou[7], também vieram os problemas para uma pequena cidade de 30 mil habitantes, que não estava preparada para tal processo, soma-se a isso, o abandono econômico e emocional das famílias que tiveram seus pais ou filhos convocados para a guerra. Neste cenário, o Rio Grande do Norte foi mais uma vez assolado pelo fenômeno da seca (1942), aumentando o fluxo migratório do campo para a cidade. Cresceu a mendicância, o número de crianças abandonadas e a criminalidade juvenil. Terminada a guerra, desapareceram os estrangeiros, os dólares, muitos empregos cessaram, o comércio caiu drasticamente. A cidade de Natal que crescera rapidamente, de modo desordenado, não tinha como voltar à vida pacata de antes. Novos problemas e novas exigências se impunham.

Ao mesmo tempo, com o incentivo das Encíclicas papais[8] e com o agravamento da questão social no Brasil, inúmeras organizações foram criadas. Em Natal, em 1936, surgem, a partir da iniciativa do Clero e de militantes católicos, a Juventude Feminina Católica Brasileira de Natal (JFCBN), a Liga Feminina da Ação Católica para senhoras (LFAC) e o Homens da Ação Católica (HAC), a Juventude Feminina Católica (JFC) e a Juventude Masculina Católica (JMC). Foi inaugurada, ainda no ano de 1942, uma sede local da Legião Brasileira de Assistência (LBA) em Natal[9] e, por iniciativa da Igreja católica, foi criado o SERAS (Serviço Estadual de Reeducação e Assistência Social),

7. As informações a seguir acerca do surgimento do Serviço Social em Natal foram retiradas, predominantemente, de Gouveia *et al.*, 1993.

8. As Encíclicas são a "Rerum Novarum", de Leão XIII (15/05/1891) e a "Quadragesimo Anno" de Pio XI (15/05/1931) e se dedicam a discutir a questão social e a convocar os leigos a se engajarem na recristianização do mundo, através das ações sociais. Observe-se que em 15 de maio, no Brasil, também se comemora o dia do assistente social, cuja data remonta à regulamentação da profissão (15/05/1962 — regulamentação da Lei n. 3.252/1957). Contudo, não é coincidência que a regulamentação da profissão tenha se dado no mesmo dia de lançamento das duas encíclicas. Na verdade, tal fato mostra a relação e o envolvimento da profissão, naquela época, com o catolicismo.

9. A LBA foi criada, em âmbito nacional, em 1942, com o objetivo de prover as necessidades das famílias cujos chefes haviam sido convocados para a Guerra.

em 1943, visando a atender as crianças abandonadas — cresceu enormemente o número de gravidezes e crianças abandonadas em Natal junto com a chegada dos estrangeiros.

Os dirigentes destas duas instituições e o clero Norte-riograndense, preocupados com a situação de tensão social no Pós-Guerra, criaram então o Centro de Estudos Sociais (1944), com o objetivo de conhecer os problemas sociais do Estado e promover a formação de técnicos para atuarem na realidade social. A LBA-RN terá em sua primeira diretoria, a figura de Aluízio Alves[10] como Secretário, que também será diretor do SERAS e presidente do Centro de Estudos Sociais. A ideia da formação de técnicos para atuarem na questão social em Natal, foi iniciativa dele, posteriormente, encampada pelo padre Nivaldo Monte[11], à época assistente eclesiástico da JFCBN.

Assim sendo, em Natal, desde o início, sentiu-se a necessidade de preparar adequadamente profissionais para atuarem na realidade local. Isto se deu, talvez, pelo fato do Serviço Social em Natal ter nascido tanto sob a influência do Catolicismo (Neotomismo) e do Serviço Social europeu quanto do Funcionalismo norte-Americano e do Serviço Social dos Estados Unidos, mesclando, portanto, um forte apelo religioso-moral com o aspecto técnico — com o Estudo de Caso, Grupo e o Desenvolvimento de Comunidade (DC)[12]. Ressalte-se que a percepção dos profissionais da LBA, SERAS e dos membros da Ação Católica da necessidade de um profissional mais qualificado, para atuar junto aos problemas sociais que se acumulavam, foi resultante da experiência e da influência das outras Escolas já existentes no país, e isto foi determinante para a criação da Escola de Serviço Social em Natal.

10. Aluízio Alves (1921-2006) se tornará governador do RN entre 1961 e 1966, sendo cassado pelo Ato Institucional n. 5 em 1969.

11. Nivaldo Monte (1918-2006) se tornará Arcebispo de Natal entre 1967 e 1988.

12. Para uma discussão mais aprofundada a respeito das origens do Serviço Social e Neotomismo, ver Aguiar (1985) e sobre DC, ver Ammann (1997).

Os primeiros cursos e a Fundação da Escola de Serviço Social de Natal

A necessidade de profissionais mais qualificados para intervir na questão social, se deu sob os auspícios da alta burguesia natalense e do clero de Natal que, preocupados com a intensificação da questão social entre os anos 30 e 40 do século XX, encampam a ideia da urgência da criação de cursos de capacitação para profissionais aptos a lidar com os problemas sociais. Optou-se, inicialmente, pela realização de cursos intensivos para preparação das primeiras Visitadoras Sociais — assim eram chamadas na época. O primeiro curso realizou-se em 45 dias, em finais de 1942 e início de 1943, tendo 25 alunas e sendo realizado na Escola Doméstica de Natal. A programação constava de aulas sobre assistência social, alimentação, puericultura, enfermagem de socorro e economia[13]. Estes cursos iniciais foram ministrados por profissionais de outras áreas (médicos, advogados).

Já em 1944, foram concedidas as primeiras bolsas de estudo para que 2 (duas) candidatas fossem fazer um curso intensivo em São Paulo e o curso regular de Serviço Social no Rio de Janeiro, com duração de 3 anos. Desta forma, a maioria das escolas de Serviço Social do Brasil, fundadas posteriormente às de São Paulo e Rio de Janeiro, receberam influências destas duas escolas, pois foram as primeiras do Brasil, criadas em 1936 e 1937 respectivamente.

Neste sentido, por ocasião da criação da Escola de Serviço Social de Natal em 02/06/1945, o currículo adotado foi o mesmo modelo de currículo de São Paulo e Rio de Janeiro, que, por sua vez, recebiam influência direta das escolas da Europa, fortemente católicas. A Escola de Natal nem tinha regimento interno próprio, orientando-se pelos

13. Tal curso foi noticiado pelos jornais de então como o primeiro de Serviço Social que se realizava no Rio Grande do Norte, mesmo emergencialmente. O segundo curso de Visitadoras Sociais aconteceu em 1943 e já durou 6 meses, sendo 4 de estudos teóricos e 2 de estágios em Serviço Social e Enfermagem.

regimentos das escolas do Rio de Janeiro e São Paulo, com algumas adaptações (Gouveia *et al.*, 1993). Foi criada por iniciativa da Juventude Feminina Católica Brasileira de Natal (JFCBN), em convênio com a LBA, sendo a sétima escola de Serviço Social fundada no Brasil e a segunda da região Nordeste. Sua manutenção econômico-financeira ficou a cargo da LBA pelos primeiros cinco anos, mas coube à JFCBN conseguir funcionários e corpo docente apropriado.

Dessa forma, percebe-se que, nessa época, a Igreja e o Estado trabalhavam extremamente unidos no Rio Grande do Norte, ficando difícil separar as ações de cada um. D. Nivaldo Monte, assistente eclesiástico da JFCBN à época afirma:

> Nosso trabalho aqui na Diocese de Natal estava sempre muito unido aos trabalhos particulares e também do governo. Quando tomamos conhecimento do desejo da LBA de criar uma escola dentro dos mesmos parâmetros que impulsionavam a Juventude Feminina Católica, juntamos as nossas ideias e, então, surgiu a escola de Serviço Social (Gouveia *et al.*, 1993, p. 61).

Durante muitos anos, as aulas do curso foram ministradas por padres ou leigos de sólida formação moral e doutrinária católica. O seu Diretor-Presidente era automaticamente o assistente eclesiástico da Juventude Feminina Católica. As pessoas que desejavam fazer o curso deveriam apresentar, entre outras exigências, boas referências por intermédio de três pessoas idôneas e católicas. Os requisitos para a escolha do corpo docente eram: cultura, estudo e boa formação cristã.

Em seu estatuto de 1947, lê-se acerca de uma das finalidades da escola: "Difundir os princípios cristãos da Doutrina Social". Para assegurar a formação cristã e a direção filosófica dada no Curso, algumas disciplinas eram fundamentais como Religião, Doutrina Social da Igreja e Moral. Como se depreende daí, a ênfase dada no processo de formação dos assistentes sociais nas primeiras décadas de funcionamento da Escola, recai na difusão da Doutrina Social da Igreja.

O processo de institucionalização do Serviço Social em Natal

Em 1950, a Escola de Serviço Social de Natal filiou-se à UCISS (União Católica Internacional de Serviço Social), com sede na Bélgica, que influenciava as diretrizes de todas as escolas de Serviço Social Católicas, embora, ao mesmo tempo, tenha se filiado à União Pan-Americana de Serviço Social, com sede em Washington, mostrando assim que se ligava ao Catolicismo e também pela perspectiva norte-americana e suas preocupações com a competência técnica.

Em 13 de julho de 1953, com a Lei n. 1.889/53, instituiu-se o ensino de Serviço Social como de Nível Superior (regulamentada pelo Decreto n. 35.311, de 02/04/1954). Esse decreto trouxe grandes transformações na estrutura e no funcionamento da Escola. Desapareceu o cargo de Diretor-Presidente, que era ocupado por D. Nivaldo Monte, assistente eclesiástico da JFCBN[14], e passou a se exigir o Vestibular com três disciplinas: Português, História e uma língua estrangeira (Gouveia *et al.*, 1993). A esse respeito, assim se expressa Vieira (1992, p. 149):

> A regulamentação do ensino de Serviço Social se, por um lado, garantia a existência da profissão, através da institucionalização da formação profissional, por outro submetia as escolas à legislação de ensino superior, tornando o Conselho Nacional de Educação e a Diretoria de Ensino Superior, do Ministério da Educação, os órgãos decisórios máximos, quanto ao ensino de Serviço Social. Começou assim, o processo de laicização do Serviço Social: para tornar-se profissão reconhecida e regulamentada, precisou ultrapassar o caráter confessional/católico, que foi expurgado da regulamentação de ensino. Este caráter foi preservado ou não, por decisão da Escola — referenciada pela sua realidade.

14. D. Nivaldo Monte passou a ocupar, a partir de então, o cargo de consultor eclesiástico da Escola.

Em 1949, a Escola tornou-se membro efetivo da ABESS (Associação Brasileira das Escolas de Serviço Social)[15], engajando-se ainda mais nas discussões que se davam em nível nacional nas outras escolas de Serviço Social do Brasil.

> A ABESS desempenhou um papel fundamental no sentido da homogeneização de conteúdos de ensino e valorização da profissão, principalmente a partir da década seguinte, em que a ABESS iniciou uma prática — a realização de convenções, que ocorreram anualmente até 1963, a partir de quando se tornaram-se bianuais (Vieira, 1992, p. 134).

O processo de transformação da escola de Serviço Social de Natal — instituição privada mantida inicialmente pela LBA e posteriormente pela Igreja —, em instituição pública, com reconhecimento do MEC, foi semelhante ao processo vivido por outras escolas de Serviço Social do Nordeste do Brasil. Estas eram mantidas com dificuldades e existiam as discussões e lutas nacionais pelo reconhecimento do Ensino do Serviço Social como de nível superior e de agregação das escolas às Universidades Federais.

Nesse sentido, a Escola de Natal obteve seu reconhecimento junto ao MEC, como Escola de Ensino Superior em 4 de outubro de 1956 (Decreto n. 40.066)[16]. Sua agregação à Universidade do Rio Grande do Norte se deu através da Lei Estadual n. 2307, de 25/06/1958. Pelo Decreto n. 997, de 21/10/1969, foi incorporada à UFRN, passando a integrar o CCSA (Centro de Ciências Sociais Aplicadas). Com a implantação da reforma universitária, durante o Regime Ditatorial, a escola de Serviço Social transformou-se em Departamento de Serviço Social (Desso) em 1974, através da Resolução 02/74 — Consuni

15. A ABESS fundada em 1946 — atualmente ABEPSS (Associação Brasileira de Ensino e Pesquisa em Serviço Social) — tinha o objetivo de estabelecer um padrão mínimo de ensino, garantindo a qualidade da formação profissional (Vieira, 1992).

16. Os auxiliares, formados anteriormente à criação da Escola, foram amparados pela Lei n. 3.252, de 27 de agosto de 1957.

de 4 de fevereiro (UFRN/Desso, 1980). Dessa forma, foi se dando, portanto, o processo de secularização da escola entre final dos anos 1950 e durante os anos 1960, conquanto, esse processo não tenha sido consensual nas escolas de Serviço Social.

> A possibilidade de aproximação às Universidades gerou, no seio de cada escola, muito conflito interno [...]. Em vários estados, houve possibilidade de incorporação das escolas às universidades federais que foram criadas, mas, ou o bispo ou a própria congregação, que reunia todos os professores, manifestaram-se contrários, inicialmente. Foi o caso de Fortaleza, Natal, Recife, João Pessoa, Maceió e Salvador (Vieira, 1992, p. 198-199).

Assim, a escola de Natal se manteve unida à Igreja e a uma postura tradicional e conservadora, até final dos anos 1950 e primeiras décadas dos anos 1960, quando alguns setores da igreja se aproximaram de perspectivas mais críticas, iniciando, então, a construção, no seio da Igreja católica da América Latina, da Teologia da Libertação[17]. Foi a aproximação da Igreja com perspectivas de análises críticas e a conjuntura histórica da década de 1960 de questionamento ao *"status quo"* que propiciaram o processo de secularização/modernização do Serviço Social em Natal.

O processo de secularização/modernização da escola de Serviço Social de Natal

No Rio Grande do Norte, especificamente em Natal, a Igreja ainda se lembrava da experiência de 1935 e associava o período vivido na década de 1960 ao período anterior e, talvez por isso, tenha

17. Acerca da Teologia da Libertação, existem inúmeros estudos e livros, mas limito-me a remeter o leitor a um clássico da Teologia da Libertação: Boff (1982).

sido um dos estados no qual mais proliferaram iniciativas da Igreja no campo social.

> É preciso [...] nos lembrarmos de 1935. Com efeito, nesse ano [...] um clima de agitação percorria o país. Formara-se a Aliança Nacional Libertadora, cortina do Partido Comunista, [...] Luís Carlos Prestes fez desferir um golpe nitidamente comunista em Natal, no Recife, no próprio Rio de Janeiro. Com a graça de Deus e a resistência dos bravos, o golpe fracassou [...]. Bom é que se recordem estas coisas quando, nesta hora também conturbada, surgem pregoeiros dos mesmos princípios ditos nacionalistas, mas na verdade comunistas, procurando confundir a opinião pública (jornal *A ordem*, Natal, 7-8 jul. 1962, p. 1, citado por Germano, 1989, p. 34-35).

Destarte, na Igreja de Natal proliferou uma série de medidas que desenvolviam ações conjuntas de evangelização e ação Social. Este conjunto de ações foi posteriormente denominado "Movimento de Natal"[18] e ganhou projeção nacional, tendo vários programas ou ideias, posteriormente, adquirido caráter nacional, como a Campanha da Fraternidade, os Centros de Treinamento de Líderes, a Educação pelo Rádio, entre outros (Gouveia *et al.*, 1993).

O Serviço Social de Natal se engajava em todas estas ações da Igreja e tinha tais Instituições como campos de estágio e experiência profissional. Dessa forma, o processo de secularização não se deu de forma imediata, uma vez que se tinha ainda o mesmo quadro docente e este continuava com a mesma formação religiosa e cultural.

> A escola de Serviço Social de Natal vai sofrendo transformações em sua estrutura administrativa para responder às diferentes conjunturas,

18. Entre as ações assinalam-se: O Centro Social "Cônego Monte" (Escola-Ambulatório de trabalhos sociais), assistência religiosa aos presidiários, Patronato de Ponta Negra (internamento para meninos pobres), Obra de "Recuperação da Mulher", Instituto "Estevão Machado" (internamento para meninos infratores), Lar de Mães (atendimento à mãe solteira e seu filho), o Serviço de Assistência Rural (SAR) e, ligados ao SAR, semanas rurais, e a Rádio Rural (Gouveia *et al.*, 1993).

> embora permanecesse sob orientação da Igreja católica até a reformulação do currículo na década de 70. Deu-se, portanto, de forma gradual, um processo de secularização, a exemplo das demais escolas de Serviço Social surgidas à época, em todo o Brasil, [...]. (UFRN, DESSO, 2000, p. 4).

Do ponto de vista político, os anos 50-60 do século XX no RN, inscrevem-se no contexto da realidade brasileira à época, embora se constatem especificidades. No Brasil, vivia-se um período de crise política estreitamente vinculada à crise econômica: a renúncia de Jânio Quadros, o processo de posse de João Goulart, o processo de organização dos trabalhadores, o processo inflacionário crescente e o empobrecimento da população. No Nordeste brasileiro, a partir da segunda metade dos anos 50, iniciam-se as experiências das Ligas Camponesas[19], passando o Nordeste a viver um processo de intensa luta de classes. Junto com tudo isto, temos a conjuntura política vivida em Natal e no Rio Grande do Norte à época, que era muito semelhante à situação de Recife e Pernambuco[20].

Todo esse contexto de efervescência social no país e particularmente no Nordeste preocupou a Igreja católica mais tradicional. Essa movimentação também não passou despercebida aos EUA, que se preocupavam particularmente com a situação no Nordeste[21], onde temia se repetisse a experiência cubana de 1959 (Germano, 1989).

Assim, dá-se o golpe empresarial-militar de 1964. Os governos pós-64 reprimiram e tentaram apagar todas as experiências de cunho

---

19. Em 1955, *Trabalhadores do Engenho* "Galileia", em Pernambuco, fundaram a Sociedade Agrícola e Pecuária dos Trabalhadores de Pernambuco, a primeira Liga Camponesa, com o objetivo de lutar pela posse da terra e reforma agrária. Divulgadas nos encontros dos trabalhadores rurais e por violeiros e cantadores, as Ligas difundiram-se no Nordeste (Alencar, 1985).

20. No mesmo período, o Rio Grande do Norte e Pernambuco elegiam, respectivamente, Aluízio Alves e Cid Sampaio para Governadores (modernizadores), e Natal e Recife elegiam, para Prefeitos, Djalma Maranhão e Miguel Arraes (candidatos de esquerda) (Germano, 1989).

21. Iniciativas importantes na área de alfabetização se dão em Natal e no RN. Em Natal se dá o projeto "De pé no chão também se aprende a ler". O Projeto de Alfabetização pelo método "Paulo Freire" funcionou pioneiramente na cidade de Angicos, interior do RN, e, em Natal, pelo período de um ano, em 1963. (Cf. Germano, 1989).

popular engendradas no país e, particularmente, no Nordeste e buscou promover reformas em todas as áreas sociais, tentando afastar a população da experiência comunista.

O governo terá, entre suas preocupações principais, a reforma do sistema de educação no Brasil, que o regime considera que se tornou subversiva e comunista. De fato, o clima nas escolas e universidades é, nessa época, de questionamento às fórmulas tradicionais e de busca de novos caminhos. Neste contexto se dará o Movimento de Reconceituação do Serviço Social na América Latina (1965-1975)[22], que abalou as estruturas tradicionais do Serviço Social no Brasil, questionando sua função social, a adequação dos conteúdos ministrados em sala de aula à realidade latino-americana e permitindo aos poucos a aproximação com as vertentes marxistas.

O Serviço Social em Natal no pós-64

Apesar da força do Movimento de Reconceituação no continente latino-americano, a conjuntura política do Brasil, a partir de 1964, não permitia experiências neste sentido. O Serviço Social em Natal, mais uma vez, retrocedeu, e aproximou-se de vertentes modernizadoras e acriticas[23].

---

22. Acerca do Movimento de Reconceituação e dos caminhos tomados pelo Serviço Social no Brasil no pós-64, ver, especialmente, Netto, 1991. Importante assinalar também, acerca do Serviço Social no RN, que, em 1965, foi criado outro curso de Serviço, oferecido pela Faculdade de Serviço Social (Fasso), na cidade de Mossoró (Decreto Municipal n. 01/65). Posteriormente, a Fasso se agrega à Universidade do Estado do Rio Grande do Norte (UERN), criada em 1968 (Lei Municipal n. 20/68). Desde 2014, também oferece regularmente o curso de Mestrado Acadêmico em Serviço Social e Direitos Sociais (PPGSSDS). Disponível em: http://portal.uern.br/historia/ http://propeg.uern.br/ppgssd/. Acesso em: 28 out. 2021.

23. Esta tendência modernizadora se expressou no Currículo do Curso de Serviço Social, aprovado conforme o Parecer n. 242/70, de 13 de março de 1970, e homologado pelo Conselho Federal de Educação (CFE).

Contudo, a partir de finais da década de 1970 e início de 1980[24], frente a problemas detectados na formação profissional, o Departamento de Serviço Social de Natal vai acompanhando todas as discussões nacionais realizadas no âmbito da ABESS[25] e implementando uma série de modificações por dentro do antigo Currículo.

A atenção constante à conjuntura nacional, mundial e às demandas cotidianas da profissão, colocam a necessidade de permanente aprimoramento. Desse modo, nos anos 1990, o Serviço Social brasileiro aprova o seu projeto ético-político (PEP)[26] e com ele as Diretrizes Gerais Curriculares para o curso de Serviço Social, que se torna a baliza fundamental para os projetos pedagógicos dos cursos, desde então[27].

No ano de 2000, também se deu a criação do Mestrado em Serviço Social, na UFRN[28]. Do nosso ponto de vista, cria-se um novo patamar no ensino de Serviço Social no RN. Ao longo de 16 anos, o

---

24. Mesmo com a repressão política e o cerceamento das liberdades democráticas e com um currículo amarrado a uma formação técnica, a partir de meados dos anos 1970, o país começou um processo de reorganização das forças populares e dos movimentos sociais. A partir de então, inicia-se o processo de "abertura", que será uma transição lenta e gradual, comandada pelos militares e que conduziu o primeiro civil à presidência do Brasil. Depois de 20 anos, foram escolhidos, pelo Congresso Nacional, Tancredo Neves e, como Vice, José Sarney. Com a morte de Tancredo Neves, José Sarney assumiu a Presidência do Brasil (1985-1990).

25. O processo de redemocratização do país trouxe a necessidade de se repensar novamente o currículo dos Cursos de Serviço Social. A partir de 1975, a ABESS começou um processo de discussão sobre o currículo e as escolas do Nordeste iniciam, em 1978, uma pesquisa sobre a Prática do Serviço Social, denominada "Pesquisa Nordeste", que é concluída no início dos anos 1980. Em 1979, é aprovado o novo Currículo Mínimo para o curso de Serviço Social, durante a XXI Convenção Nacional da ABESS, realizada em Natal. O reconhecimento junto ao Conselho Federal de Educação ocorreu em 23 de setembro de 1982, e foi implantado em Natal em 1985 (UFRN/DESSO, 1984).

26. Expresso no Código de Ética Profissional (Resolução CFESS n. 273/93), na nova Lei de Regulamentação da Profissão (Lei n. 8.662/93), e nas Diretrizes Gerais Curriculares para o Curso de Serviço Social, aprovadas na XXIX Convenção Nacional da ABESS, em 1995, em Recife.

27. Em 2019, no DESSO/UFRN foi implantado um novo projeto pedagógico do curso de graduação, atualizando conteúdos e mantendo os mesmos princípios das Diretrizes Curriculares de 1995. Disponível em: file:///C:/Users/ritap/Downloads/PPC_SERVIO_SOCIAL.pdf. Acesso em: 28 out. 2021.

28. A primeira turma ingressante no Mestrado teve 12 alunos e sua primeira defesa foi realizada em fevereiro de 2003. Até maio de 2021, o PPGSS formou 207 mestres. Fonte: Secretaria do PPGSS/UFRN.

corpo docente do DESSO, apesar das dificuldades, fez um esforço de consolidação do Programa e, em 2016, foi criado também o doutorado em Serviço Social, tornando-se o segundo curso de doutorado em Serviço Social no Nordeste[29].

Assim sendo, o Serviço Social em Natal hoje é resultado do processo de discussão e amadurecimento da profissão ao longo desses anos. Um aprendizado que obrigou o Serviço Social a estar mais atento à realidade local, a colocar-se ao/do lado da população com quem trabalha, a descobrir a importância do debate e das discussões e a se abrir às contribuições de perspectivas teóricas diversas, estando atento, contudo, a direção social da profissão.

Considerações finais

O Serviço Social de Natal, nos seus 76 (setenta e seis) anos de existência, trilhou um longo caminho desde seu nascimento, ligado à Igreja católica, até o processo de institucionalização e secularização iniciado nos anos 1960 e só concluído nos anos 1970. Após o processo de secularização, já nos anos 1980, iniciou um processo de questionamento as suas bases teóricas e aproximou-se de vertentes críticas e marxistas, que lhe propiciaram o desvelamento de seu significado social. A partir do século XXI, amadurece a proposta de formação a nível de pós-graduação, com a criação do mestrado, em 2000, e do doutorado em 2016. Frente a isto, o Serviço Social em Natal se redimensionou, cresceu e se consolidou.

Nesse sentido, o Serviço Social hoje, através do corpo docente do Departamento e da Pós-Graduação em Serviço Social da UFRN, busca

29. A primeira turma ingressante no Doutorado teve 08 alunos e teve sua primeira defesa realizada em 25/01/2019. Entre 2016 e 2021 foram 31 ingressantes. Até maio de 2021, o PPGSS formou sete doutores. Fonte: Secretaria do PPGSS/UFRN.

um caminho que, respondendo de forma competente às demandas legítimas dos setores pauperizados da sociedade, através da prestação de serviços sociais, tenta assegurar os direitos dos usuários dos serviços. Nesse sentido, busca nortear a formação profissional, a partir dos princípios defendidos pelo projeto ético-político profissional, se esforçando para que, cada vez mais, os profissionais assumam este projeto e o defendam no seu cotidiano profissional.

Referências

AGUIAR, Antonio Geraldo de. *Serviço Social e Filosofia*: das origens a Araxá. 3. ed. São Paulo: Cortez; Piracicaba: Universidade Metodista de Piracicaba, 1985.

ALENCAR, Francisco; RAMALHO, Lúcia Carpi; RIBEIRO, Marcus Venício Toledo. *História da Sociedade Brasileira*: 2º Grau. 2. ed. Rio de Janeiro: Ao Livro Técnico, 1985.

ALMEIDA, Raimunda; CASTRO, Maria das Neves Gurgel de O. *Geografia/História*: Rio Grande do Norte. São Paulo: FTD, 1995.

AMMANN, Safira Bezerra. *Ideologia do desenvolvimento de comunidade no Brasil.* 9. ed. São Paulo: Cortez, 1997.

BOFF, Leonardo. *Igreja*: carisma e poder – Ensaios de Eclesiologia Militante. 3. ed. Petrópolis: Vozes, 1982.

GERMANO, José Willington. *Lendo e aprendendo*: a campanha de pé no chão. São Paulo: Autores Associados: Cortez, 1989.

GOUVEIA, Eliezer Camilo; CAVALCANTI, Maria Crinaura D.; CARDOSO, Maria Ilmar D. B.; MIRANDA, Maria de Lourdes. *Memória da Escola de Serviço Social de Natal*: 1945-1955. Natal: Editora Universitária da UFRN, 1993.

IAMAMOTO, Marilda V. *Relações Sociais e Serviço Social no Brasil*: esboço de uma interpretação histórico-metodológica. 2. ed. São Paulo: Cortez; Lima: Celats, 1983.

IAMAMOTO, Marilda V. *O Serviço Social na Contemporaneidade*: trabalho e formação profissional. São Paulo: Cortez, 1998.

NETTO, José Paulo. *Ditadura e Serviço Social*: uma análise do Serviço Social no Brasil pós-64. São Paulo: Cortez, 1991.

UNIVERSIDADE FEDERAL DO RIO GRANDE DO NORTE (UFRN) — DEPARTAMENTO DE SERVIÇO SOCIAL (DESSO) — *Plano de Ação Departamental* 80.2/81.1. Natal/RN, julho de 1980.

UNIVERSIDADE FEDERAL DO RIO GRANDE DO NORTE (UFRN) — DEPARTAMENTO DE SERVIÇO SOCIAL (DESSO) — *Projeto Pedagógico do Curso de Serviço Social.* Natal/RN, ago. de 2000.

VIEIRA, Ana Cristina de Souza. *Ensino de Serviço Social no Nordeste*: entre a Igreja e o Estado. 1992. Tese (Doutorado em Serviço Social) - Faculdade de Ciências Sociais. Pontifícia Universidade Católica de São Paulo, São Paulo, 1992.

6

TRAJETÓRIA DO SERVIÇO SOCIAL NA PARAÍBA

Bernadete de Lourdes Figueiredo de Almeida

Entre a dimensão conservadora e a crítica da racionalidade capitalista

Historicamente, as bases da materialidade do Serviço Social brasileiro derivam da racionalidade capitalista, consolidada no período dos "30 anos gloriosos", no enfrentamento das inflexões da crise de 1929 e da Segunda Guerra Mundial de modo a garantir consensualmente a ampliação da produção capitalista e da reprodução social, mitigando as lutas entre capital e trabalho.

O surgimento do Serviço Social como profissão no Brasil dimana do conjunto de processos econômicos, socioculturais e ideopolíticos tecido na Era Vargas (1930-1945), mesmo precedido dos "30 anos gloriosos", assegura as bases de sustentabilidade do Estado no contexto do capitalismo monopolista mediante o discurso desenvolvimentista e as respostas forjadas pelo bloco dominante (Igreja, Patronato e Estado) no atendimento das manifestações da "questão social".

Em outros termos, a racionalidade capitalista expressa-se no Serviço Social em torno de duas ordens ideológicas diametralmente antagônicas, mas que se amalgamam através do conservadorismo de ambas: a Doutrina Social da Igreja, oriunda do pensamento social antimoderno de recorte neotomista[1] e a dinâmica da ordem monopólica, de cunho desenvolvimentista.

Se, de um lado, a Igreja católica envereda para o campo da intervenção na vida social, assumindo a função conciliadora necessária à estabilidade do novo regime político que se instaura com Getúlio Vargas (1930/1945); do outro, o Estado necessita de apoio da força disciplinadora da Igreja para controlar a "questão social", que ameaça o desenvolvimento do processo capitalista de produção industrial.

Com efeito, a materialidade conservadora do Serviço Social constrói-se no sincretismo entre o ideário neotomista (o humanismo integral) e desenvolvimentista (política econômica com participação ativa do Estado) no enfrentamento da "questão social". Destarte, a relação de interesses das classes e frações das classes dominantes — aproximando os laços entre a Igreja católica e o Estado — processa-se na intervenção conservadora sobre a "questão social", uma vez que o enfrentamento dessa questão não era monopólio do Estado.

Na década de 1950, surgem as primeiras escolas de Serviço Social na Paraíba: a de João Pessoa, criada em 1951 e a de Campina Grande, em 1957. A Escola de Serviço Social de João Pessoa (ESS/JP) institui-se na 2ª conjuntura político-econômica varguista (1950-1954), quando a "questão social" adquire novos contornos para além do contexto

1. Expressa o anti-iluminismo, ao se voltar, na verdade, contra o *projeto* racionalista e deísta, e igualmente contra a "onipotência da razão". A direção antimoderna é assumida na Doutrina Social da Igreja católica, no final do século XIX, por se contrapor à "[...] emancipação de tudo aquilo que antepõe um dever absoluto ou ao menos incontornável: Deus, natureza e passado" (Moraes, 2019, p. 1). No século XX, o filósofo neotomista Jacques Maritain (1882-1973), de grande aceitação no Brasil e na formação do período doutrinário do Assistente Social, escreveu a obra intitulada *Antimoderno; renascimento do mundo e liberdade intelectual* (1922), e foi autor da obra *Humanismo Integral* (1936) em crítica à modernidade.

industrial urbano, advindos de problemas estruturais inerentes à crônica condição de pobreza e miséria nordestinas.

A ESS/JP tem origem confessional, vinculada à Igreja católica, mais precisamente à "Congregação das Irmãs Missionárias de Jesus Crucificado", reconhecida juridicamente como a Sociedade Feminina de Instrução e Caridade.[2] A fundação da Escola agrega "[...] os interesses dominantes, ao intervir sobre problemas sociais locais, expressos na relação entre Estado e Igreja, durante o governo de José Américo de Almeida (1951-1956)" (Peixoto, 1994, p. 25).

Ainda que a ESS/JP tenha sido criada em 1951, a inauguração só acontece em 19 de março de 1952, cujo 1º semestre inicia em 21 de março do referido ano. Na época, essa Escola torna-se a 5ª no Nordeste, antecedida por Pernambuco (1940), Natal e Salvador (1945) e Fortaleza (1950).

Todos os jornais paraibanos da época noticiam a criação da ESS/JP, confirmando a legitimidade social alcançada. Segundo o Jornal *O Norte* (30.12.1952 *apud* Peixoto, 1994, p. 31): "A Escola de Serviço Social nasceu destinada a trabalhar no reajustamento social, sendo que esse trabalho só se tornou possível, graças ao altruísmo governamental de estadistas cristãos".

A legitimidade social da Escola, atribuída ao apoio incondicional de diversos segmentos da sociedade paraibana, principalmente das frações das classes dirigentes, deriva da formação profissional do assistente social de "[...] contribuir para a manutenção do *status quo*, ao reforçar, no cotidiano das classes subalternizadas, o discurso do reajustamento social" (*Ib., Id.*, p. 37).

Nesse período, o ideal doutrinário cristão que embasa a formação do assistente social é influenciado pela ideologia burguesa em crise, ao forjar estratégias de "restauração social" diante das manifestações emergentes da "questão social". Segundo Castro (1984, p. 162), "[...]

2. Atualmente, é uma organização não governamental em âmbito nacional, com sede na cidade de Campinas-SP.

técnicos capacitados (assistentes sociais) para intervir politicamente no controle da problemática social, oriunda do embate entre forças dominantes e forças subalternizadas, característico das relações contraditórias das sociedades capitalistas".

Com a aprovação da Lei n. 3.835, de 13 de dezembro de 1960, a Universidade da Paraíba é federalizada. Dentre as faculdades e escolas agregadas a essa Universidade está a de Serviço Social, nominada de Escola de Serviço Social da Paraíba.

Em Campina Grande, a Escola de Serviço Social, fundada pelas Irmãs de Caridade da Sociedade São Vicente de Paula, no dia 16 de julho de 1957, é oficializada pelo Ministério da Educação e Cultura em 5 de dezembro de 1959, iniciando as atividades acadêmicas no ano seguinte.

> A Associação de São Vicente de Paula Província do Norte foi a entidade formalmente responsável pela Faculdade de Serviço Social, sendo sua mantenedora desde sua criação até a inserção na Universidade Regional do Nordeste (URNE), em 1966 (UEPB, 2014, p. 1).

O Curso de Serviço Social de Campina Grande é o segundo criado na Paraíba e um dos 28 existentes no país até o final da década de 1950. Destaca-se, na época, "[...] como a única faculdade de Serviço Social do Nordeste situada fora de uma capital, evidenciando o pioneirismo do município e a sua importância no contexto regional" *(Ib., Id.)*.

No período da fundação das primeiras Escolas de Serviço Social no Brasil, os cursos não são oficialmente reconhecidos como de nível superior, feito só alcançado mediante a aprovação da Lei n. 1.889, de 13 de junho de 1953, e regulamentada pelo Decreto n. 35.311, de 2 de abril de 1954.

O reconhecimento da ESS/JP pelo Governo Federal, enquanto instituição de ensino superior transcorre no dia 8 de junho de 1956, mediante Decreto n. 39.332, publicado no *Diário Oficial da União* de 14 de junho de 1956. Registra-se que mesmo não reconhecida, a ESS/JP filia-se à Associação Brasileira de Escolas de Serviço Social[3] (ABESS), em julho de 1954; e a Escola diploma a sua primeira turma em 1956, composta por treze alunas (ESS/JP, Arquivo, 1994).

Nos anos seguintes, marcados pelo governo de Juscelino Kubitschek (1955-1960), a formação do assistente social aproxima-se mais do discurso desenvolvimentista. No caso do Nordeste, "[...] esse discurso adquiriu uma forte conotação de 'saída da miséria, com prosperidade e com ordem', no sentido de diminuir as desigualdades regionais" (Peixoto, 1994, p. 47).

Contudo, conforme assevera essa autora (*Ib., Id.*, p. 76), "[...] a estratégia desenvolvimentista-reformista permaneceu apenas ao nível das intenções, visto que se deu a renúncia de Jânio Quadros [...]", com pouco mais de 6 meses na Presidência da República (de 31/01 a 25 de agosto de 1961). Em 8 de setembro de 1961, assume o seu vice João Goulart, que permanece na Presidência até 1 de abril de 1964, quando é instaurado o golpe de Estado.

O governo de Goulart dá continuidade à estratégia desenvolvimentista, de cunho nacionalista e reformista, aproximando-se mais do ideário varguista do que janista, sobretudo, por reservar ao capital estrangeiro uma posição secundária; reforçar o nacionalismo econômico e a política social que favorecem a classe trabalhadora, além da defesa das reformas de base.

Entre os anos 1950 e 1960, o contexto desenvolvimentista-reformista impulsiona os movimentos políticos na sociedade brasileira. A partir de 1955, ressurgem as Ligas Camponesas no Nordeste, enquanto movimento camponês. Na Paraíba, o núcleo de Sapé foi um dos mais expressivos, chega a congregar mais de dez mil membros. Esse movimento possuía objetivos básicos: reforma agrária e a posse da terra. Com o golpe de 1964, o movimento foi desarticulado, proscrito, seus líderes exilados, presos e assassinados (Gaspar, 2009).

3. Depois denominada de Associação Brasileira de Ensino de Serviço Social (ABESS) e, atualmente, Associação Brasileira de Ensino e Pesquisa em Serviço Social (ABEPSS).

Essa efervescência política desencadeia um processo de negação das bases da materialidade conservadora no Serviço Social, inaugurando o processo crítico em nível nacional, denominado de *"erosão ao Serviço Social tradicional"* (Netto, 1991), especialmente organizado pelo movimento estudantil.

No processo de ebulição desse movimento na ESS/JP, surge a necessidade de empreender uma reforma curricular da formação profissional do assistente social que possa expressar, de fato, as demandas oriundas da realidade rural e urbana do estado paraibano, inclusive com a proposta de criação do Serviço Social Rural mediante a formação de campos de estágio supervisionado. Essa reação das alunas[4] emana, sobretudo, da efervescência política derivada da militância no movimento estudantil e da participação ativa na JUC (Juventude Universitária Católica), cuja preocupação era a discussão das expressões da questão social (ESS/JP, Arquivo, 1994).

Essa movimentação política, no período pré-1964, se espraia e inspira sobremaneira a formação do assistente social no país. Entretanto, o "processo de erosão ao Serviço Social tradicional" é abortado em face do golpe de Estado de 1964. Embora desenvolvido em um período curto — entre fins dos anos 1950 ao início de 1964 —, esse processo consegue imprimir as bases preliminares da crítica social, instaurando o "movimento de renovação" do Serviço Social, todavia as bases críticas só viriam a ser retomadas mais tarde, ganhando uma dinâmica mais intensa, precisamente, em meados dos anos de 1970.

Em razão do "golpe de Abril", suscita um processo de arrefecimento dos movimentos políticos e a sociedade brasileira é marcada por tempos obscuros de delação, perseguição, prisão, desaparecimento e morte de pessoas que lideravam ou participavam dos movimentos contestatórios. A ESS/JP é também palco de episódios de ameaça e intimidação, conforme trecho de uma entrevista, registrado na Dissertação de Peixoto (1994, p. 90), a seguir:

---

4. A utilização da palavra *alunas* no feminino ocorre porque durante os 21 anos de existência, a ESS/JP não formou assistentes sociais do sexo masculino.

> *A Escola era atuante, mas as alunas politicamente avançaram mais, de modo que a Direção da Escola teve sérias implicações e foi chamada a depor, por várias vezes, na Polícia Federal e no 1º Grupamento de Engenharia. Tivemos alunas que foram presas, outras se evadiram e nunca mais voltaram. A Escola viveu muitos momentos dramáticos! [...] Várias vezes, a Escola foi visitada por policiais e também a Direção foi convocada a depor. E quem ia sempre era a Madre [Maria Franklin — a diretora]. Alguns professores também foram chamados, principalmente por conta da militância das alunas.*

Com a decretação do AI-5, em 13 de dezembro de 1968, no governo do general Costa e Silva, os movimentos políticos de esquerda perdem seu fulgor — uns se extinguem e outros entram na clandestinidade. O período que se sucede, demarca a face mais repressiva da ditadura militar, conhecida como os "anos de chumbo". A ideologia desenvolvimentista do regime militar apresenta conotação diversa da até então vigente, concebida como crescimento econômico e associada à doutrina da Segurança Nacional.

Nesse período, a face contestatória do "movimento de renovação" do Serviço Social brasileiro arrefece e transfere-se para países da América Latina que passam a discutir o Serviço Social em uma perspectiva revolucionária ou crítica sob a denominação de "Reconceituação do Serviço Social", enquanto processo de ruptura ao tradicionalismo profissional e baseado na luta por transformações na estrutura da sociedade capitalista.

Em razão da ditadura militar, o Serviço Social adquire uma perspectiva de "renovação modernizadora" que, de acordo com Netto (1991, p. 154), significa

> [...] um esforço no sentido de adequar o Serviço Social, enquanto instrumento de intervenção, inserido no arsenal de técnicas sociais, operacionalizado no marco de estratégias de desenvolvimento capitalista, [adequado] às exigências postas pelos processos sociopolíticos emergentes no pós-64.

A perspectiva modernizadora do Serviço Social brasileiro fundamenta-se no pensamento advindo da Modernidade de cariz conservador por se vincular aos interesses do Estado autoritário-burocrático. Fincada no discurso desenvolvimentista, e, materializada na teoria estrutural-funcionalista, a perspectiva modernizadora confere à formação profissional do assistente social um caráter técnico, por assumir a postura de racionalidade burocrático-administrativa para atender aos interesses da autocracia burguesa. Assim, os traços tradicionais da formação profissional de cunho doutrinário antimoderno são deslocados e substituídos por procedimentos racionais-funcionais.

Nos marcos desenvolvimentistas, implementa-se o método de Desenvolvimento de Comunidade sob inspiração modernizadora, materializada na racionalidade da planificação estatal. Nesse contexto, a ESS/JP celebra convênios com a Superintendência de Desenvolvimento Regional do Nordeste (Sudene) através da Divisão de Ação Comunitária, criada em 1965, com finalidade de: "[...] promover a integração e a participação ativa de comunidades nordestinas nos programas e projetos de planejamento regional" (Ammann, 1980, p. 113).

Segundo Peixoto (1994, p. 141), "[...] a Escola coloca os seus serviços à disposição do Estado, sem uma intermediação de cunho caritativo, assistencial, mas de caráter técnico". Ao assumir a formação laica, a Escola se alia aos interesses dominantes, até então dissimulados pela Doutrina Cristã.

Ademais, em nível nacional, desencadeia o processo de federalização da formação profissional dos assistentes sociais, incorporada pelas universidades federais, excetuando São Paulo. Esse processo de federalização acentua a laicização do Serviço Social brasileiro, uma vez que as Escolas e Faculdades de Serviço Social são gradativamente desligadas da sua origem cristã católica e se vinculam aos interesses da autocracia burguesa, representada pelo Estado autoritário-tecnocrata dos governos militares.

A incorporação do Curso de Serviço Social de Campina Grande no âmbito universitário integra o processo de criação da Universidade

Regional do Nordeste (URNE) em 1966, constituída por iniciativa da Prefeitura Municipal (Macedo, 2014).

> Dessa incorporação, tem-se um dado relevante para o processo de laicização do Serviço Social: trata-se da mudança no tipo de vínculo empregatício estabelecido entre os professores e a instituição. Na fase de influência cristã esse vínculo era baseado no voluntarismo, quando da inserção na URNE, este passa a ser remunerado. Outro elemento marcante para esse processo são as alterações feitas no currículo do curso: há uma aproximação maior com outras disciplinas sociais e um distanciamento daquelas cujas nomenclaturas traduzem claramente a tradição apostolar: cultura religiosa e Doutrina Social da Igreja (*Ib., Id.*, p. 268).

A ESS/JP não é federalizada, mas sim a formação do assistente social, uma vez que essa Escola possuía um vínculo institucional de "agregada" à Universidade Federal da Paraíba. Nesse entendimento, em 1969[5], acorda-se entre as partes interessadas (ESS/JP e UFPB) a extinção gradativa do Curso de Serviço Social e da Escola através de um processo polêmico e traumático. A extinção da ESS/JP acontece em dezembro de 1972, mas com a entrada da 1ª turma de alunas de Serviço Social no âmbito da UFPB em 1970.

Nessas circunstâncias, não há interrupção na formação acadêmica, porque a Escola encerra as suas atividades com a colação de grau das últimas assistentes sociais, formadas por ela em 1972, e, no ano seguinte (1973), forma-se a 1ª turma de assistentes sociais pela UFPB.

Nos últimos anos que antecedem a extinção da ESS/JP, a formação das assistentes sociais embasa-se densamente na perspectiva

---

5. Em 17 de outubro de 1969, em João Pessoa, o então reitor da UFPB, Dr. Guilhardo Martins, homologa, como Presidente do Consuni, a criação do Curso de Serviço Social, através da Resolução n. 08/69, vinculado ao Instituto de Filosofia e Ciências Humanas. A primeira coordenadora do curso passa a ser a madre Maria Franklin de Andrade, a primeira e única diretora da Escola de Serviço Social (1951/1972).

modernizadora-desenvolvimentista, ao adotar como referência os Documentos de Araxá e Teresópolis, marcos teórico-metodológicos do Serviço Social dessa época.

Em 1978, pela Lei n. 4.977 a URNE, na qual se vinculava o Curso de Serviço Social de Campina Grande, é estadualizada, dando lugar à Universidade Estadual da Paraíba (UEPB).

A formação dos assistentes sociais nas universidades públicas abre-se para novas expectativas no sentido de ampliar a dimensão teórico-metodológica e ideo-política, uma vez que essa formação sai do isolacionismo em que as extintas Escolas de Serviço Social viviam, limitadas aos espaços confessionais.

A "perspectiva modernizadora" permanece vigente no Serviço Social brasileiro até meados dos anos de 1970, quando então, a "[...] crise de autocracia burguesa vai proporcionar as condições para que, a partir do segundo lustro da década de setenta se reduza progressivamente a polarização intelectual que exerceu [...]" (Netto, 1991, p. 156)

Em meados dos anos de 1970 — quando se forma a 3ª turma do Curso de Serviço Social da UFPB — eclode e recrudesce nova movimentação política da sociedade brasileira, chamada de "processo de redemocratização" que se estende aos anos de 1980. No Serviço Social, essa conjuntura vai ascender o movimento de ruptura às bases da materialidade conservadora.

Essa ruptura se efetiva no Serviço Social à luz do legado marxiano e de contribuições marxistas a partir da construção de uma nova materialidade. Nesses termos, o Serviço Social afirma suas bases da materialidade moderna da razão dialética, forjada no projeto societal emancipatório humano.

A Resolução n. 202/77 do Consuni/UFPB dispõe sobre a criação do Mestrado em Serviço Social da UFPB, sendo implantado no 2º semestre de 1978. Constitui-se o primeiro Mestrado em Serviço Social do Nordeste e o quinto no país, posterior ao da PUC-SP (1971), PUC-Rio (1972), UFRJ (1976) e PUC-RS (1977), todos fundados nos anos de 1970.

Em pleno período acentuadamente repressivo da ditadura militar, o MSS/UFPB apresenta uma proposta de curso politicamente avançada na perspectiva da defesa democrática, embora os demais Mestrados criados na mesma década, guardassem ainda aproximações ideológicas com o caráter modernizador, que influenciou o Serviço Social entre os anos de 1960/1970.

A influência da dinâmica societal dos anos 1980 produz, no Serviço Social, a necessidade de proceder nova reforma curricular, coordenada pela então Associação Brasileira de Ensino de Serviço Social (ABESS) e aprovada pelo Conselho Federal de Educação, em 1982. Mesmo que o país ainda permanecesse sob a ditadura militar, o novo currículo de Serviço Social vem afirmar "[...] uma proposta que visava formar profissionais com competência teórica, política e técnica, capazes de formularem respostas às demandas sociais que estivessem em consonância com o projeto societário da classe trabalhadora". (Castro; Toledo, 2011, p. 1) A implantação do novo currículo do Curso de Serviço Social da UFPB acontece em 1987 a partir do significado social da profissão no contexto da divisão social e técnica do trabalho.

Essa vinculação assenta-se na compreensão crítica da profissão de Serviço Social como reguladora das relações sociais que são historicamente estabelecidas, e, que, portanto, vislumbra a necessidade de ter como referência fundamental do novo projeto de formação profissional: a realidade social. Baseia-se nos seguintes aspectos, dentre outros: no conhecimento científico e teórico-metodológico calcado no referencial crítico marxista; e na formação de um projeto profissional com direção social definida, articulada (teórica e praticamente) com os projetos da classe trabalhadora.

Nos anos de 1990, registram-se três referências relevantes para a profissão: a reformulação do Código de Ética (1993), a aprovação da Lei n. 8.662, de 7 de junho de 1993 que regulamenta a profissão de assistente social em todo o território nacional; e a elaboração das Diretrizes Gerais dos Cursos de Serviço Social pela ABESS, em 1996. Logo a seguir, em 2001, são aprovadas as Diretrizes Curriculares para os Cursos de Bacharelado em Serviço Social, pelo Conselho Nacional de Educação (CNE).

À luz das Diretrizes Gerais da ABESS (1996), o Projeto Político Pedagógico do Curso de Bacharelado em Serviço Social da UFPB foi aprovado em 2006. Em fins dos anos 2000, diante do processo de expansão do ensino superior público via programa de Reestruturação e Expansão das Universidades Federais (Reuni), foi criado o Curso de Bacharelado em Serviço Social na Universidade Federal de Campina Grande (UFCG), na cidade de Sousa, região do alto sertão paraibano. A elaboração do Projeto Político Pedagógico desse Curso também se inspira nas referidas Diretrizes da ABESS (1996).

Considerações finais

Em julho de 2011, a Universidade Estadual da Paraíba encaminha à Capes a proposta de criação do Programa de Pós-Graduação em Serviço Social, em nível de mestrado acadêmico, aprovado na Reunião do Conselho Técnico Científico da Educação Superior (CTC-ES), realizada em abril de 2012.

A partir dos anos 2000, a realidade paraibana de expansão dos Cursos de Bacharelado em Serviço Social nas três instituições públicas (Universidade Federal da Paraíba, Universidade Estadual da Paraíba e Universidade Federal de Campina Grande) concretiza-se mediante a ampliação de matrículas que atingem cerca de mil alunos por ano, afora o número de alunos matriculados nos 10 cursos presenciais e de educação a distância de instituições de ensino superior privadas, o que totaliza em torno de 4 mil alunos matriculados por ano, em um dos menores e mais pobres estados brasileiros.

As inflexões decorrentes desse processo expansionista, sobretudo de racionalidade mercadológica para a formação profissional em Serviço Social, apontam para a materialidade neoconservadora de negação da direção social crítica na perspectiva da totalidade histórico-materialista.

Essa materialidade neoconservadora "funcional à lógica cultural do tardo-capitalismo" (Netto, 2012) busca desenhar um novo padrão societal, fundado no relativismo, imediaticidade, fragmentação, volatilidade, pluralidades, flexibilização, diversidades, semiologização e representação da realidade que provocam a perda ou afastamento da categoria de totalidade e universalidade, incidindo em processos de rupturas aos vetores críticos do Programa de Modernidade. Trata-se do movimento pós-moderno que se expressa na crise da Razão, na crise da Modernidade, mais especificamente na crise do Marxismo.

O Serviço Social, enquanto profissão, que se insere teórica e metodologicamente no pensamento social, derivado do Projeto de Modernidade — da racionalidade formal à razão histórica e dialética, esta última hegemônica — é perpassado, sobremaneira, pelos desdobramentos advindos dessas transformações da totalidade social na dinâmica cultural do tardo-capitalismo.

Tais transformações infligem a "cultura política antiestatal" que desregula a relação entre Estado e sociedade civil, liquida os direitos sociais, exponencia a exploração do trabalho, minimiza as lutas democráticas, reverte as conquistas civilizatórias e projeta a barbárie tardo-capitalista (Netto, 2012).

O atual contexto da formação profissional do Serviço Social depara-se com novo campo de lutas: converter-se em um dos instrumentos da barbárie ou reafirmar "[...] o campo profissional e teórico comprometido com um projeto ético-político que tem por horizonte a emancipação humana" (Iasi, 2019, p. 433).

As lutas da categoria profissional do Serviço Social brasileiro expressam um processo de construção histórica ao longo dos mais de 80 anos, articulado às práticas de resistência às ameaças contra a classe trabalhadora, inserindo-as no projeto de sociedade que defende a superação da ordem do capital em direção à emancipação.

Portanto, historicizar o Serviço Social na Paraíba a partir da função formativa dos cursos públicos de Bacharelado em Serviço Social de João Pessoa, Campina Grande e Sousa oportuniza testemunhar, enquanto ex-aluna da ESS/JP, que a luta política dessa profissão se constrói na busca da superação da materialidade conservadora em direção da materialidade dialética crítica da totalidade da vida social humana.

Referência

AMMANN, Safira Bezerra. *Ideologia do desenvolvimento de comunidade no Brasil.* São Paulo: Cortez, 1980.

CASTRO E CASTRO, Marina Monteiro; TOLEDO, Sabrina Navarro. A reforma curricular do Serviço Social de 1982 e sua Implantação na Faculdade de Serviço Social da Universidade Federal de Juiz de Fora. *Libertas*, v. 11, n. 2 (2011). Disponível em: libertas.ufjf.emnuvens.com.br/libertas/article/download/1592/1157. Acesso em: 8 maio 2021.

CASTRO, Manuel Manrique. *História do Serviço Social na América Latina.* São Paulo: Cortez, 1984.

ESCOLA DE SERVIÇO SOCIAL DE JOÃO PESSOA. *Arquivo.* João Pessoa: UFPB/CCHLA, 1952/1972. (Consulta em 1994)

GASPAR, Lúcia. *Ligas Camponesas.* Recife: Fundação Joaquim Nabuco, 2009. Disponível em: http://basilio.fundaj.gov.br/. Acesso em: 8 maio 2021.

IASI, Mauro Luís. Cinco teses sobre a formação social brasileira (notas de estudo guiadas pelo pessimismo da razão e uma conclusão animada pelo otimismo da prática). *Serv. Soc. Soc.*, São Paulo, n. 136, p. 417-438, dez. 2019. Disponível em: http://www.scielo.br/scielo.php?script=sci_arttext&pid=S0101-66282019000300417&lng=pt&nrm=iso. Acesso em: 10 maio 2021.

MACEDO, Geórgia Dantas. Resgate histórico do Curso de Serviço Social no Município de Campina Grande: a sua incorporação à esfera universitária a partir do surgimento da Universidade Regional do Nordeste-URNE. *In*: FÉRRIZ, Adriana

Freire Pereira; PATRIOTA, Lúcia Maria; SILVEIRA, Sandra Amélia Sampaio (org.). *O curso de Serviço Social da UEPB*: elementos para uma análise histórica e teórico-metodológica. Campina Grande: Eduepb, 2014.

MORAES, Fabricio Tavares. Antimodernos: da contrarrevolução ao sublime. *In*: *Estado da Arte*, 22 fev. 2019. Disponível em: https://estadodaarte.estadao.com.br/antimodernos-conta-sublime/. Acesso em: 8 maio 2021.

NETTO, José Paulo. Crise do capital e consequências societárias. *Revista Serviço Social & Sociedade*. São Paulo: Cortez, n. 111, p. 413-429. jul./set. 2012. Disponível em: http://www.scielo.br/pdf/sssoc/n111/a02.pdf. Acesso em: 10 maio 2021.

NETTO, José Paulo. *Ditadura e Serviço Social*. São Paulo: Cortez, 1991.

PEIXOTO, Márcia Carlos de Souza. *A relação entre as ideologias e a formação do assistente social*: um estudo de caso em João Pessoa. 1994. Dissertação (Mestrado em Serviço Social) – Universidade Federal da Paraíba, João Pessoa, 1994.

UNIVERSIDADE ESTADUAL DA PARAÍBA. Histórico do Curso de Serviço Social. *Projeto Político Pedagógico do Curso de Serviço Social*. Campina Grande: UEPB/Departamento de Serviço Social, 2014. Disponível em: http://centros.uepb.edu.br/ccsa/download/Hist%C3%B3rico%20do%20Curso%20de%20Servi%C3%A7o%20Social.pdf. Acesso em: 10 abr. 2021.

7

A EMERGÊNCIA, DESENVOLVIMENTO E TENDÊNCIAS DO SERVIÇO SOCIAL EM PERNAMBUCO

Adilson Aquino Silveira Júnior

As particularidades da "questão social" e a emergência do Serviço Social

As particularidades da emergência e das tendências do desenvolvimento do Serviço Social em Pernambuco foram largamente determinadas pela inserção desigual e combinada do Nordeste no processo de transformação e dominação capitalista do país.[1] Nos termos de Iamamoto (1982) e Netto (2004; 2005), partimos da premissa de que

1. As evidências, determinações e hipóteses apresentadas nesse texto provêm de nossos estudos com o acervo documental trabalhado no projeto *Memória e História do Serviço Social em Pernambuco* (MEHSSPE). Em MEHSSPE (2019) e Silveira Jr. (2020) encontra-se o detalhamento de muitas fontes empíricas da pesquisa, além de sistematizações sobre outras dimensões particulares do tema.

a afirmação do Serviço Social supõe, em cada espaço onde germina e se consolida como instituição profissional, um lastro decisivo de contradições sociais e políticas típicas do modo de produção capitalista orientado para lógica monopolista, com suas formas correspondentes de dominação político-estatal. Abstraindo-se os demais pressupostos superestruturais, e debruçando-se apenas sobre o mais elementar da *exploração capitalista assalariada e suas formas típicas de dominação política*, se conclui que a conformação retardatária e compósita das formas tipicamente burguesas de produção na região Nordeste, por si mesma, teria como decorrência um descompasso na emergência do Serviço Social nesse espaço regional em face, destacadamente, do Centro-Sul, no qual a transformação capitalista das relações de produção ocorreu mais concentrada e intensamente. O desenvolvimento desigual interno do capitalismo no Brasil — tal como observado por Fernandes (1976) — nos fornece a chave para a explicação desse descompasso regional, funcional à eclosão do capitalismo dependente, com inserção também desigual e combinada no imperialismo.

Encarado como um todo, o Nordeste revela uma sobrevida significativa de relações de produção arcaicas e pré-capitalistas. O desenvolvimento desigual e combinado explicita a funcionalidade dessas relações para a afirmação capitalista no país, comandada pelo Centro-Sul, e os nexos que a subordinam às necessidades de acumulação monopolista internacional. Em última instância, assenta-se aí um nível de descompasso, observado também na historiografia do Serviço Social, entre a criação das primeiras Escolas, no eixo Rio de Janeiro e São Paulo, na segunda metade dos anos 1930, e a inauguração e funcionamento dos cursos no Nordeste, em geral no decorrer dos anos 1940 em diante. Com efeito, numa mirada regional, o período mesmo do processo de gestação do Serviço Social no Nordeste atravessou o lapso temporal, no mínimo, das décadas de 1940-1950, para se concretizar — processo do qual a data de criação das primeiras escolas sinaliza apenas o marco de arranque.[2]

2. Esse argumento foi explorado através de pesquisa documental em Silveira Jr. (2020).

Ademais, não é casual que o Serviço Social desponte no Nordeste, pioneiramente, naqueles espaços econômicos onde foi dominante a produção açucareira agroexportadora no período colonial e de transição neocolonial, com seus epicentros comerciais e urbanos em Recife e Salvador. Nessas capitais, se localizaram as primeiras Escolas de Serviço Social dos estados que atualmente compõem a região — Escola de Serviço Social de Pernambuco, criada entre 1938-1940, integrada à Universidade Federal de Pernambuco em 1971; e a Escola de Serviço Social do Estado da Bahia, criada em 1944, compondo a Universidade Católica de Salvador em 1961. Nesses estados, os antagonismos próprios da relação capital-trabalho despontam quando, na longa fase declinante da produção açucareira, se desenvolve uma *mecanização da agricultura,* articulada à diversificação econômica, dada com a *produção manufatureira* através da indústria têxtil, as *atividades comerciais, administrativas e de serviços* advindas da decorrente expansão urbana concentrada nas capitais, com seus reflexos na hipertrofia da aparelhagem político-estatal. Essas transformações econômicas são parteiras do trabalho assalariado na região, no bojo do qual se desdobra um núcleo operário e suas tendências de luta, sobretudo resvalando para o centro urbano, mas se espraiando para os espaços da agricultura em fase de mecanização, concentração e centralização.[3]

As contradições próprias do regime burguês em gestação se acumularam, nas primeiras décadas do século XX, na região onde Pernambuco era um epicentro, através de três frentes: 1) a mecanização da exploração da cana de açúcar, com o surgimento das usinas e o aprofundamento do latifúndio; 2) a relativa afirmação de empreendimentos manufatureiros, voltados para o beneficiamento do algodão e de produtos derivados dele; e 3) os efeitos das formas típicas de produção e exploração do trabalho na economia algodoeira-pecuária na região do sertão, que implica uma crônica situação de pauperismo extremo. A primeira contradição resultou na emergência de um proletariado agrícola em formação, profundamente explorado e pauperizado,

3. Essas transformações da economia no Nordeste foram abordadas por Oliveira (1981).

ademais das pressões que o latifúndio acumulou com o campesinato. No centro urbano, se robustece uma camada do proletariado empregada no capital comercial dedicado ao transporte e venda da cana e o algodão, que ganha densidade organizativa e política ao longo dos anos. A segunda contradição tem como expressão a constituição de uma classe operária (nas indústrias do algodão, no comércio e nos transportes) que constitui uma força política potencial, embora embrionária, objeto da intervenção do governo, dos industriais e da Igreja. A terceira implica uma leva de trabalhadores rurais pauperizados, engrossando as fileiras de retirantes da seca que escoam para os centros urbanos em busca de sobrevivência. Estes passam a compor — junto com as fileiras das outras massas exploradas anteriores — a população dos mocambos, morros, favelas e cortiços do Recife.

Os conflitos e lutas de classes existentes são fermentados por essas massas expropriadas e oprimidas que continuamente se tornam subordinadas à lógica mercantil e à dominação política e econômica tipicamente capitalista. Em alguns casos, ainda nos anos 1920-1930, protagonizando movimentações e levantes com aberta influência socialista e comunista, dos quais a revolta comunista de 1935 foi o mais emblemático. Ao mesmo tempo, as forças dominantes — oligarquias, industriais e dirigentes políticos e religiosos — constituíram uma frente expressa na atuação do Estado Novo e seus porta-vozes locais, articulando a Igreja, o governo, os empresários e setores médios, confluindo para a intervenção sobre essas expressões da "questão social".

É em Recife onde se aglutinam e acentuam essas contradições. Na capital de Pernambuco, a chamada "questão dos mocambos" — incluída nela as exigências de intervenção no âmbito habitacional, educacional, da assistência à maternidade e à infância etc. — se torna a manifestação da "questão social" que concentra as preocupações do governo e da pequena burguesia. Essa foi uma forma típica de expressão da "questão social" na cidade, na qual as políticas sociais germinadas com o Estado Novo centralizavam as suas modalidades de intervenção e desdobravam, por seu turno, os espaços ocupacionais que absorviam as primeiras assistentes sociais.

Assim, após finais dos anos 1930, a chamada "política de ação social" foi movida e articulada por iniciativas como: os *Centros Educativos Operários* (1935); os *Círculos Operários Católicos* (1937); a *Diretoria de Reeducação e Assistência Social* (DRAS) (1937); a *Liga Social Contra o Mocambo* (1939), depois absorvida no *Serviço Social Contra o Mocambo* (1945); a mobilização da *Ação Social Católica*, a partir da realização da *III Semana de Ação Social*, ocorrida no Recife em janeiro de 1939. Esse evento, em particular, contou com importante apoio dos membros do movimento circulista. Os mesmos que se envolveram, então, na criação da Escola de Serviço Social de Pernambuco, cujo germe aparece na forma de um curso preparatório, criado em 1938 pelo Juizado de Menores, mas cuja fundação ocorreu em 1940, articulada pelo Juiz de Direito Rodolfo Aureliano, dirigente dos Círculos Operários Católicos e do Movimento de Higiene Mental.

A germinação das formas de produção comandadas pelo capital colocou o terreno para a nova ordem de contradições sociais e políticas nascentes, base decisiva para despontarem instituições da natureza do Serviço Social. Porém, a integração subordinada do Nordeste ao processo de expansão do capital industrial, comandado pelo Centro-Sul, condicionou, ao mesmo tempo, que o Serviço Social atravessasse um período de gestação (ou emergência) de, aproximadamente, duas décadas — no curso das quais iam se constituindo, com certa morosidade, as condições necessárias para uma formação especializada, uma densidade mínima dos quadros discentes e profissionais disponíveis, um lastro consistente de reconhecimento legal do seu caráter profissional e a presença de espaços ocupacionais institucionalizados de algum vulto.

Contraditoriamente, a natureza desigual e combinada dessa emergência implicou também, para a trajetória do Serviço Social em Pernambuco, determinações que relativizaram o peso da perspectiva doutrinária e expuseram, desde cedo, a instituição em gestação às variáveis da erosão do tradicionalismo. Nota-se a composição de parâmetros teórico-ideais marcados por uma articulação sincrética que transitava para além daquela dada entre o pensamento católico e a visão higienista. Por um lado, os primeiros quadros em formação — que vão se diplomando na década de 1950 — já se deparavam com o que Iamamoto (2004) identificou como "arranjo teórico-doutrinário". Mas, dada sua exposição, ainda nessa fase de gestação, também em face da influência norte-americana — nos marcos do pan-americanismo "monroista" e seu cerne anticomunista (Castro, 2000) — as primeiras assistentes sociais foram caudatárias de arranjos teórico-ideais que refletiram combinações variadas entre: (I) o discurso humanista, calcado na filosofia aristotélico-tomista, próprio no movimento católico; (II) as chaves heurísticas da voga psiquiátrica e psicanalítica e das teorias funcionalistas da sociedade e da mudança social; (III) todas essas, a partir de meados de 1950, podendo confluir, ainda, como substrato da perspectiva desenvolvimentista, seja de cariz nacional-reformista ou não.

Disso resulta uma diferenciação teórico-ideal mais rica, ao que tudo indica, favorecida pelo perfil dos quadros intelectuais e das estruturas institucionais que fundaram a Escola de Serviço Social de Pernambuco: o núcleo de juristas, médicos e padres, ligados ao Juizado de Menores, ao Círculo Operário do Recife e ao Movimento de Higiene Mental, criador da Escola, inscrevia-se na ala mais progressista da igreja (e mesmo leiga), com cariz humanista; o vínculo genético da Escola com uma instituição não subordinada à estrutura organizacional da Igreja (o Juizado de Menores) e a formação das suas primeiras professoras assistentes sociais pelo Instituto Social do Rio de Janeiro, também ligado ao Juizado de Menores daquele estado, sugerem maiores influências tecnicistas e laicizantes, inobstante a natureza privada e confessional dos estabelecimentos de ensino; e acrescente-se a existência de um clima de tolerância teórico-política presente no âmbito da Escola — testemunhado em depoimentos memorialísticos — que teria colaborado para oportunizar a presença e expressão, em seu seio, de posições mais radicalizadas.

As tendências do desenvolvimento do Serviço Social em Pernambuco

O intervalo histórico que delimita a emergência do Serviço Social em Pernambuco evidencia a dinamização do mesmo por determinações com importante papel no estágio que Netto (2005) denomina de "erosão do Serviço Social 'tradicional'". Algo que se verifica com o impacto, em termos da relativa laicização da estrutura das disciplinas, operado pela padronização legal do ensino no Brasil (Vieira, 1992). O referido processo de erosão do tradicionalismo manifestava-se também, na época, através da progressiva recondução das ações assistenciais tradicionais, ligadas à Igreja, abrindo-se para a organização e desenvolvimento de comunidades, inaugurando uma tendência de modernização e tecnificação do arcabouço teórico-ideal e das modalidades interventivas. Outro condicionamento dessa erosão foi galvanizado pelas contingências globais das transformações na estrutura socioeconômica e no Estado, provocadas, em nível nacional e regional, pela transição para o regime dos monopólios, que cooperam para agravar vicissitudes estruturais e financeiras da Escola, despertando a necessidade de sua agregação à Universidade Federal de Pernambuco, no curso do qual foi suplantada a condução confessional e privada do ensino em Serviço Social no estado. Ademais, o estreitamento das relações do Brasil com os EUA, mormente a partir de meados de 1940, resulta em iniciativas de intercâmbio que adensam a influência norte-americana na formação profissional no Nordeste, em especial em Pernambuco, relativizando o doutrinarismo dos aportes teórico-ideais (Silveira Jr., 2020).

Em todos esses vetores, está implicada, em termos da estrutura ocupacional, ainda que dentro de limites visíveis, a expansão e diversificação técnico-profissional do Serviço Social a partir do segundo lustro da década de 1950. Com isso, mesmo antes de encerrados os anos 1960, a composição do mercado de trabalho de assistentes sociais estava em expansão e era francamente mais diversificada do que aquela timidamente despontada nos anos 1940. O reduzido quadro dos espaços ocupacionais de assistente sociais, encontrado nos anos 1940, é relativamente dinamizado na década seguinte — marcando-se a presença da intervenção com grupos e comunidades, postos ao lado do trabalho centrado em indivíduos. O caráter restringido dessa dinamização funda-se, por outro lado, no fato de que ela ainda não se apoiava num impulso de industrialização e numa nova qualidade da intervenção estatal — algo que ocorreria com a implantação da Superintendência do Desenvolvimento do Nordeste (Sudene) e a deflagração do ciclo ditatorial.

A documentação disponível forneceu algumas características dos primeiros espaços ocupacionais, sinalizando algumas tendências predominantes num estágio bastante primitivo da emergência do Serviço Social em Pernambuco, localizado, principalmente, na segunda metade dos anos 1940: uma intervenção balizada pela concepção de "desajustamento social" e referenciada no Serviço Social de Casos; um público-alvo basicamente constituído por crianças, adolescentes e mulheres de franjas das classes trabalhadoras empregadas ou subempregadas. Em muitas circunstâncias, tratava-se mesmo de inserções embrionárias, ou caracterizadas por experiências exploratórias de alunas concluintes, com frágil (ou inexistente) reconhecimento institucional do Serviço Social nos órgãos onde atuava.

Por outro lado, nos parece que a expansão (restrita) e diversificação (relativamente incipiente) do Serviço Social no estado, notadas na década de 1950, guardam relação com a estruturação e ampliação das políticas e instituições sociais criadas no Estado Novo, que ocorrem com mais demora nessa realidade regional. Deveu-se, também, ao avanço da atuação em organizações, próprias do governo estadual, criadas nos anos 1940, e que consolidam seus trabalhos na década seguinte. Considerando o panorama de relativa paralisia da política social no Brasil dos anos 1950, as poucas e limitadas inovações da época se refletem nos campos de trabalho em Pernambuco, como nos casos da ampliação das campanhas de saúde pública (repercutindo na inserção em serviços voltados ao combate à tuberculose), da estruturação das ações do Departamento Nacional da Criança (com a intervenção verificada na Campanha Educativa) e do lançamento dos projetos de assistência rural.

A partir desse ponto, o próprio Serviço Social vai refletindo, na sua dinâmica interna, uma diferenciação técnico-profissional, sobretudo após meados da década de 1950. Igualmente, uma diferenciação de funções e instrumentos começa a despontar, com a aplicação de estudos e pesquisas sociais, a atuação com planejamento, coordenação e supervisão de programas e projetos. Ademais da patente presença de tendências teórico-metodológicas tecnicistas modernizadoras, paralelas (ou mesmo imbricadas) com as impostações doutrinárias. As tendências com caráter mais inovador manifestam-se, embora normalmente de modo compósito, nas ações patrocinadas por organismos internacionais ou incluídas nas grandes instituições sociais. O leque de espaços ocupacionais onde encontramos assistentes sociais (ou alunas concluintes) nos anos 1950 passa a se distribuir entre as áreas da assistência social, saúde pública e atenção médico-previdenciária, previdência social, habitação social, justiça, educação, assistência rural e coordenação de organizações assistenciais.

Ressalte-se: todas essas modificações estão operando no curso das duas décadas iniciais da trajetória do Serviço Social em Pernambuco, durante as quais a profissão, ainda em gestação, está suplantando as marcas do seu caráter embrionário. Pense-se, por exemplo, que, nos quatorze primeiros anos de existência da Escola, ela promoveu a diplomação de somente dez assistentes sociais, dentre as quais, apenas uma dessas, ocorre nos anos 1940. Ademais, na época do reconhecimento legal do exercício profissional, em finais de 1950, o número de assistentes sociais habilitadas em todo o estado de Pernambuco não ultrapassava três dezenas e meia.

Essa particularidade temporal do evolver da profissão no estado, por sua vez, contribuiu para a determinação dos arranjos teórico-metodológicos, demandas e respostas profissionais, autorrepresentação dos agentes, que marcam particularmente o Serviço Social nessa realidade regional desde sua constituição: a partir da sua efetiva emersão profissional, praticamente dada nos anos 1950, os vetores próprios da sua constituição não se restringem aos que concretizam estritamente o Serviço Social "tradicional" e o "perfil pedagógico da 'ajuda'" (Abreu, 2008). Neles se inscrevem elementos próprios da erosão do tradicionalismo, também associados ao que Abreu (2008) denomina de "perfil pedagógico da 'participação'": tanto, por exemplo, com a assimilação de disciplinas e instrumentos da abordagem "comunitária" (após 1948), com o envolvimento da Escola nos Congressos Pan-Americanos de Serviço Social (iniciados a partir de 1945), quanto com a evidente presença, no discurso e orientação profissional, de um aspecto técnico, balizado pela psiquiatria e/ou por referenciais norte-americanos.

Isso se torna patente quando começam a ser divisados os reflexos mais candentes — na dinâmica do Serviço Social no estado — das transformações econômicas e políticas deslanchadas no Nordeste a partir de meados dos anos 1950. Uma expressão do "desenvolvimento desigual interno" (Fernandes, 1976) do capitalismo no Brasil é esse compasso temporal peculiar da acumulação de capital na região: somente após os anos 1960 ela sofre um impulso industrializante de maior vulto. A erosão da economia tradicional e a submissão ao capital monopolista, comandado pelo Centro-Sul e subsidiado pelo Estado, ligado ao capital internacional, implicaram num agravamento das sequelas sociais da acumulação e num acirramento das lutas de classes em nível regional. A partir da mesma época, ocorria uma significativa modernização e complexificação da aparelhagem governamental, necessária à regência dos novos processos produtivos — dos quais a criação da Sudene tornou-se sintomática — e ao deslocamento das contradições sociais e políticas crescentes — cujo ponto culminante se encontra nas mudanças operadas com o ciclo ditatorial aberto em 1964.

A conflitualidade política, base da projeção de forças nacional-reformistas até 1964, era alimentada pelas contradições que a integração desigual operava: sejam os conflitos interburgueses e oligárquicos atiçados pela concorrência da produção industrial e agrícola, com seus amplos impactos restritivos para os negócios das classes possuidoras locais; seja o impulso das lutas camponesas às inéditas proporções das ações grevistas e da sindicalização no campo, além da movimentação do proletariado e parte da pequena-burguesia, nas principais capitais. Em Pernambuco, tornaram-se expressões sintomáticas da radicalização política as vitórias da Frente do Recife, a expressividade das Ligas Camponesas e sindicatos rurais, a deflagração do Movimento de Cultura Popular (MCP), a projeção de uma ala esquerda do movimento e hierarquia católicos, as experiências de alfabetização de adultos e educação popular referenciadas pelo trabalho de Paulo Freire. O próprio Paulo Freire reconheceu a Escola de Serviço Social de Pernambuco como um dos campos originários de influência intelectual e experimentação de ideias e práticas pedagógicas, ao lado dos seus trabalhos na Divisão de Educação de Cultura do Sesi no estado, onde, igualmente, desenvolvia atividades em parceria com assistentes sociais, em geral balizadas pelos métodos e técnicas do Desenvolvimento e Organização de Comunidade.[4]

A mesma conjuntura oportuniza uma aproximação (incipiente e limitada) a elementos da tradição marxista, por parte do Serviço Social. Isso ocorria principalmente nas fronteiras do movimento estudantil, através da participação de alunas na Juventude Universitária Católica (JUC), quando essa já esboçava se desgarrar da hierarquia católica. Somente com a criação da Ação Popular, em junho de 1962, passaram a desaguar, de modo mais fluido, elaborações reivindicando ideias marxistas no seio dessa militância estudantil de Serviço Social. De todo modo, mesmo até a virada para a década de 1970, as fontes empíricas (Cruz, 2002; Silva, 1991) indicam que nada disso transbordava para o interior da formação profissional na Escola através da absorção explícita do debate marxista ou através da inclusão formal dessas vertentes na estrutura curricular. Relatos mais pontuais sinalizam a adoção circunstancial, por iniciativa individual ou de grupos docentes, de fontes bibliográficas impregnadas por formulações de filiação marxista em componentes curriculares (Padilha, 2008; Vieira, 1992). O golpe de 1964 vai cooperar diretamente para a criação de

4. Sobre isso, basta conferir os próprios depoimentos do educador, registrados em Freire (1959, p. 131; 1963, p. 12) e Beisiegel (1982, p. 35).

um clima de intimidação teórica e política que faz reproduzir e aprofundar os componentes ideais conservadores e regredir as tendências esquerdizantes que penetravam em algumas experiências de formação.

Tudo indica que o Nordeste — com importante destaque para o que ocorria na capital de Pernambuco — tenha oferecido um campo para a experimentação e germinação de importantes tendências renovadoras e críticas do Serviço Social — tendências que irão ser precipitadas no ciclo autocrático. O caso mais emblemático e documentado se refere à relação entre as experiências e propostas de educação popular e a fecundação da tendência identificada por Netto (2005) como "intenção de ruptura com o Serviço Social 'tradicional'". Observe-se, por exemplo, a declarada influência intelectual e técnica de Paulo Freire na formação de Leila Lima Santos[5] — uma das principais formuladoras do chamado "Método BH" — que, durante a vida estudantil, desenvolvera estágio no Setor de Educação de Base do Movimento de Educação de Bases em Minas Gerais, orientada pela linha da JUC e Ação Popular. Essas mesmas influências intelectuais — advindas das práticas pedagógicas inspiradas nas ideias de Paulo Freire — são verificadas na trajetória de outros conhecidos protagonistas da referida tendência renovadora, tais como Safira Bezerra Ammann e Vicente de Paula Faleiros.[6]

As particulares contradições deflagradas no Nordeste, com o desenvolvimento desigual do capitalismo dependente, aguçaram a sedimentação da perspectiva da "mudança social" no Serviço Social em Pernambuco, inflando aspirações nacional-reformistas. Tendências essas, dramaticamente aplacadas com o golpe de abril e suas formas de repressão policial-militar, patrulhamento ideológico e censura — restrições que pesaram, de modo particularmente insidioso, sobre a

5. Sobre essa influência, cotejar o depoimento da referida professora em Silva (1991, p. 198).

6. Pode-se ver em Silva (1991, p. 183-234) o testemunho desses e outros personagens que — despertando, na formação profissional, influenciados pelas experiências da educação popular de extração freiriana, articuladas à militância universitária católica — numa fase profissional e intelectual mais madura, contribuíram para a introdução do pensamento marxista no Serviço Social.

realidade de Pernambuco. Nesse curso, estreita-se a participação americana nos projetos de desenvolvimento, com a Sudene tornando-se uma chancela para os projetos da Agência dos Estados Unidos para o Desenvolvimento Internacional (USAID) (Page, 1972, p. 266-268). O golpe não provoca um rompimento do Serviço Social com o desenvolvimentismo; após meados dos anos 1960, se aprofunda seu relacionamento com a Sudene — agora expurgada dos seus quadros mais progressistas. Ao mesmo tempo, o ciclo autocrático abriga o período de transição da antiga Escola para a Universidade, numa fase de maior repressão e patrulhamento ideológico na educação superior. A partir de então, a perspectiva profissional que medrava (do assistente social como "agente de mudança social") parece ter sido sobrepujada (embora não anulada) pela ideia do seu autorreconhecimento como "funcionário do desenvolvimento", na corrente das posições forjadas pela "perspectiva modernizadora", da qual não estavam excluídos elementos conciliatórios em face do tradicionalismo.

Todas as evidências sinalizam para o fato de que as tendências conservadoras apenas passaram a ser problematizadas a partir de finais de 1970: seja quando se verifica a oxigenação da interlocução com as ciências sociais, especialmente pela aproximação sistemática à tradição marxista, possibilitada a partir da integração de quadros docentes na primeira turma no mestrado em Serviço Social, aberto em 1979; seja pela sintonização das direções corporativas, sindicais e estudantis com as lutas operária e popular desencadeadas na crise da ditadura[7]. Em poucos anos, as vanguardas do Serviço Social em Pernambuco (e no Nordeste) — num estágio em que seus quadros passavam mesmo por uma renovação geracional — granjeiam posições de destaque no amplo processo de "intenção de ruptura", nas suas frentes acadêmico-intelectuais, corporativas, estudantis e políticas.

---

7. Advirta-se que, nas décadas de 1970-1980, os contingentes profissionais se multiplicavam rapidamente em Pernambuco: se, em finais dos anos 1950, o número de assistentes sociais habilitadas em todo o estado não ultrapassava três dezenas e meia; em meados dos anos 1970, esse número era de três centenas e meia; e, ao se encerrar a década de 1980, o número de registros profissionais no CRESS 4ª Região já acumulava mais de três mil.

Referências

ABREU, Marina Maciel. *Serviço Social e a organização da cultura*: perfis pedagógicos da prática profissional. 2. ed. São Paulo: Cortez, 2008.

BEISIEGEL, Celso de Rui. *Política e educação popular*. São Paulo: Ática, 1982.

CASTRO, Manuel Manrique. *História do Serviço Social na América Latina*. 5. ed. São Paulo: Cortez, 2000.

CRUZ, Rosalina de Santa. *Rosalina de Santa Cruz* (depoimento, 2002). Rio de Janeiro, CPDOC/Ministério da Previdência e Assistência Social. Secretaria de Estado de Assistência Social, 2002.

FERNANDES, Florestan. *A revolução burguesa no Brasil.* 2. ed. Rio de Janeiro: Zahar Editores, 1976.

FREIRE, Paulo. *Educação e atualidade brasileira.* 1959. 139 p. Tese (Concurso público para a cadeira de História e Filosofia da Educação de Belas Artes de Pernambuco) – Universidade Federal do Recife, Recife, 1959.

FREIRE, Paulo. *Alfabetização e conscientização.* Porto Alegre: Editora Emma, 1963.

IAMAMOTO, Marilda Villela. A formação acadêmico-profissional no Serviço Social brasileiro. *Serviço Social & Sociedade,* São Paulo, n. 120, p. 608-639, dez. 2014.

IAMAMOTO, Marilda Villela. *Renovação e conservadorismo no Serviço Social.* São Paulo: Cortez, 2004.

IAMAMOTO, Marilda Villela. *Legitimidade e crise do Serviço Social*: um ensaio de interpretação sociológica da profissão. 1982. 236 f. Dissertação (Mestrado em Sociologia Rural) — Universidade de São Paulo, Piracicaba, 1982.

IAMAMOTO, Marilda Villela; CARVALHO, Raúl de. *Relações sociais e Serviço Social no Brasil*: esboço de uma interpretação histórico-metodológica. 19. ed. São Paulo: Cortez, 2006.

MEMÓRIA e História do Serviço Social em Pernambuco (org.). *Memória do Serviço Social em Pernambuco*: inventário do acervo. Recife: UFPE, 2019.

NETTO, José Paulo. *Ditadura e Serviço Social.* 7. ed. São Paulo: Cortez, 2005.

NETTO, José Paulo. *Capitalismo monopolista e Serviço Social.* 4. ed. São Paulo: Cortez, 2004.

OLIVEIRA, Francisco de. *Elegia para uma re(li)gião*: Sudene, Nordeste – Planejamento e conflito de classes. 3. ed. Rio de Janeiro: Paz e Terra, 1981.

PADILHA, Helena Maria Barros. *História da Escola de Serviço Social de Pernambuco*: uma análise do projeto ideopolítico em articulação com a realidade pernambucana e brasileira dos anos 30 a 70 do século XX. 2008. 430 f. Tese (Doutorado em Serviço Social) — Universidade Federal de Pernambuco, Recife, 2008.

PAGE, Joseph. *A revolução que nunca houve*: o nordeste do Brasil 1955-1964. Rio de Janeiro: Record, 1972.

SILVA, Lídia Maria Monteiro Rodrigues de. *Aproximação do Serviço Social a tradição marxista*: caminhos e descaminhos. 1991. 456 f. Tese (Doutorado em Serviço Social) — Pontifícia Universidade Católica de São Paulo, São Paulo, 1991.

SILVEIRA JR., Adilson Aquino Silveira (org.). *Serviço Social em Pernambuco*: primeiras décadas da formação e atuação profissional. Curitiba: CRV, 2020.

VIEIRA, Ana Cristina de Souza. *Ensino do Serviço Social no Nordeste*: entre a Igreja e o Estado. 1992. 249 f. Tese (Doutorado em Serviço Social) — Pontifícia Universidade Católica, São Paulo, 1992.

8

O CURSO DE SERVIÇO SOCIAL DA UNIVERSIDADE FEDERAL DO PIAUÍ:

CONTEXTO HISTÓRICO E SINGULARIDADES

Maria D'Alva Macedo Ferreira
Maria do Rosário de Fátima e Silva
Simone de Jesus Guimarães

A Universidade Federal do Piauí (UFPI) foi criada no ano de 1971. Até a década de 1980, essa IES era o principal polo aglutinador do ensino universitário no Piauí e, também, grande indutora do crescimento do Piauí. Seus egressos foram responsáveis por contribuir, dentro e fora do estado, com o desenvolvimento do país nas suas várias áreas profissionais. Tal IES é constituída orgânica e hierarquicamente por Pró-Reitorias, Centros, Departamentos e Cursos.

O Curso de Serviço Social, vinculado a essa IES, foi o primeiro do estado. Seu início é da década de 1970, quando o Conselho Universitário, aprova, em 1 de dezembro de 1976, através de a Resolução 02/1976 a criação do curso[1], hoje vinculado ao Centro de Ciências Humanas e Letras e ao Departamento de Serviço Social. No ano seguinte, após a sua criação, ou seja, em 1977, o curso ofereceu 40 vagas no primeiro vestibular, cuja turma concluiu em abril de 1981. Atualmente o curso oferece 50 vagas. Outros cursos de Serviço Social passam a existir, no estado, no final da década de 1990 e isso na condição de cursos privados, quais sejam: a Faculdade Adelmar Rosado (FAR) (1999) e o então Instituto Camilo Filho (ICF) (2002).

Do ponto de vista do Enade e considerando os dados de 2018, o Curso de Serviço Social obteve nota 5. Hoje existem mais de 50 cursos nas modalidades presencial e/ou a distância em ligação ou não com outros congêneres nacionais, com características ou não de fins lucrativos[2].

Projetos de formação e processos de revisão curricular

O Curso de Serviço Social, até a presente data, teve 4 currículos. O primeiro Currículo Pleno[3], nesses mais de 40 anos de história do curso, conforme o documento "Projeto do Curso de Serviço Social" ([UFPI, 1976]), teve vigência até 1984[4]. Esse currículo baseava-se

1. O Curso de Serviço Social foi criado através de projeto elaborado pela professora Dra. Aglair Alencar Setúbal.

2. Conforme *site* do Ministério da Educação (MEC), no Piauí existem atualmente 58 cursos de Serviço Social nas modalidades presencial e/ou a distância. Excetuando-se o curso da UFPI, que é de uma instituição pública federal, os demais são de instituições privadas com fins lucrativos ou não. O MEC informa, em consulta de 3 de maio de 2021, que todos os cursos foram criados nos anos 2000. Desses, apenas o curso da UFPI obteve o conceito 5 nas avaliações no Enade de 2018. Os demais cursos oscilam conceitos que vão de 1 a 3 nessas avaliações. Sobre a relação dos cursos de Serviço Social no Piauí, verificar: Ministério da Educação — Sistema e-MEC.

3. Era assim denominado na época da criação do curso.

4. Esse primeiro currículo era composto das seguintes matérias e disciplinas, a saber: 1) Ciclo Geral de Estudos — dividia-se em dois núcleos: a) Núcleo Comum: Português I; Inglês I ou Francês I; Matemática I; Introdução à Metodologia Científica. b) Núcleo Diversificado:

no Currículo Mínimo de 1970, aprovado pelo Conselho Federal de Educação. Nele predominava uma separação entre as disciplinas de teoria e prática. Daí as disciplinas de Teoria (I, II e II) e dos métodos de Serviço Social de Caso, de Grupo e de Comunidade, da disciplina de Introdução aos Trabalhos Práticos. O segundo currículo vigora no período de 1985-1994. O terceiro de 1995 a 2006. A base desses dois currículos foi o Currículo Mínimo aprovado pelo MEC em 1982[5]. O quarto currículo, em vigor desde 2007, foi aprovado pelo Conselho de Ensino, Pesquisa e Extensão, em 24.01.07, através da Resolução 13/07 de 25/01/2007 — Processo 23111.010930/06-98. Esse quarto currículo foi implantado em março de 2007 e, sua base, procede das atuais Diretrizes Curriculares, aprovadas em 1996 pelo MEC. Este último currículo já vem sendo objeto de discussão e as alterações propostas voltam-se mais para as atividade de extensão, que passam a ser uma exigência da Resolução n. 7 MEC/CNE/CES, de 18 de dezembro de

Introdução à Sociologia; Elementos de Economia; Introdução à Filosofia; Introdução ao Serviço Social. 2) Básicas Obrigatórias: Teoria do Serviço Social (I, II e III); Serviço Social de Casos (I e II); Serviço Social de Grupo (I e II); Serviço Social de Comunidade (I e II); Desenvolvimento de Comunidade; Planejamento Social; Sociologia do Desenvolvimento; Economia Social e do Desenvolvimento; Introdução à Psicologia; Psicologia Social; Psicologia da Personalidade; Psicodinâmica das Relações Humanas; Direito Usual; Legislação Social; Estatística Aplicada ao Serviço Social; Política Social; Filosofia Social; Ética Profissional; Introdução aos Trabalhos Práticos; Elementos de Antropologia Cultural; Estágio Supervisionado (I, II e III). 3) Complementares Obrigatórias: Métodos de Pesquisa Social; Introdução à Administração; Administração em Serviço Social; Educação Física; Estudo de Problemas Brasileiros (I e II); Planejamento Social. 4) Optativas: Antropologia Brasileira; Elementos de Economia Brasileira; Serviço Social Médico; Serviço Social de Empresa. Esse currículo baseava-se no Currículo Mínimo de 1970, aprovado pelo Conselho Federal de Educação, predominava uma separação entre as disciplinas de teoria e prática. Daí as disciplinas de Teoria (I, II e III), dos métodos do Serviço Social de Caso, de Grupo e de Comunidade, da disciplina de Introdução aos Trabalhos Práticos.

5. "No Currículo II, Introdução ao Serviço Social passa a se chamar História do Serviço Social (com duas disciplinas) e Teoria do Serviço Social (com quatro disciplinas). As disciplinas relacionadas a Serviço Social de Caso, Grupo e de Comunidade desaparecem e surgem as disciplinas de Metodologia do Serviço Social, divididas em quatro disciplinas. Permanece, neste Currículo II, a Disciplina Desenvolvimento de Comunidade. No Currículo III, as disciplinas de Metodologia do Serviço Social, do Currículo II, são substituídas pelas disciplinas de Intervenção do Serviço Social, em número de três e emergem as disciplinas denominadas de Seminários Temáticos, as quais buscavam aprofundar as teorias das Ciências Humanas e Sociais que influenciavam o Serviço Social" (Guimarães, 2017).

2018[6]. Um novo currículo, no entanto, ainda não foi aprovado pelas instâncias da IES. Isso não significa dizer que, na prática, as questões postas pelas atuais Diretrizes Curriculares, não estejam presentes. Destaca-se que, exceto o primeiro currículo, todos os demais passaram por inúmeras discussões entre o corpo docente, discente e de assistentes sociais envolvidos com a supervisão dos alunos. É o caso, por exemplo, das discussões envolvendo temáticas de questão social, trabalho, família, gênero etc.

O Trabalho de Conclusão do Curso (TCC), nos seus primórdios, não era considerado uma disciplina de caráter monográfico, mas era um trabalho construído a partir da experiência de estágio, avaliado por uma banca examinadora composta por professores e assistentes sociais supervisores de campo responsáveis pelo concludente. Hoje, TCC adquire o caráter monográfico, sendo considerado uma pesquisa de natureza acadêmico-científica. Frise-se que, se nos primórdios do curso havia uma banca avaliadora do TCC, hoje, deixou de ser uma exigência do curso, passando a ser uma responsabilidade direta do orientador da monografia.

Perfil do corpo docente e discente

O corpo docente e discente do curso é diverso, heterogêneo e plural. Do ponto de vista dos discentes, o que predomina são mulheres, uma característica que vem marcando a trajetória dessa profissão. São sujeitos sociais provenientes, predominantemente, das camadas mais empobrecidas da população do estado do Piauí,

6. A Resolução n. 7 MEC/CNE/CES, em vigor, estabelece: 1) "as atividades de extensão **devem compor, no mínimo, 10% (dez por cento)** do total da carga horária curricular"; 2) instrui o Inep a considerar, **para efeitos de autorização e reconhecimento de cursos, o cumprimento dessa carga horária.** ***In*****: Brasil, Ministério da Educação.** Nesse contexto, as atividades de extensão fazem parte do processo de formação logo no começo do curso, assim como a participação em cursos, seminários, cursos de língua estrangeira, intercâmbios acadêmicos e/ou culturais etc.

do Maranhão e do Ceará (de municípios que fazem fronteira com o Piauí). São discentes jovens, sedentos de saber no que respeita à profissão, embora se constate que, alguns desses, não tiveram o curso como primeira opção, levando a que muitos, em algum momento, de suas trajetórias, abandonem o curso. Importa salientar que, durante a realização do Curso de Serviço Social, aos discentes são oportunizadas variadas experiências voltadas para a iniciação científica via PIBIC, para a monitoria[7] e para experiências fora ou dentro da IES (como visitas às instituições empregadoras de assistentes sociais, à comunidades rurais ou urbanas, às atividades da Pró-Reitoria de Assuntos Estudantis e Comunitários, esta última na condição de estagiário). E ao se tratar de estágio, aos discentes são oportunizados dois tipos: o obrigatório (que diz respeito à consolidação da sua carga horária para contabilização dos créditos do curso)[8] e o não obrigatório (destinado aqueles interessados em ter essa experiência para além dessa obrigatoriedade). Nesse último caso, em geral, é contabilizado como atividade complementar que também vai para o currículo do discente.

No que concerne ao corpo docente, este, atualmente, é constituído por 16 assistentes sociais do sexo feminino[9], em sua maioria, egressos do curso da UFPI, mas tem aqueles formados em outra IES, no caso aqui, de cursos em São Paulo. Saliente-se que, nos primórdios do curso os docentes em sua maioria, eram formados nas universidades do Ceará, do Pará, do Maranhão e do Rio de Janeiro[10]. Atualmente, todos os docentes têm, no mínimo, o título de doutorado e, alguns,

---

7. O Programa de Iniciação Científica (PIBIC), dentro da UFPI, tem 2 modalidades: o PIBIC com recursos da própria UFPI e o PIBIC vinculado às agências nacionais como o CNPq. Quanto à monitoria há também 2 modalidades: a monitoria com bolsa e sem bolsa.

8. O primeiro projeto de estágio obrigatório do curso foi elaborado pela professora Maria de Jesus Rocha, que serviu de referência para outros projetos de estágio obrigatório da UFPI.

9. Aqui se refere apenas aos docentes que ministram disciplinas e matérias específicas do Serviço Social, já que, em outras disciplinas do curso, há profissionais de sexo variado, como o professor Roberto John Gonçalves da Silva.

10. As primeiras professoras foram: Aglair Setúbal, Vera Nogueira, Maria de Jesus Rocha, Yeda Moraes Sousa, Marta Santos, Umbelina Carvalho e Zita Vilar.

possuem o pós-doutorado, conquistado dentro ou fora do país[11]. Tais docentes, buscam, dentro do possível, exercitar, nos seus cotidianos, o tripé ensino, pesquisa e extensão, embora, o ensino tem sido, como já pontuado, a principal carga horária exigida.

Sobre a inserção e engajamento dos docentes em atividades de ensino, pesquisa e extensão, destaca-se o Programa Terceira Idade em Ação (PTIA), criado em 1998, pela professora Dra. Aglair de Alencar Setúbal, hoje é renomeado e passa a se chamar Programa de Extensão Universitária para a Pessoa Idosa, mantendo a mesma sigla. Referida experiência, voltada para a área do envelhecimento, foi uma das primeiras que contou com a participação dos professores de Serviço Social, já que tal programa conta com o envolvimento de docentes de outras áreas. É necessário pontuar que, anteriormente, já foi coordenado por uma professora da área de nutrição. Atualmente voltou a ser coordenado por uma docente do curso, a professora Dra. Teresa Cristina Moura[12].

É mister ressaltar que, dos anos de 1990 para cá, vão sendo criados, pelos docentes, outros núcleos e grupos de pesquisa, que são cadastrados no Diretório dos Grupos de Pesquisa do CNPq e/ou na Pró-Reitoria de Pesquisa e Pós-Graduação da UFPI. Entre esses, destacam-se: o Núcleo de Estudos e Pesquisas sobre a Terceira Idade (NUPEUTI) — voltado para a área do envelhecimento; o Núcleo de Pesquisa e Estudos para Crianças e Adolescentes (NUPEC); o Núcleo de Pesquisa ENGENDRE — voltado para a temática de gênero; o Grupo de Estudo e Pesquisa Formação, Trabalho, Desigualdade Social e Políticas Públicas[13], voltado a estudos do trabalho em saúde (este grupo tem ligação com a Universidade de Brasília — UnB); o Núcleo

11. Dentro do corpo docente, outros professores do curso foram bolsistas de produtividade do CNPq, a saber: Antônia Jesuíta de Lima e Guiomar de Oliveira Passos.

12. Entre as coordenadoras do PTIA, ao longo de sua trajetória, destacam-se as professoras Dras. Maria do Rosário de Fátima e Silva, Iolanda Carvalho Fontenele e Solange Maria Teixeira.

13. Referida experiência vincula-se à Psychosociologie du Travail et de la Formation et Anthropologies des Pratiques du Centre de Recherche sur le Travail et le Développement du Conservatoire National des Arts e Métiers, CNAM, Paris.

de Estudos e Pesquisas sobre Sociedade, Direitos e Políticas Públicas (NUDISPP); o Núcleo de Estudos, Pesquisa e Extensão sobre Serviço Social e Questão Social (NEPESS); o Grupo de Estudos, Pesquisa e Extensão em Políticas Públicas e Saúde Mental (PPSAM); o Núcleo de Pesquisas, Estudos e Extensão em Estado, Políticas Públicas e Cidadania (NUPEPP).

Destacam-se que as pesquisas levadas a efeito pelas docentes, têm sido financiadas por organismos nacionais ou não, o que tem oportunizado intercâmbios fundamentais ao exercício do magistério[14] e, consequentemente, para a internacionalização do Programa de Pós-Graduação em Políticas Públicas da UFPI (programa em que a maioria dos docentes está vinculado) ou outro programa de pós-graduação de inserção dos docentes do curso. Além dessas pesquisas que têm oportunizado intercâmbios, é digno de nota o registro de outras pesquisas realizadas pelo corpo docente que muito tem contribuído para o processo de formação e engajamento de discentes da graduação e pós-graduação[15]. Importa registrar, mais uma vez:

14. Entre as experiências de pesquisa levadas a efeito pelos docentes destacam-se: a) o convênio entre a UFPI e a Universidade de Verona, na Itália, através do, hoje, Programa de Pós-Graduação em Educação — tal experiência desenvolveu-se em comunidades periféricas de Teresina; b) com a FLACSO — Brasil, o Instituto de Saúde Pública de São Paulo, via Núcleo de Estudos e Pesquisas nas áreas da Criança e do Adolescente (Nupec) nas áreas da juventude, e entre essas pesquisas cita-se a atual envolvendo Cuba, Paraguai, Chile, Peru, Argentina e México; c) com a França, através de pesquisas nas áreas da formação profissional envolvendo a Argélia; d) com a PUC-SP sobre a questão da identidade profissional; e) com o NEPESS, a pesquisa de avaliação do processo de unificação do Programa Bolsa Família em parceria com a UFMA; f) com o núcleo de pesquisa voltado para a família tem-se as seguintes pesquisas: Envelhecimento, família e políticas de cuidados na América Latina e União Europeia.

15. As atuais pesquisas que estão sendo desenvolvidas pelos docentes são: 1) do Grupo de Estudos, Pesquisa e Extensão em Políticas Públicas e Saúde Mental (PPSAM): Serviço Social e formação profissional em saúde mental; O Estágio Supervisionado em Serviço Social na Saúde Mental; Questão Social e Atenção Especializada em Saúde nas causas externas; Família no processo de desinstitucionalização em saúde mental no Brasil e no Piauí; Integração ensino-serviço-comunidade; Gestão da Saúde Mental no SUS; 2) do Núcleo de Estudos, Pesquisa e Extensão sobre Sociedade, Direitos e Políticas Públicas (NUSDIPP): as pesquisas voltadas para a rede de atenção à criança e ao adolescente; à Política de Segurança Pública de Justiça para a população carcerária do Piauí; a metodologia de avaliação de políticas sociais nas áreas

todos os docentes são concursados e estão vinculados a programas de pós-graduação dentro da UFPI[16]. Enfatize-se que muitos dos docentes e discentes tiveram ou ainda têm engajamento nos movimentos da categoria ou fora desta, e, nesse contexto, destacam-se: os Conselhos Regional e Federal de Serviço Social (CRESS/CFESS), a Associação Brasileira de Ensino e Pesquisa em Serviço Social (ABEPSS) e o próprio movimento docente na UFPI articulado ao Sindicato Nacional dos Docentes (Andes) [17].

---

da infância e da adolescência; o capitalismo, as desigualdades e o encarceramento em massa no Brasil frente à pandemia da covid-19; 3) do Núcleo de Estudos e Pesquisa sobre Criança e Adolescentes (Nupec): Observatório com as juventudes urbanas e rurais; Construindo referências sobre letalidade juvenil em Teresina. 4) do Núcleo de Pesquisa voltado para as questões de gênero (Engendre): Política de Assistência Social, centralidade da família e relações de gênero em Teresina; Corpos sexuados e/ou gênero na UFPI; Feminismo na UFPI; 5) do núcleo de pesquisa voltado para a seguridade social: Seguridade social, educação e tecnologias sociais na garantia da qualidade de vida; O SUAS em Teresina e os desafios à sua implementação em tempo de desmonte da Seguridade Social; Gerencialismo e gestão do SUAS no município de Teresina; 6) do núcleo de movimentos sociais: Modernidade, cidadania e lutas sociais; Mobilidade urbana de idosos em Teresina na perspectiva de usuários do CRAS; 7) do grupo de pesquisa sobre gestão pública e planejamento urbano: Planos diretores e sustentabilidade em municípios piauienses; O Programa Minha Casa Minha Vida (PMCMV) nos municípios de Teresina-PI e Timon-MA.

16. É digno de registro que os primeiros concursos realizados na UFPI tiveram a participação ativa dos docentes e discentes do curso de Serviço Social. As duas primeiras concursadas de Serviço Social só foram contratadas, de fato, depois de um amplo e vigoroso movimento dos docentes e discentes. É que, de forma deliberada ou não, havia a intenção, dos responsáveis da instituição, em protelar *sine die* essa contratação. Também é interessante acrescentar que as primeiras professoras do curso foram formadas no Ceará, no Maranhão, no Pará e no Rio de Janeiro.

17. CFESS e ABEPSS são as principais entidades, representativas da categoria, às quais os docentes do curso têm se vinculado organicamente. Os primeiros discentes e docentes do curso se envolveram, por exemplo, na criação da Associação Profissional dos Assistentes Sociais do Piauí (Apaspi), que depois se transformou no Sindicato dos Assistentes Sociais do Piauí (Sindaspi). Sobre essas duas entidades, elas tiveram um importante papel na organização e formação dos futuros assistentes sociais. Através dessas duas entidades foram realizados, a partir de 1982, os Encontros de Assistentes Sociais do Piauí, Enaspis, que transcorriam durante o mês de maio, de cada ano, e próximos ao dia 15, em que se comemora o dia do assistente social. Assim, foram realizados nove Enaspis. Quanto ao movimento docente, todos os professores são filiados à Associação dos Docentes da UFPI (ADUFPI/Andes) e alguns docentes já figuraram como delegados sindicais do atual Andes/Sindicato Nacional.

A contemporaneidade do curso de Serviço Social da Universidade Federal do Piauí – UFPI

Como relatado anteriormente, a atuação dos profissionais de Serviço Social na UFPI, envolve ações no campo da docência no ensino superior de graduação e de pós-graduação nos níveis *latu e stricto sensu* (no campo da pesquisa e da extensão) bem como funções administrativas no espaço da gestão de unidades de ensino de formação e, também, na gestão de instâncias superiores conforme hierarquia interna institucional desta IES. Dão sustentação teórica e política à atuação do Serviço Social no espaço da Universidade Federal do Piauí, o projeto ético político profissional e as diretrizes curriculares que orientam a formação profissional nesta área.

Os assistentes sociais, na UFPI,

> se somam às fileiras daqueles que lutam por uma universidade pública, autônoma, democrática, laica e plural, comprometida com sua função social e enquanto espaço de ressonância dos anseios da sociedade, principalmente levando em consideração os estratos sociais historicamente excluídos (Silva *et al.*, 2017).

No bloco dos esforços de resistência se situam os docentes de Serviço Social, que procuram cotidianamente, no exercício de suas atribuições no espaço universitário, contribuir com a formação e a qualificação de quadros profissionais para atuarem com competência técnica, teórica e política, frente aos desafios postos pela realidade brasileira e piauiense, nas diferentes conjunturas sociais. No âmbito da profissão de Serviço Social, a atividade docente constitui atividade privativa do assistente social conforme disposto no Art. 5º, incisos V, VI e VII, da Lei de Regulamentação da profissão no país (Lei n. 8.662, de 7 de junho de 1993).

Acrescenta-se que também é competência dos profissionais de Serviço Social a iniciativa da criação de cursos de Serviço Social em níveis de graduação e pós-graduação, e em áreas afins, necessitando para tanto da formulação de projetos específicos em consonância com as normas e exigências do Ministério da Educação, mas, preservando-se os princípios e diretrizes emanadas do projeto ético-político profissional. Nesse sentido, os parâmetros éticos e políticos que norteiam a ação profissional do Serviço Social em todos os campos de atuação e na ação docente, ensejam de acordo com Cardoso,

> O necessário compromisso com a competência profissional, como pressuposto básico para a efetiva qualidade dos serviços prestados à população. Competência essa que não se restringe à dimensão técnico-operativa do trabalho profissional, mas, sim, à unidade das dimensões ético-política, teórico-metodológica e técnico-operativa (Cardoso, 2013, p. 225).

No encaminhamento da prática docente do Serviço Social na UFPI, tanto nos primórdios do curso de Serviço Social, como contemporaneamente, esses parâmetros éticos políticos e teórico-metodológicos, são tomados como eixos de referência, configurando uma ação profissional comprometida com a formação de profissionais críticos, competentes e politizados, com capacidade para intervir na realidade social, enquanto sujeitos históricos. Como já salientado, em nível de ensino de pós-graduação, nos anos de 1990, por iniciativa da professora Dra. Aglair Setúbal, foi criada a primeira experiência de Mestrado Interinstitucional (MINTER) em Serviço Social no Brasil, através de convênio entre a Pontifícia Universidade Católica de São Paulo-PUC-SP e a UFPI, objetivando qualificar o seu quadro docente. Depois, foi realizada a experiência do Programa de Qualificação Institucional (PQI), em convênio com a UFMA, visando qualificar, em nivel de doutoramento, docentes do curso e de áreas afins. A nível local foi coordenado pela professora Dra. Simone de Jesus Guimarães. Nessa experiência foram realizadas missões de estudo e de trabalho envolvendo essas duas IES. As professoras Solange Teixeira e Iolanda Fontenele integraram essa experiência na condição de discentes do curso de doutorado do Programa de Pós-Graduação em Políticas Públicas da UFMA (PPGPP).

Foi também iniciativa desse coletivo docente, com o apoio de professores locais da área de Ciências Sociais, a criação e aprovação pela Capes, em 2001, do primeiro curso de mestrado acadêmico em Políticas Públicas do Centro de Ciências Humanas e Letras da UFPI, onde o curso de Serviço Social tem localização administrativa. Posteriormente, tal iniciativa, transformou-se, em 2010, surgindo, então, o curso de doutorado em Políticas Públicas no referido centro, passando a unidade administrativa, dessa pós-graduação, a ser nomeada como Programa de Pós-Graduação em Políticas Públicas, abrigando os dois níveis de curso mestrado e doutorado acadêmicos[18].

Antes desta experiência no nível do *stricto sensu*, o corpo docente de Serviço social desenvolveu algumas iniciativas de capacitação profissional com cursos em nível de aperfeiçoamento e atualização profissional dirigido aos supervisores de campo. É nesse contexto, que surgem cursos de Especialização nas áreas, por exemplo, de Política Social (via Núcleo de Pesquisas e Estudos voltados para a Criança e o Adolescente — Nupec), de Gerontologia Social (através do Núcleo de Pesquisa e Estudos nas áreas da Terceira Idade — NUPEUTI), de Gestão Pública (sob a responsabilidade do Núcleo de Estudos, Pesquisa em Serviço Social e Questão Social — NEPESS). O curso de Gestão Pública, em nível de especialização, foi desenvolvido em duas oportunidades, mediante parceria entre o Mestrado Acadêmico de Políticas Públicas e a Secretaria Estadual de Administração, nas gestões de Wellington Dias (quando governador do Piauí). Citado curso teve o objetivo de qualificar servidores públicos estaduais, para o exercício de suas atividades com maior zelo e competência. O mesmo foi operacionalizado sob a coordenação dos docentes de

18. As três primeiras gestões do Programa de Pós-Graduação em Políticas Públicas contaram com os seguintes docentes coordenadores: 1) Rosário Silva; 2) Simone Guimarães; 3) Maria D'Alva Ferreira. Além desses docentes, outras professoras também participaram da coordenação desse programa de pós-graduação, a saber: Solange Teixeira, Lúcia Rosa e Guiomar Passos.

Serviço Social integrantes do NEPESS, que é vinculado ao curso e ao Programa de Pós-Graduação em Políticas Públicas.

Antes da criação do curso de doutorado da UFPI, no período 2010 a 2014, foi realizada a primeira experiência de DINTER em Políticas Públicas do CCHL, mediante convênio firmado entre UFPI e UFMA, com o objetivo de qualificar professores das áreas de Serviço Social, Administração, Economia, Direito, Ciências Contábeis e História dessa IES. Tal experiência foi coordenada, em nível local, pela professora Dra. Maria do Rosário Silva e pela UFMA a professora Dra. Valéria Almada Lima. Através do DINTER foram realizadas missões de trabalho da UFPI e da UFMA. Na oportunidade foram qualificados, em nível de doutorado 10 docentes da UFPI. Cite-se, aqui, a contribuição da professora Dra. Ozanira da Silva e Silva, que coordenava na época a pós-graduação daquela IES.

No campo da pesquisa, reafirma-se: os docentes de Serviço Social têm se engajado em núcleos e redes de pesquisa, oportunizando a inserção dos alunos do curso de graduação em experiências de iniciação científica com o incentivo do CNPq e da UFPI, através do programa PIBIC. Através de experiências de pesquisa, tem-se, também, o engajamento de alunos da pós-graduação e, ainda, de profissionais de Serviço Social, recrutados conforme os interesses de estudo, além da participação de docentes de outras universidades locais, regionais, nacionais e estrangeiras. Dessa forma, o produto desses estudos tem contribuído para ampliar a contribuição do corpo docente e discente no campo da produção de conhecimento favorecendo o intercâmbio acadêmico e científico. É importante registrar, mais uma vez, o reconhecimento de docentes de Serviço Social da UFPI, no quadro dos pesquisadores de Produtividade do Conselho Nacional de Pesquisa e Tecnologia-CNPq[19], como também, mais recentemente, na qualidade de membros da representação da área de Serviço Social, no comitê de Avaliação do citado Conselho[20]. Também se registra a participação

19. As professoras Edna Goulart e Solange Teixeira são Bolsistas de Produtividade do CNPq.

20. A professora Solange Teixeira é a atual representante da área de Serviço Social no CNPq.

dos docentes de Serviço Social da UFPI em comissões de avaliação de cursos de graduação e pós-graduação da área de Serviço Social e em comitês de avaliação do prêmio Capes de Teses. Ressalte-se que a professora Dra. Solange Maria Teixeira é uma bolsista de produtividade do DSS que teve o seu trabalho reconhecido pelas instâncias de avaliação da área com o prêmio Capes de Tese.

No espaço da extensão a ação docente tem proporcionado a interação social entre a academia e a sociedade, através de programas e projetos sociais, permitindo o engajamento efetivo dos docentes e discentes nesta conexão necessária entre universidade e realidade social. Neste sentido coloca-se em destaque, o já mencionado Programa de Extensão Universitária para a Pessoa Idosa (PTIA), atualmente, constitui-se como um dos maiores programas de extensão da UFPI, com oferta semestral de cursos de educação permanente para os idosos, com uma média de matrícula semestral em torno de 400 alunos e com o envolvimento de docentes, alunos de graduação em Serviço Social, de pós-graduação em Políticas Públicas e de diferentes áreas da UFPI, além de profissionais voluntários.

Nas experiências de extensão citem-se ainda: em nível de graduação, a realização das Jornadas Científica de Serviço Social, que a cada ano conta com a coordenação das docentes e discentes (através do Centro Acadêmico) do curso de Serviço Social; em nível de pós-graduação a realização, a cada dois anos, do Simpósio Internacional Estado Sociedade e Políticas Públicas (SINESPP), promovido pelo Programa de Pós-Graduação em Políticas Públicas da UFPI. Esse Simpósio foi criado em 2010, em caráter nacional, por iniciativa das professoras Maria D'Alva Ferreira, Maria do Rosário Silva e Simone Guimarães. Ele foi transformado em evento de caráter internacional no ano de 2016. É importante acrescentar que o mesmo, ao longo de sua trajetória, tem contado com a participação de docentes e discentes de graduação e pós-graduação de universidades locais, regionais, nacionais e estrangeiras.

No tocante à gestão administrativa, a ação docente do Serviço Social na UFPI tem sido requisitada para a chefia e coordenação das unidades administrativas de formação em nível de graduação e de pós-graduação, como também na Pró-Reitoria de Ensino de Graduação, na diretoria do Centro de Ciências Humanas e Letras[21], nos conselhos internos de deliberação, nas câmaras setoriais e comitês de avaliação, a exemplo do PIBIC, quanto nos comitês das questões relacionadas ao ensino, pesquisa e extensão.

No que se refere ao engajamento político, é mister recordar o já enfatizado: os docentes de Serviço Social têm assumido atuação efetiva nas entidades de representação da categoria profissional, a exemplo dos conselhos federal e regional de reconhecimento e fiscalização do exercício profissional (CFESS e CRESS), na ABEPSS, que regula o projeto de formação profissional. No passado tais docentes tiveram engajamento efetivo nas organizações sindicais da categoria a exemplo da Associação Profissional dos Assistentes Sociais do Piauí — APAS/PI (1982 a 1984) e no Sindicato de Assistentes Sociais — SINDASPI (1984/1992). Sem contar, como dito atrás, o engajamento político-sindical dos docentes tem se dado de diversos modos: seja por intermédio do ANDES/sindicato nacional — entidade que regula e assume a luta pela defesa dos direitos da categoria docente no país — seja pelo envolvimento em outros movimentos como por exemplo, o Movimento dos Sem Terra, o movimento em defesa da agroecologia e desenvolvimento sustentável entre outros. As professoras Lila Luz, Dalva Ferreira, Francineide Pereira, Rita Sobral, Valéria Silva, Masilene Viana, Guiomar Passos, Rosário Silva, Simone Guimarães e o professor Roberto John da Silva são exemplos de docentes do curso, que, ao longo dos anos, engajaram-se em movimentos, internos e externos à instituição, que contribuíram para o desenvolvimento da trajetória do curso. Nos últimos anos, a nova geração de professores também tem se destacado na participação em movimentos das áreas da saúde e da saúde mental. Enfim, o corpo docente da UFPI tem reconhecimento local, regional, nacional e internacional de seriedade, competência

21. As docentes Dras. Vera Lúcia Nogueira (aposentada) e Guiomar Passos foram Pró-Reitoras de Ensino de Graduação. A docente Dra. Edna Maria Goulart é atual Diretora do Centro de Ciências Humanas e Letras.

e responsabilidade, buscando, em suas práticas, uma universidade pública de qualidade e comprometida com os direitos e a cidadania. Esse reconhecimento é atestado de diversos modos, como por exemplo, a participação de docentes do curso em bancas de avaliação de graduação e pós-graduação no Brasil e no exterior.

Referências

BRASIL. *Resolução 07 de 18 de dezembro de 2018*. Estabelece as Diretrizes para a Extensão na Educação Superior Brasileira e regimenta o disposto na Meta 12.7 da Lei n. 13.005/2014, que aprova o Plano Nacional de Educação — PNE 2014-2024 e dá outras providências.

CARDOSO, Priscila F. G. *Ética e projetos profissionais*: os diferentes caminhos do Serviço Social no Brasil. Campinas: Papel Social, 2013.

GUIMARÃES, Simone de J. *Memorial*: uma história de vida dedicada ao Serviço Social. Teresina, 2017.

SILVA, Maria do Rosário de F. e; FERREIRA, Maria D'Alva M.; GUIMARÃES, Simone de J.; ACOSTA, Ana Rojas. A prática docente do Serviço Social em Universidades Públicas Brasileiras: desafios e engajamento político. *Comunidades Sostenibles*: dilemas y retos desde el trabajo social. Madrid, 2017.

9

RETROSPECTIVA HISTÓRICA DO CURSO DE SERVIÇO SOCIAL DA UNIVERSIDADE FEDERAL DE SERGIPE:

1954 A 2021

Maria da Conceição Vasconcelos Gonçalves

Introdução

Resgatar aspectos que marcam a história do primeiro curso de Serviço Social em Sergipe é a ênfase a ser dada neste capítulo. As articulações com dois movimentos básicos vão ser essenciais para traçar o delineamento do curso que, durante 35 anos, foi o único[1]

1. O segundo curso de Serviço Social, em Sergipe, foi no âmbito de instituição privada transformada em Universidade Tiradentes, a partir de 1994. O curso de Serviço Social da Unit foi autorizado através do Decreto n. 97.645, de 12 de abril de 1989, reconhecido pela Portaria n. 1.360, do MEC, de 16 de setembro de 1992 (SILVA, DANTAS e FREIRE, 2015).

responsável pela formação de assistentes sociais no estado. Nessa direção, o primeiro movimento é o de fazer as mediações entre a conjuntura local e nacional e, simultaneamente, apreender a origem e desenvolvimento desse curso com os demais. Torna-se relevante demarcar que essa tarefa tem como norte a perspectiva histórico-crítica de situar o surgimento da profissão como um produto de síntese dos projetos político-econômicos materializados na dinâmica social (Montaño, 2007). Assim, um item aborda a origem do curso e a sua inserção na Universidade Federal de Sergipe (UFS). O outro retrata aspectos que situam os desafios e avanços a partir desse momento até a pós-graduação.

Da origem à inserção na Universidade Federal de Sergipe: 1954 a 1968

O primeiro curso de Serviço Social, em Sergipe, tem o ano de 1954, como data de referência de sua origem. A Escola de Serviço Social, instituída em 22 de janeiro de 1954[2] pela Sociedade Sergipana de Cultura[3], tem as Irmãs Missionárias de Jesus Crucificado[4] como principais protagonistas para a sua implantação, consolidação e reconhecimento na sociedade sergipana. Elas chegaram a Aracaju, em fevereiro de 1954, com o objetivo de organizar a futura Escola, que,

2. Essa data consta do Artigo 1º do primeiro Regimento Interno da Escola de Serviço Social. Destaca-se que a inserção de assistentes sociais já se fazia presente em duas instituições locais, o Hospital de Cirurgia, fundado em 1926, implantou o Serviço Social em 1946, e a Legião Brasileira de Assistência, em 1943.

3. Entidade sem fins lucrativos, criada em 1950, por iniciativa do bispo Dom Fernando Gomes, com finalidade de instruir, manter e dirigir as faculdades e demais Institutos de caráter social e cultural, que mais tarde viessem integrar a Universidade Católica de Sergipe (Gonçalves, 2004, p. 14).

4. Essa congregação, em Aracaju, de início foi representada pelas irmãs Albertina Brasil Santos, que assumiu a direção da Escola, Maria de Lourdes Mafra, a Vice-Diretora, e Judith Junqueira Vilela, Secretária, responsável por fazer os registros sobre o curso. Posteriormente, chegaram a Aracaju outras irmãs missionárias.

entre as primeiras ações registradas, constam o vestibular da primeira turma[5] e a solenidade de inauguração, em 27 de março de 1954[6].

À semelhança do surgimento dos primeiros cursos de Serviço Social, a articulação entre Estado[7], Igreja[8] e elites dominantes também se fez presente em Aracaju para a criação do primeiro curso, 18 anos após a primeira Escola de Serviço Social, em 1936, na cidade de São Paulo e 14 anos antes da instalação da Universidade Federal de Sergipe. A capital do menor estado brasileiro apresentava traços marcantes quando ingressou a década de 1950, época da ideologia desenvolvimentista, da consolidação do capitalismo monopolista no Brasil, do retorno de Getúlio Vargas ao poder (1951-1954) com a bandeira do nacionalismo e, posteriormente, do governo de Juscelino Kubitschek articulando "[...] a política de massas getulista com a abertura para a internacionalização da economia brasileira" (Iamamoto; Carvalho, 1982, p. 346).

Pode-se afirmar que, em Sergipe, do ponto de vista econômico, a industrialização avançava de forma tímida, ao lado da agropecuária, desencadeando processos tais como, a migração do campo para cidade, o aceleramento da urbanização de Aracaju com o crescimento,

---

5. Segundo dados extraídos do Livro de Atas de Registro da Faculdade: 1954/1969, o primeiro vestibular ocorreu no dia 13/03/1954, sob a coordenação da diretora da escola e do padre Luciano José Cabral Duarte, designado por Dom Fernando Gomes para acompanhar as irmãs missionárias nas tarefas de implantação da Escola de Serviço Social. Vinte candidatas inscritas e aprovadas.

6. Dados extraídos do Livro de Atas de Registro da Faculdade: 1954/1969. O curso foi reconhecido pelo governo federal através do Decreto n. 38.413, de 26 de dezembro de 1955, e pelo Ministério de Educação e Cultura (MEC), pelo Decreto Lei n. 3.413, de 05/01/1956. A partir dessa data, a Inspetora da Delegacia do MEC, Celina Oliveira Lima, passou a acompanhar o desenvolvimento da Escola e enviar semestralmente relatórios para o Diretor do Ensino Superior do MEC.

7. Sergipe, à época da criação do primeiro curso de Serviço Social, era governado por Arnaldo Rollemberg Garcez (1951-1955), eleito em outubro de 1950, na legenda da coligação entre o Partido Social-Democrático (PSD) e o Partido Republicano (PR) que venceu o candidato da União Democrática Nacional (UDN) (Barreto, 2006).

8. A Igreja foi representada por Dom Fernando Gomes, bispo da diocese de Aracaju, responsável pela mediação que culminou com a criação da Escola de Serviço Social.

em paralelo, das periferias da cidade para abrigar novos migrantes (França, 1999; Gomes, 2017). São determinações socioeconômicas que provocam a erosão e visibilidade de inúmeras expressões da questão social, entre elas o desemprego, a elevação do custo de vida, a mendicância nas principais ruas. Aliada aos fatores econômicos e sociais, a disputa pelo poder político ocorreu entre distintos partidos (União Democrática Nacional — UDN, Partido Social- Democrático — PSD, Partido Republicano — PR, entre outros) que representavam os interesses das principais atividades econômicas. Esse cenário aracajuano foi favorável ao acionamento do Estado, da Igreja e das elites dominantes para criar uma instituição com a responsabilidade de formar profissionais e divulgar valores ideológicos capazes de atenuar os conflitos advindos da desigualdade social. Com base nas reflexões de Iamamoto (1992, p. 18) e Aguiar (1982, p. 28), Santos, Gonçalves e Cruz (1998, p. 32), afirmam,

> As escolas de Serviço Social, naquele contexto histórico, representavam uma das estratégias utilizadas pela Igreja católica para a formação de quadros aptos a intervir na questão social, visando ao desenvolvimento de um processo de evangelização da sociedade e de uma ação missionária, para se contrapor aos princípios do liberalismo e do comunismo.

É evidente a influência da doutrina social da Igreja católica nos primeiros anos do curso de Serviço Social, inclusive no currículo de 1954, no qual foram incluídas as disciplinas de conteúdo católico, Cultura Religiosa e Seminário de Formação; em 1956 houve a inserção da disciplina Doutrina Social da Igreja, além das indicadas pela Associação Brasileira de Escolas de Serviço Social (ABESS)[9] e presentes na legislação então em vigor, a Lei n. 1.889 de 13/06/1953 e o Decreto n. 35.311 de 08/04/1954, que regulamentavam o ensino de Serviço

9. A partir de 1998, a ABESS foi alterada para Associação Brasileira de Ensino e Pesquisa em Serviço Social (ABEPSS). Entidade criada em 1946, empreendeu a luta para regulamentar o ensino de Serviço Social. A depender do período, no texto, utiliza-se ABESS e/ou ABEPSS.

Social. Outro ponto a ressaltar é que entre os dez professores que iniciaram o curso, em 1954, cinco eram religiosos sendo três freiras e dois sacerdotes.

Em relação ao vínculo com a Igreja é pertinente pontuar, além de Dom Fernando Gomes na condução dos primeiros passos do curso, as influências de dois outros nomes, com projeção nacional, com pensamentos ideológicos distintos para demarcar o convívio e a hegemonia de matrizes teórico-metodológicas distintas na profissão e que orientaram — e ainda orientam — o exercício e a formação profissional. Um deles, Dom José Vicente Távora[10], conhecido como bispo dos operários, foi fundamental para a direção social do curso de Serviço Social, no período que antecedeu o golpe militar de 1964. A sua aproximação com a direção da Escola e com discentes ocorria através de várias frentes, entre elas a Juventude Universitária Católica (JUC), o incentivo para a realização de ações comunitárias nos bairros periféricos de Aracaju. Outra contribuição relevante do religioso ocorreu através do Movimento de Educação de Base (MEB), entidade da qual foi presidente, no período de 1961 a 1965, estimulando a difusão do sindicalismo rural e do método Paulo Freire, por meio das escolas radiofônicas. Essas ações, consideradas dissonantes da ala conservadora da Igreja, foram alvos do golpe militar de 1964 e fundamentais para o despertar de uma consciência crítica entre alguns profissionais e discentes mais vinculados ao arcebispo de Aracaju, bem como a Dom Hélder Câmara, liderança nacional. Outro nome marcante na trajetória do curso e da Universidade Federal de Sergipe é o de Dom José Luciano Cabral Duarte[11], que assumiu a Arquidiocese de Aracaju,

10. Assumiu a Arquidiocese de Aracaju, em 22 de março de 1958, sucedendo Dom Fernando Gomes dos Santos.

11. Como dito em nota anterior, Dom Luciano contribuiu com o curso desde a chegada das Irmãs Missionárias, em Aracaju. Considerado pertencente à ala mais conservadora da Igreja, foi o grande mediador entre Igreja, Estado e lideranças civis e políticas que resultou na criação, em 1967, da PRHOCASE, experiência de reforma agrária que serviu de base para experiências de estágio de discentes do curso de Serviço Social, principalmente de desenvolvimento de comunidade. Ver detalhes de criação dessa instituição em Santos (2017).

em 1971, com o falecimento do seu antecessor, em 1970. Ele foi um dos principais protagonista para a criação da UFS[12], em 1968, com a inserção do curso de Serviço Social[13]. Sua ação prioritária foi no âmbito da educação, inclusive exerceu cargos de destaque em Brasília, principalmente junto ao Conselho Nacional de Educação. Vale ressaltar que dois docentes do curso de Serviço Social, madre Albertina Brasil e padre José de Araújo Mendonça, fizeram parte das listas tríplices da primeira eleição para reitor e vice-reitor da universidade, em 1968.

Assim como os demais cursos de Serviço Social, a formação profissional, em Sergipe, teve — nesse período — como predominante, além da doutrina social da Igreja, o positivismo como fundamentos. Há influência norte americana, especialmente do funcionalismo e tecnicismo. Docentes da escola de Serviço Social participaram de cursos nos Estados Unidos[14] e no Canadá[15] Deduz-se que fizeram parte da política de intercâmbio econômico-político-cultural estabelecida entre os Estados Unidos e os países da América Latina, no treinamento de profissionais, entre eles, assistentes sociais (Trindade, 2001, p. 13).

A Escola de Serviço Social ocupava lugar de destaque na sociedade aracajuana, principalmente na década de 1950, através de atividades culturais tais como, conferências abertas[16] ao público com temáticas distintas, ademais, há registros que demarcam o intercâmbio com

---

12. A UFS foi instituída pelo Decreto-lei n. 269, de 28 de fevereiro de 1967, instalada em 30 de abril de 1968 (Rollemberg; Santos, 1999, p. 11 a 13), e solenemente implantada em 15 de maio de 1968.

13. O curso de Serviço Social passou a integrar a UFS juntamente com os cursos de Química, Ciências Econômicas, Direito, Medicina e Filosofia, este último também mantido pela Igreja (Bretas; Oliveira, 2014). Ressalta-se que, durante o processo de construção da UFS, em 29.3.1967, a Escola passou a ser denominada Faculdade de Serviço Social.

14. Em 1957, a irmã Albertina Brasil fez curso de especialização, e o padre José de Araújo Mendonça fez o mestrado durante a década de 1960.

15. Durante a década de 1960, a irmã Laisy Roriz fez o mestrado.

16. Para exemplificar: "Assistente Social e o problema da saúde", Dr. João Cardoso Nascimento Júnior, em 30/04/1954; "O que é Serviço Social", Aracy Cardoso de Almeida, 16/10/1955; "Psicologia", Dr. Vilhena de Morais, 23/5/1956; "O marxismo", Dr. Carlos Garcia, em 14/2/1959 (Rosa, 1996).

instituições locais, autoridades e técnicos do próprio estado, de outros estados e países[17].

No período de 1954 a 1968 destaca-se, em 1959, a criação da Superintendência do Desenvolvimento do Nordeste (Sudene), órgão estratégico na difusão da política desenvolvimentista do governo JK na região nordestina, incentivando as ações comunitárias e influenciando distintas profissões, inclusive o Serviço Social, principalmente através de capacitação. Segundo Vieira *et al.* (1987, p. 101) na década de 1960 "[...] ocorreram vários encontros nacionais e regionais em que os assistentes sociais discutiram temas de profundo interesse para a categoria [...]", entre eles desenvolvimento, planejamento, desenvolvimento de comunidade. Vale ressaltar naquela conjuntura o movimento de reconceituação do Serviço Social (1965-1975), envolvendo diferentes países da América Latina, e a primazia da perspectiva modernizadora[18] no bojo do processo de renovação (Netto, 1991). Entre os registros sobre o curso de Sergipe, destacam-se a realização do I Encontro das Escolas de Serviço Social do Nordeste, em Aracaju, no período 23 a 30/03/1963; e a participação de docentes, entre elas a Vice-Diretora da Escola, Maria Luiza de Souza, no curso de especialização, em 1967, na cidade do Rio de Janeiro, sobre problemas de Serviço Social.

É relevante ressaltar alguns aspectos econômicos, especialmente os decorrentes da exploração de minérios (petróleo, potássio, sal-gema e outros), em Sergipe, durante as décadas de 1960 e 1970, que trazem rebatimentos no social, na política e no curso. Entre eles, segundo França (1999, p. 79):

> A exploração dos recursos minerais sergipanos, iniciada ainda na década de sessenta, a transferência da sede da Região de Produção do Nordeste

17. A Escola, por exemplo, recebeu as visitas do Secretário Geral da Aliança Francesa, em 05/04/1954, do Vice-Cônsul dos Estados Unidos no Brasil, em 17/04/1954 (Rosa, 1996, p. 93).

18. Segundo Netto (1991, p. 180) José Lucena Dantas, principal intelectual dessa direção, difundiu sua proposta em diversas locais. Em Aracaju, há o registro do curso de Dantas "Introdução geral do Serviço Social", no período de 23/07 a 08/08/1973 (Gonçalves, 2004, p. 49-50).

> de Maceió para Aracaju, a criação da Universidade Federal de Sergipe, a implantação do Distrito Industrial de Aracaju no início da década de setenta e a política habitacional desenvolvida pela COHAB transformaram a capital do Estado em forte ponto de atração para a migração.

Haja vista o exposto, novas instituições e demandas são apresentadas para o curso de Serviço Social diante do novo cenário da capital sergipana. Entre elas, a abertura de campos de estágio para Petrobrás e a Companhia de Habitação Popular de Sergipe (COHAB-SE)[19].

A habilidade dos gestores da Escola em tecer articulações com representantes dos setores públicos e privados, com assistentes sociais de outros estados e egressos do curso contribuiu para que docentes assumissem cargos relevantes em instituições sergipanas assim como para a organização política da categoria, em nível local, através de entidades de classe, como a Associação Brasileira de Assistentes Sociais (ABAS)[20], o Conselho Regional de Serviço Social (CRESS)[21]. Nessa perspectiva enfatiza-se a sua filiação à ABESS, em 1954, e a influência para a organização política dos discentes, em 06/06/1954, com a criação e posse da primeira diretoria do Centro Acadêmico Maria Kiehl. Durante esse período e após a inserção do curso na Universidade, em 1968, diferentes docentes fizeram parte de diretorias locais bem como nacionais[22] do Conselho Federal de Serviço Social (CFESS), da ABEPSS e cargos relevantes na administração da UFS tais como Pró-Reitoria

19. Criada através da Lei n. 1.277, de 8 de junho de 1964, em decorrência da implantação do Sistema Financeiro de Habitação, pelo Governo Federal, teve na coordenação do setor de Serviço Social a Assistente Social Léa Maria Guimarães de Carvalho, docente do curso.

20. Por incentivo de docentes do curso de Serviço Social foi fundada, em 06/05/1958, desativada em 1972, devido ao golpe militar e reativada, em 1977, com o início da transição democrática brasileira acompanhando a reorganização da categoria em nível nacional.

21. Luta incentivada por alguns docentes para a existência, de início, de uma Delegacia vinculada ao Conselho Regional da 5ª Região/ Bahia e, posteriormente, para ser desmembrado e tornar-se o Conselho Regional de Assistentes Sociais da 18ª Região mediante Resolução do CFAS n. 171/83, de 26 de agosto de 1983.

22. O CFESS teve na Presidência da gestão 2017-2020, a Dra. Josiane Soares Santos, docente dos cursos de graduação e pós-graduação em Serviço Social da Universidade Federal de Sergipe.

de Extensão, Pró-Reitoria de Assuntos Estudantis, no poder público municipal e estadual.

Desafios e avanços após a inserção na UFS

A inserção na UFS provocou uma nova dinâmica entre docentes e discentes do curso, ao passar de uma escola isolada e particular para integrar uma universidade pública. Desafios e avanços foram enfrentados pelos integrantes do curso diante desse novo reordenamento. Mudanças vinculadas ao ensino, extensão, pesquisa e estrutura administrativa provocaram alterações que contribuíram para a interlocução com outros paradigmas teóricos, o distanciamento dos fundamentos do positivismo, da doutrina social da Igreja, o diálogo com outras áreas de conhecimento, a ampliação e laicização do corpo docente através de concursos públicos. Diante dos limites deste capítulo serão retratadas, prioritariamente, aquelas vinculadas à formação profissional.

Do ponto de vista organizacional, o curso recebeu a nomenclatura de Departamento de Serviço Social (DSS) integrando o Centro de Ciências Sociais Aplicadas (CCSA), a partir da Reforma Administrativa da UFS, aprovada pelo Conselho Federal de Educação (MEC), em 1978, exigindo novas relações acadêmicas, administrativas e de organização política[23].

Em relação ao ensino destacam-se os processos de revisão curricular vivenciados pelos integrantes do curso, principalmente os que resultaram no currículo de 1982[24] e nas diretrizes curriculares

23. Alguns docentes do curso tiveram participação ativa na criação da Associação de Docentes da Universidade Federal de Sergipe (ADUFS), em 10/11/1979, e das diretorias nos anos subsequentes.

24. Aprovado pelo Parecer n. 412 / CFE, de 04/08/1982, foi implantado, em 1985, pelo DSS/UFS.

de 1996[25]. Ressalta-se, de início, o envolvimento do corpo docente da época para atender as mudanças curriculares[26] provocadas pela reforma universitária de 1968, Lei n. 5.540, que entre outras medidas, instituiu o sistema de créditos, os níveis de pós-graduação[27], o regime de dedicação exclusiva para a docência.

Em relação ao currículo de 1982, que introduziu a teoria social de Marx na formação profissional, destaca-se o protagonismo da região Nordeste[28], em abril, na cidade de Mossoró, no IX Encontro Regional da ABESS (NE) e, em setembro, na XX Convenção Nacional da ABESS, em Belo Horizonte, ambos, em 1977, com a participação de representantes do curso. A região Nordeste apresentou proposta referendada nacionalmente de postergar a reforma curricular para a Convenção de 1979 (Weisshaupt,1985; Sobral, 2004). A argumentação proposta de rever o currículo tinha por fundamento o concreto.

> Nesse Encontro os representantes dos cursos de Serviço Social do Nordeste concluíram pela irrelevância da proposta se não fossem estudadas objetivamente, a prática profissional do assistente social e a emergência das novas demandas sociais determinantes (Weisshaupt, 1985, p. 17) [29].

---

25. Aprovada, em 1996, no âmbito da ABESS, após processo de tramitação, obteve aprovação do MEC mediante a Resolução CNE /CES n. 15, de 13/03/2002, com base nos pareceres CNE/ CES n. 492/2001 e n. 1.363/2001. Foram implantadas no DSS/UFS, em 2003, no curso noturno.

26. Conselho Federal de Educação aprovou o Parecer n. 342, em 13/03/1970, fixando o currículo mínimo para os cursos de Serviço Social. Foi implantado, em 1974, no DSS/UFS.

27. Os docentes do curso foram inseridos na UFS, em sua maioria como titulares. As exigências de capacitação advindas da Lei n. 5.540/68 suscitou a realização, durante as décadas de 1970 e 1980, de diversos cursos no âmbito local, mas, também, motivou a saída de algumas docentes já titulares para fazerem o mestrado, entre elas, Núbia Marques de Azevedo, Maria Luiza de Souza, Maria Diná Menezes, na PUC-SP e Gelba Cavalcante Cerqueira, PUC-Rio. A pós-graduação posteriormente passou a ser condição para compor a carreira docente.

28. A professora Maria Luiza de Souza, docente do curso de Serviço Social da UFS, fazia parte da Diretoria da Região Nordeste da ABESS.

29. Jean Robert Weisshaupt, professor efetivo do DSS desde 1969, assumiu a assessoria regional da pesquisa denominada na região "Pesquisa Nordeste".

Após a realização de pesquisas pelas diferentes regiões da ABESS nos dois anos que antecederam a XXI Convenção Nacional da ABESS, ocorrida em 1979, na cidade de Natal, além da aprovação da proposta curricular, foi eleita nova diretoria para 1979-1981. O Nordeste assumiu a presidência da entidade[30], enquanto expressão da correlação de forças da época, e Aracaju passou a sediá-la tendo as docentes do curso Cândida Maria Nascimento Fontes, como Presidente, Maria Luiza de Souza, Secretária e Izaura Lúcia da Fonseca Sobral, Tesoureira.

Enfatiza-se que esse processo de revisão curricular que alterou a direção social da formação profissional está imbricado com o início do processo de redemocratização do Brasil no final da década de 1970, com a reorganização da sociedade civil, o despontar da revitalização do movimento sindical. Durante a década de 1980, distintos movimentos sociais eclodiram no cenário brasileiro, incluindo a cidade de Aracaju. Vale pontuar, naquele momento, a primazia da direção intenção de ruptura que, segundo Netto (1991, p. 159), "[...] dá o tom da polêmica profissional e fixa as características da retórica politizada [...] de vanguardas profissionais de maior incidência na categoria, permeando o que há de mais ressonante na relação entre esta e a sociedade". Essa conjuntura é propícia à articulação de docentes e discentes com profissionais e lideranças de alguns movimentos sociais principalmente através de experiências de estágio, de extensão e de pesquisa. Entre eles, cita-se a participação de docentes do DSS (UFS) integrando a assessoria aos movimentos populares e, especialmente, ao Centro Sergipano de Educação Popular (Cesep). Constata-se, ainda, a inclusão no currículo do DSS (UFS), de disciplinas de conteúdos sobre movimentos sociais, a questão agrária[31]. Assim, foi nesse contexto que, nacionalmente e de forma coletiva, desencadeou-se o processo

30. Na época, a sede da ABESS era itinerante, ou seja, no estado de residência da presidente, e o reitor da UFS, professor Aloísio Campos, apoiou as docentes que assumiram a presidência. Outros estados nordestinos também sediaram a ABESS, como Maranhão, Rio Grande do Norte e Pernambuco.

31. São desenvolvidas experiências de estágio nos assentamentos dos Sem Terra de Sergipe através do Projeto Limiar.

de construção do projeto ético político do Serviço Social, contando com representações de docentes e de discentes do curso em eventos nacionais e regionais da ABEPSS, do CFESS, do Congresso da Virada (1979), e dos encontros que resultaram na constituição da Comissão Executiva Nacional de Entidades de Classes de Serviço Social (Ceneas).

As transformações, presentes na década de 1990, advindas do mundo do trabalho, da globalização, da redução do papel do Estado, da crise do capitalismo mundial, entre outras determinações, provocaram um novo processo de revisão curricular, sob coordenação da ABESS[32], a partir de 1994, que resultou nas Diretrizes Curriculares de 1996. O DSS (UFS) se fez presente nas diferentes oficinas regionais e nacionais da ABESS desenvolvendo em nível local processo coletivo e participativo para a discussão da proposta curricular através de oficinas, de seminários e outras atividades. Entre elas, destacou-se o seminário "A crise de paradigmas e a formação profissional", com a palestra de abertura da professora Marieta Koike, presidente da ABESS, em 06/10/1994, a realização da Oficina Estadual, em 15/09/1998, com a participação da professora Ana Elizabete Mota, da Universidade Federal de Pernambuco, congregando docentes, discentes supervisores de campo do DSS (UFS) e da UNIT e, profissionais interessados na temática, para debater e traçar diretrizes e princípios fundamentais para os projetos pedagógicos dos dois cursos. O projeto pedagógico do DSS (UFS) está em vigor desde 2003.

Sinaliza-se, ainda, a partir da inserção na UFS, o aprofundamento das atividades de extensão e a inclusão de atividades de pesquisa de forma contínua. O famoso tripé ensino, pesquisa e extensão exigido para o status de uma universidade foi incorporado na dinâmica do DSS (UFS) contribuindo para o seu fortalecimento. Um dos grandes desafios foi a capacitação[33] de docentes em nível de pós-graduação,

---

32. Na época presidida pela professora Maria Marieta dos Santos Koike, da Universidade Federal de Pernambuco.

33. Fez parte dessa estratégia de capacitação docente o Programa de Qualificação Institucional (PQI) da Capes, Convênio n. 0056/03, envolvendo o Departamento de Serviço Social da

especialmente o doutorado, para compor o programa de pós-graduação. A partir da década de 1990, conjunturas marcadas por contrarreformas, em especial as que atingiram o ensino superior, suscitando o aceleramento de aposentadorias de docentes — a mercantilização da educação, entre outros fatores, retardaram esse processo, em Aracaju. Somente em 2011, foi implantado o Programa de Pós-Graduação em Serviço Social (PROSS)[34], que está em processo de consolidação com um total de 81dissertações defendidas até fevereiro de 2021.

Os grupos de pesquisa (Grupo de Estudos e Pesquisas em Fundamentos, Formação em Serviço Social e Políticas Sociais — GEPSSO; Grupo de Estudos e Pesquisas em Trabalho, Questão Social e Movimentos Sociais — GETEQ; Grupo de Estudos e Pesquisas Marxistas — GEPEM e Grupo de Estudos e Pesquisas em Saúde- GEPS) revitalizados e/ou constituídos com a pós-graduação, ao lado de outros mais antigos, o Núcleo de Estudos e Pesquisas Interdisciplinares sobre a Mulher e Relações de Gênero (NEPIMG) e o Núcleo de Pesquisa e Ações da Terceira Idade da Universidade Federal de Sergipe (NUPATI) têm se constituído em espaços de fortalecimento da graduação e da pós-graduação, da produção de conhecimento e de ampliação das interlocuções com outras universidades, instituições e de construção de estratégias para o enfrentamento de novos desafios.

Considerações finais

Tarefa árdua de traçar, de forma breve, as peculiaridades de um curso com uma história de 67 anos de existência construída por

---

Universidade Federal de Sergipe (DSS/UFS), a Universidade de Brasília (UnB) e a Pontifícia Universidade Católica de São Paulo (PUC-SP).

34. Aprovado, durante a 124ª Reunião do Conselho Técnico Consultivo de Educação Superior (CTC/ES) da Capes, em março/2011, em Associação Temporária com a UnB até julho/2015. A primeira turma começou em agosto de 2011, e a primeira defesa ocorreu em setembro de 2013.

diferentes sujeitos (docentes, discentes, técnicos administrativos) em conjunturas diversas. A intenção principal foi a de registrar algumas particularidades do curso em consonância com a dinamicidade do contexto social, econômico e político e da profissão no processo histórico. Evidencia-se a sua contribuição no âmbito da UFS, da sociedade e o esforço empreendido em diferentes momentos históricos para acompanhar as mudanças inerentes à profissão e às transformações da sociedade. A formação permanente dos docentes e discentes faz parte da proposta de continuar defendendo com firmeza e intransigência o projeto ético-político do Serviço Social.

Referências

AGUIAR, Antônio Geraldo. *Serviço Social e Filosofia*: das origens a Araxá. São Paulo: Cortez; Piracicaba: Unimep, 1982.

BARRETO, Luiz Antonio. Arnaldo Rollemberg Garcez, um político de muitos mandatos. *BLOGS*, 19 jan. 2006. Disponível em: https://infonet.com.br/blogs/arnaldo-rollemberg-garcez-um-politico-de-muitos-mandatos/. Acesso em: 16 fev. 2021.

BRETAS, Silvana Aparecida; OLIVEIRA, Iadrelhe de Souza. A constituição da Universidade Federal de Sergipe (1950-1960): um estudo sobre aspectos históricos da educação superior brasileira. História da Educação (*on-line*). Porto Alegre, v. 18, n. 42, p. 151-169, jan./abr. 2014. Disponível em: https://seer.ufrgs.br/asphe/article/view/30339. Acesso em: 18 fev. 2021.

FRANÇA, Vera Lúcia Alves. *Aracaju*: Estado & metropolização. São Cristóvão: Editora UFS, 1999.

GOMES, Rodrigo Rodrigues Freire. Aracaju. *Infoescola*. 2017. Disponível em: https://www.infoescola.com/geografia/aracaju/. Acesso em: 16 fev. 2021.

GONÇALVES, Maria da Conceição Vasconcelos. Resgate da escola de Serviço Social: trajetória histórica do curso de Serviço Social. *Revista Jubileu de Ouro*

Serviço Social. Departamento de Serviço Social. Universidade Federal de Sergipe. São Cristóvão: UFS, 2004. p. 13-24.

IAMAMOTO, Marilda Villela. *Renovação e conservadorismo no Serviço Social*: ensaios críticos. São Paulo: Cortez, 1992.

IAMAMOTO, Marilda Villela; CARVALHO, Raul de. *Relações sociais e Serviço Social no Brasil*: esboço de uma interpretação histórico-metodológica. 10. ed. São Paulo: Cortez, 1995.

MONTAÑO, Carlos. *A natureza do Serviço Social*. São Paulo: Cortez, 2007. p. 17-54.

NETTO, José Paulo. *Ditadura e Serviço Social*: uma análise do Serviço Social no Brasil pós-64. São Paulo: Cortez, 1991.

ROLLEMBERG, Maria Stella Tavares; SANTOS, Lenalda Andrade dos (org.). *UFS*: História dos cursos de graduação. São Cristóvão: Editora UFS, 1998.

ROSA, Lenice S. O. *et al*. *Reconstrução histórica da Escola de Serviço Social*: década de 50. 1996. Trabalho de Conclusão de Curso Graduação em Serviço Social – Departamento de Serviço Social da Universidade Federal de Sergipe, São Cristóvão: DSS-UFS 1996.

SANTOS, Eliane Marcos; GONÇALVES, Maria da Conceição Vasconcelos; CRUZ, Maria Elisa da. História do Curso de Serviço Social. *In*: ROLLEMBERG, Maria Stella Tavares; SANTOS, Lenalda Andrade dos (org.). *UFS*: História dos cursos de graduação. São Cristóvão: EDUFS, 1998. p. 31- 46.

SANTOS, Magno Francisco de Jesus. "O estremecer de uma súbita esperança": os camponeses da Cotinguiba e a negociação pela terra no tempo de Dom Luciano Duarte. *Horizonte*, Belo Horizonte, v. 15, n. 48, p. 1480-1503, out./dez. 2017. ISSN 2175-5841. Disponível em: http://periodicos.pucminas.br/ index.php/horizonte/ article/view/P.2175-5841.2017v15n48p1480/12851. Acesso em: 16 fev. 2021.

SILVA, Ana Paula da; DANTAS, Ana Valéria da Cruz; FREIRE, Edla Silvia. *Relatório Final de Estágio Supervisionado I e II*. Aracaju: Unit, 2015.

SOBRAL, Izaura Lúcia da Fonseca. Trajetória do curso de Serviço Social em Sergipe década de 80 a 90. *Revista Jubileu de Ouro Serviço Social*. São Cristóvão: Departamento de Serviço Social. Universidade Federal de Sergipe, 2004. p. 52-58.

TRINDADE, Rosa Lúcia Prédes. Desvendando as determinações sócio-históricas do instrumental técnico-operativo do Serviço Social na articulação entre demandas e projetos profissionais. *Revista Temporalis*, Brasília, ano II, n. 4., p. 2-24, jul./dez. 2001. Disponível em: http://cressrn.org.br/files/arquivos/ 65N06Bp3 L00eI373q8j6.pdf. Acesso em: 20 fev. 2021.

UNIVERSIDADE FEDERAL DE SERGIPE (UFS). *Livro de Atas de Registro da Faculdade*, 1954/1969.

VIEIRA, Ana Cristina de Souza *et al*. O Serviço Social e o desenvolvimento de 1961 a 1968. Revista *Serviço Social & Sociedade*. São Paulo: Cortez, n. 24, ago. 1987.

WEISSHAUPT, Jean Robert (org.). *As funções sócio-institucionais do Serviço Social*. Cortez: São Paulo, 1985.

Parte III

O Serviço Social em Pernambuco: a contribuição do PPGSS/UFPE

1

MEDIAÇÕES HISTÓRICAS DA FORMAÇÃO PROFISSIONAL EM PERNAMBUCO:

atuação da Igreja e do Estado (1940-1970)

Ana Cristina de Souza Vieira

Introdução

O texto apresenta uma reflexão sobre a formação em Serviço Social em Pernambuco, de 1940 até os anos 1970, buscando entender a profissão para além dela própria, conectando-a ao movimento do real, especificamente às transformações nas relações de produção e reprodução no espaço da região Nordeste, gerando a necessidade de assistentes sociais e, também, mudanças na Igreja católica, sua primeira fonte de inspiração e as modificações na educação superior, após o golpe de 1964.

Ao criar a Escola de Serviço Social de Pernambuco no Juizado de Menores, o Juiz de Menores Dr. Rodolfo Aureliano pretendia qualificar profissionais para o enfrentamento da questão social pelo Estado, em suas expressões relacionadas com crianças, adolescentes e suas famílias, num período em que muitas mudanças se processavam no país e num dos mais importantes estados do Nordeste. A consolidação do capitalismo no país definia a necessidade de profissionais para lidar com os problemas sociais de indivíduos e famílias, considerados como desajustamentos sociais, decorrentes do crescimento de trabalhadores nas indústrias e da migração do campo para a cidade, para responder às demandas de trabalho. Para avançar nessa discussão, houve aproximações à realidade socioeconômica brasileira e regional, e foram analisados documentos[1] da Escola de Serviço Social de Pernambuco, da Associação Brasileira de Ensino de Serviço Social, e trabalhos de conclusão do curso de Serviço Social em Pernambuco. Foram também realizadas entrevistas com docentes do período selecionado.

Serviço Social em Pernambuco — formação profissional

Na região Nordeste, a modernização do campo, realizada a partir do início do século XX, diminuiu a necessidade de mão de obra para tarefas de plantio e tratos com a cana e o algodão, buscando o aumento da produtividade e gerando um aumento do trabalho sazonal, em detrimento do trabalho permanente. Os trabalhadores rurais passaram a se submeter ao assalariamento, perdendo o direito de permanecer morando na terra em que trabalhavam e de ter seu roçado. As relações de compadrio se fragilizaram e o trabalhador passou a ser o único responsável por sua sobrevivência e de sua família, através do assalariamento. A busca de competitividade na expansão capitalista no

1. Os documentos e depoimentos subsidiaram a tese de doutorado defendida em 1992 na PUC-SP (Vieira, 1992). Um artigo sobre o tema foi publicado na revista *Serviço Social & Sociedade*, n. 95, 2008.

campo implicou uma tendência à modernização e tecnificação, gerando excedentes de população rural. Carvalho aponta que, obedecendo à necessidade de ampliação da acumulação capitalista,

> [...] um conjunto amplo de mecanismos passou a ser utilizado para desvincular o trabalhador da terra e extinguir aquelas relações tradicionais, de modo a concretizar uma expropriação e proletarização dos foreiros e submetê-los ao capital. Isso permitiria não apenas uma ampliação das fronteiras da cana, como maior controle da mão-de-obra e a obtenção de um maior volume de trabalho, exigidos pelas novas condições (Carvalho, 1987, p. 56-7).

Em Pernambuco, ampliavam-se os problemas sociais vividos pelos trabalhadores migrantes que saíam da zona da mata sem trabalho e passavam a viver nas periferias urbanas, muitas vezes sem conseguir trabalho nas indústrias, vivendo em mocambos — as favelas nas áreas de mangue da cidade do Recife, rodeada de rios. No início dos anos 1940, o estado era governado por Agamenon Magalhães (1937-1945), decretado interventor por Getúlio Vargas (1930-1945), o qual assumiu o governo através de um golpe de Estado, impondo um ímpeto modernizante, com estímulo à industrialização do país, até então predominantemente rural.

A Escola de Serviço Social de Pernambuco foi criada em 1940 pelo Juiz de Menores do Recife, Dr. Rodolfo Aureliano[2], em sequência à III Semana de Ação Social, ocorrida em 1939. Vinculado à Congregação Mariana, reuniu amigos e professores ligados à Igreja e contactou a União Católica Internacional de Serviço Social, seguindo suas orientações para iniciar o processo formativo de assistentes sociais. Inicialmente, a direção e o ensino ficaram sob a responsabilidade de juristas, médicos e padres, ligados ao Juizado de Menores e ao Círculo Operário do Recife. Mas a escola enviou duas alunas ao Rio de Janeiro, para o

2. Docentes da época, em entrevistas, afirmaram que o juiz não compunha a direita católica.

Instituto Social, com o objetivo de se prepararem tecnicamente para a profissão de assistente social e assumirem a direção da escola — Maria Dolores Cruz Coelho e Maria de Lourdes Almeida de Moraes.

No opúsculo "Preparação às Carreiras Sociais" [19--], em que a escola, seu regimento interno e os programas das disciplinas da primeira série são apresentados ao público, informa-se que:

> A Escola de Serviço Social de Pernambuco constitui um centro de formação, informação e documentação social. Ela prepara os trabalhadores para as diversas espécies de Serviço Social e vem preencher duas grandes lacunas: a necessidade atual que sentem as obras sociais, as instituições e as indústrias duma organização mais metódica e mais social duma parte e, de outra, a oportunidade de oferecer aos jovens uma carreira que lhes proporciona interessante retribuição, ao mesmo tempo que põe em atividade a sua cultura geral e seu devotamento. As desordens atuais são constituídas pelas falências individuais, isto é, pelos desajustamentos sociais... [19--]

O primeiro programa da escola continha disciplinas de cunho técnico-científico — Sociologia, Psicologia Normal e Patológica, Estatística, Demografia, Direito Constitucional e Administrativo, Medicina Social — e disciplinas de cunho moral-doutrinário, Religião. A única disciplina específica, denominada Assistência Social, era ministrada por um renomado psiquiatra e antropólogo, Dr. René Ribeiro. Seu conteúdo contemplava noções sobre Serviço Social, diversas modalidades de desajustamento social (invalidez, crime, doença, abandono, vícios, miséria), entrevista, inquérito, diagnóstico e terapêutica social, além de abordar as várias possibilidades de atuação do assistente social — em hospitais, com a infância, nos meios rural e urbano, com famílias, com operários etc.

Esse currículo foi alterado com a chegada ao Recife, em 1944 e 1945, respectivamente, de Maria de Lourdes de Moraes e de Maria Dolores Coelho, reforçando as disciplinas de cunho moral-doutrinário, com Círculos de Estudos, mas também as disciplinas técnicas, principalmente na parte específica de Serviço Social, acrescida, pouco a pouco de: Serviço Social (substituindo Assistência Social), Organização Social da Comunidade (em 1948), Serviço Social de Casos, Serviço Social de Grupo, além de Serviço Social do Trabalho e Serviço Social de Menores, essas duas últimas já na década de 1950.

Em 1946, com a criação da Associação Brasileira de Serviço Social (ABESS) e da Associação Brasileira de Assistentes Sociais (ABAS), consolidou-se um movimento para regulamentar o ensino de Serviço Social. Aspiravam seu reconhecimento como curso de nível superior e a garantia de verbas para manutenção dos cursos. Pretendiam, ainda, a regulamentação da profissão, ou seja, o reconhecimento oficial pelo Estado, o que só foi plenamente alcançado em 1962. A ABESS desempenhou papel fundamental no sentido da homogeneização de conteúdos de ensino e valorização da profissão, discutindo coletivamente as questões referentes ao ensino de Serviço Social, através de suas convenções.

Esse ensino, na década de 1950, ganhou novas características com a aprovação da Lei 1889, de 13 de junho de 1953, e do Decreto-lei 35.311, de 2 de abril de 1954, instituindo e regulamentando o ensino de Serviço Social de nível superior. O curso teve a duração mínima fixada em três anos, com ensino teórico e prático, estágio supervisionado e um trabalho final monográfico. O currículo mínimo aprovado não continha nenhum conteúdo que apontasse para a orientação católica do Serviço Social. Privilegiava apenas disciplinas de caráter científico, conhecimentos básicos na área de Ciências Humanas e disciplinas específicas de Serviço Social.

Ainda em 1953, em Pernambuco, o ensino pautou-se pelo currículo mínimo legal, sendo introduzidas disciplinas que o ampliaram, como Pedagogia e Relações Humanas, ministrada por Paulo Freire, e Doutrina Social. Em 1954 foi introduzida a disciplina Problemas Rurais e outras decorrentes do desdobramento de Serviço Social do Menor, um dos campos de especialização aprovados na Lei 1889, assim como Serviço Social da Família, Serviço Social Médico, Serviço Social do Trabalho.

A possibilidade de subvenção das escolas com recursos públicos foi colocada na Lei 1889/1953, entretanto, não foi suficiente para garantir as verbas necessárias. Assim, a cada ano as escolas tinham que empreender negociações com deputados e outros políticos para que no orçamento federal e estadual fossem consignadas verbas para sua manutenção.

Novos rumos do ensino e atuação profissional em Serviço Social

O *aggiornamento* da Igreja[3] facilitou o trânsito do Serviço Social para a cientificidade. Ao longo dos anos 1960 foi se consolidando o caráter laico da profissão, assim como sua preocupação com a realidade regional. Se no início da década aparecia no estatuto da escola a orientação confessional católica, através do ensino da Moral católica e da Ética cristã, no novo regimento da escola, aprovado pelo Conselho Federal de Educação, em junho de 1967, o caráter confessional é substituído por uma perspectiva técnica, profissional e científica, cabendo ao assistente social desenvolver estudos e pesquisas sobre os problemas sociais e elaborar planos e programas de promoção humana, utilizando métodos e técnicas adequados para sua execução.

Somente a partir do final da década de 1950 e nas seguintes ocorreu um processo de industrialização no Nordeste, orientado pelo Estado, concretizando-se, entretanto, como destruição da economia regional e submissão ao capital monopolista, comandado pelo Centro-Sul. Até meados da década de 1950, a intervenção do Estado na economia regional foi limitada aos períodos emergenciais, através da criação de órgãos voltados a atuar sobre os problemas decorrentes da seca e das crises da indústria açucareira:

3. O processo de *aggiornamento* da Igreja (atualização), desenvolvido na primeira metade do século XX, levou-a a assumir posições diferentes de seu passado. De uma preocupação com a fé e seus processos internos, passou a focalizar os problemas sociais, políticos e econômicos do país. Envolveu leigos cristãos em sua atuação, não se limitando à hierarquia religiosa.

> [...] tinha-se no Nordeste a presença de um Estado imobilista, capturado pelas oligarquias regionais, que utilizavam fundos públicos para sustentação dos seus interesses econômicos e para consolidação do seu poder político, viabilizando um sistema arcaico de produção e de dominação (Carvalho, 1987, p. 47).

A situação da região Nordeste gerou discussões do Partido Comunista Brasileiro, no Congresso de Salvação do Nordeste, (1955); da Igreja católica, com o I Encontro de Bispos do Nordeste, em 1956. Neste ano, o Governo Federal, sob a presidência de Juscelino Kubitschek (1956-1961), criou o Grupo de Trabalho para o Desenvolvimento do Nordeste (GTDN), coordenado por Celso Furtado, que elaborou um diagnóstico dos problemas do Nordeste, vinculando-os às formas de organização econômica e ao atraso da região, e a um conjunto de políticas governamentais que ampliavam as disparidades regionais. Suas propostas para a região tinham componentes desenvolvimentistas industrializantes e reformistas, expressando a heterogeneidade de forças presentes na luta política. Do GTDN surgiu o Conselho de Desenvolvimento do Nordeste, em 1959, precursor da maior iniciativa do governo na região, a Superintendência de Desenvolvimento do Nordeste (Sudene), criada em dezembro. A maioria dos parlamentares representantes dos tradicionais interesses agrários do Nordeste opôs-se a sua criação, defendida principalmente pelos parlamentares do Centro-Sul e pelos poucos representantes da burguesia industrial nordestina.

Com o golpe de 1964, Celso Furtado, que presidia a Sudene, foi destituído e houve intervenção na instituição. Se antes do golpe a autarquia tinha uma perspectiva nacionalista e de incorporação de algumas reformas sociais, a partir de 1964 rendeu-se à internacionalização da economia brasileira, abafando todos os setores que propunham mudanças na estrutura fundiária regional. Os planos diretores subsequentes incorporaram a perspectiva de viabilizar a expansão capitalista e a modernização, abandonando as orientações reformistas originais, calcadas no GTDN, aprofundando as desigualdades regionais, econômicas e sociais. As expressões da questão social se fortaleceram na região, apesar das lutas sociais pelas reformas de base no país, entre as quais a reforma agrária, objeto de lutas de trabalhadores rurais.

Nesse movimento, abre-se espaço para o Serviço Social, como diz Iamamoto, para "[...] disciplinar a reprodução da força de trabalho, controlar suas expressões sociais e políticas a atenuar as seqüelas materiais e morais do trabalho assalariado" (Iamamoto, 1991, p. 59-60).

Assim, considerando a necessidade de enfrentar a realidade da região, as escolas de Serviço Social do Nordeste, a partir do final da década de 1950, e durante a década seguinte, passaram a desenvolver um esforço para "[...] estudar e definir a posição dessas escolas, face à problemática da região procurando identificar a contribuição do Assistente Social no desenvolvimento" (ABESS, 1973, p. 16). Foram realizados seis encontros, quatro deles em Recife. O I Encontro de Escolas de Serviço Social do Nordeste ocorreu em março de 1963, em Aracaju, com o apoio do bispo Dom José Távora. Naquela época, o discurso da Igreja católica, ainda influente no Serviço Social, denunciava a situação regional[4], construindo propostas de ação que envolviam o trabalho comunitário. As discussões no encontro levaram ao estabelecimento de funções prioritárias dos assistentes sociais na área do Desenvolvimento e Organização de Comunidades, na perspectiva de contribuir com o desenvolvimento:

> Levar as populações conscientes de suas necessidades a relacionarem as soluções dessas mesmas necessidades ao processo de desenvolvimento, no qual devem se engajar de modo contínuo e progressivo; mobilizar, desenvolver e canalizar os recursos institucionais e humanos que devem ser somados aos investimentos materiais nos programas de

---

4. A Igreja católica tinha como foco de atenção, nos anos 1950, a miséria da região Nordeste e a mobilização crescente dos trabalhadores rurais. Realizou em Campina Grande, em 1956, o I Encontro dos Bispos do Nordeste, preocupada com a situação de fome e pobreza, discutindo estratégias de ação.

> desenvolvimento; participar de tarefas de planejamento local e regional, tendo em vista colaborar com os cientistas sociais, oferecendo-lhes elementos de análise social, adquiridos pelo trato direto e continuado com a realidade objetiva (Escolas de Serviço Social do Nordeste, 1963).

Destacavam-se tarefas nas áreas rurais, entre as quais a participação na organização de grupos para arregimentação de forças nas zonas rurais, o engajamento nos programas de crédito, extensão rural, educação de base objetivando a conscientização do homem do campo. Na área urbana, cabia ao profissional participar dos planos de urbanização, cooperar nos programas de adaptação e fixação de populações migratórias, colaborar em programas de aprendizagem profissional para os setores prioritários da indústria, contribuir para a coordenação de recursos institucionais. Essas tarefas se pautavam por uma atuação governamental envolvendo "[...] a formulação de uma política agrária que responda às necessidades e anseios do trabalhador rural, aprovação de um estatuto legal que dê ao homem do campo acesso à terra, financiamento e crédito, incluindo assistência técnica às populações do meio rural" (Escolas de Serviço Social do Nordeste, 1963). Essas formulações demonstram a sintonia do Serviço Social com os problemas regionais que, nesse período, geraram mobilização de populações rurais nordestinas através das Ligas Camponesas, lideradas por Francisco Julião.

Participou desse encontro o diretor do Departamento de Recursos Humanos da Sudene, Nailton Santos, convidado por representantes da Escola de Pernambuco. Sua participação mudou sua visão sobre o Serviço Social, gerando um processo de relacionamento da Sudene com as escolas de Serviço Social da região.

Em continuidade à iniciativa regional, ocorreu o II Encontro de Escolas de Serviço Social do Nordeste, em Campina Grande (PB), de 25 a 31 de janeiro de 1964. As escolas decidiram elaborar um memorial a ser encaminhado às autoridades competentes, expondo sua situação e solicitando

> [...] maiores dotações orçamentárias, convênios ou outros tipos de ajuda; ampliação, por parte da Igreja, de maior patrocínio de Escolas de Serviço Social, a fim de que haja maior integração das Escolas no Plano de Emergência da CNBB; atendimento aos pedidos de incorporação às Universidades Federais, por parte daquelas unidades que, para melhor serviço às suas comunidades, acharem necessário e oportuno pleitear tal medida (Escolas de Serviço Social do Nordeste, 1964).

Entre as autoridades competentes, a Sudene emite uma resposta, iniciando um processo de colaboração com as escolas de Serviço Social da região. Procurando responder à demanda, a Sudene realizou o Curso de Desenvolvimento Econômico e Desenvolvimento de Comunidade, para o qual convidou assistentes sociais da região, ainda em 1964. Mas o curso foi interrompido abruptamente, no final de março de 1964, com o golpe empresarial-militar. Este fato, que mudou significativamente a vida do país, redimensionou as ações da Sudene, afastando-a cada vez mais de suas propostas iniciais, elaboradas com base no relatório do Grupo de Trabalho para o Desenvolvimento do Nordeste (GTDN). Manteve-se o discurso desenvolvimentista, mas na perspectiva de que as massas nordestinas rurais não se tornassem obstáculos ao processo de desenvolvimento regional.

Assim, em 1965, a Sudene incorporou a seu III Plano Diretor a ideia de associar à ação econômica um programa específico de ação comunitária junto às populações nordestinas. O III Plano previa um trabalho

> [...] para promover a integração e a participação ativa de comunidades nordestinas nos programas e projetos de planejamento regionais. O fim precípuo é transformar as comunidades em elementos dinâmicos na ação da Sudene, proporcionando-lhes o conhecimento de suas necessidades, de suas potencialidades em instrumentos efetivos de melhoria dos padrões de vida (Rocha; Souza, 1966, p. 14).

Assim, foi criada em 1965 a Divisão de Ação Comunitária (DAC) no Departamento de Recursos Humanos (DRH) da Sudene, com a "[...]

finalidade específica de promover a integração e a participação ativa da comunidade nos programas e projetos de planejamento regional" (Rocha; Souza, 1996, p. 18), contando com assistentes sociais. Essa nova divisão promoveu, em setembro de 1965, o 1º Encontro Sudene/DRH/DAC/Escolas de Serviço Social com a participação das unidades de ensino, do Centro Brasileiro de Cooperação e Intercâmbio de Serviços Sociais (CBCISS), da ABESS, da ABAS e do Conselho Regional de Assistentes Sociais da 4ª Região (Pernambuco). No Encontro discutiu-se o III Plano Diretor, a programação de recursos humanos e a ação comunitária, sendo apresentadas experiências de trabalho com comunidades. Abordou-se, também, a questão da formação profissional e propostas de ação conjunta e apoio mútuo entre as escolas e a Sudene.

Ammann (1984, p. 143) refere que "[...] pedia-se ao assistente social, na qualidade de técnico da ação comunitária, a tarefa de preparar o povo para aceitar e desejar a mudança, integrando-o aos planos e projetos de planejamento regional". Naquele momento, as escolas tinham a perspectiva desenvolvimentista como algo positivo, não percebendo que a modernização e industrialização da região expressavam a subordinação ao capitalismo monopolista do Centro-Sul, limitando as possibilidades de mudança das condições de vida e trabalho na região.

Iniciou-se um processo de intercâmbio das escolas com a Sudene, em que esta, através de convênios, contribuiu financeiramente para a consolidação do corpo docente em algumas escolas — Pernambuco e Natal, através de verbas para pagamento de professores e supervisores; para compra de equipamentos, inclusive de livros, como em Salvador; para a discussão de conteúdo de disciplinas e currículo do curso, em Natal (Bastos, 1966).

Ammann afirma que a Divisão de Ação Comunitária da Sudene foi, posteriormente, assumindo uma postura que a colocou em posição contrária à da própria Sudene:

> As posições heterodoxas assumidas pela DAC em relação ao Desenvolvimento de Comunidade... não corresponderam aos interesses do

> órgão de intervenção do Estado no Nordeste. O papel oficial e factual que lhe é conferido desde o primeiro momento sempre foi garantir a adesão da população nordestina a seus planos e atividades. Tanto não corresponderam, que aquela divisão vai sofrendo, em seu curso de tempo, um processo de desprestígio e debilitação, ao ponto de ser eliminada completamente do Programa de Ação de Governo para o Nordeste, no período 1975-1979 (Ammann, 1984, p. 157).

A aproximação à Sudene pelas escolas de Serviço Social no Nordeste foi marcada por um processo de discussão coletiva, que levou as escolas para o caminho desenvolvimentista, mas posteriormente possibilitou a crítica a essa vertente, num momento em que a profissão começava a levantar questionamentos sobre os rumos do país, os propósitos da profissão, sua relação com os segmentos pauperizados, urbanos e rurais de uma região marcada pela pobreza, pela subordinação a interesses que se impunham, ainda que contrariando as necessidades dos trabalhadores que mal conseguiam sobreviver. O golpe militar despertou parte da categoria profissional para a necessidade de mudanças na profissão, que se processaram nas décadas seguintes.

Para as escolas de Serviço Social, tornou-se real a possibilidade de integração às universidades públicas ou católicas, apesar dos conflitos internos e também com a Igreja, diante da possibilidade de afastamento da orientação religiosa. Assim, na década de 1960, as mudanças na orientação da Igreja e a laicização do ensino de Serviço Social foram tornando possível a incorporação das escolas às universidades.

Em Pernambuco, as primeiras tentativas de superar as dificuldades de manter a escola levaram à indicação, em 1955, de entregá-la às Missionárias de Jesus Crucificado, mantenedoras de outras escolas no Brasil. Mas essa opção não se concretizou. Em 1956, cogitou-se a anexação da escola à Universidade do Recife[5], criada em 1946 pela junção de escolas isoladas que se federalizaram (Direito, Engenharia,

5. Em 1966, em meio a um processo de reordenação conservadora e modernização autoritária, transformou-se em Universidade Federal de Pernambuco.

Farmácia, Odontologia, Medicina e Química, Belas Artes, Filosofia e Ciências Econômicas). Mas, naquele momento, não houve interesse da Universidade em incorporar a escola. A integração à Universidade Católica de Pernambuco foi vista como possibilidade, mas não concretizada devido às dificuldades de financiamento das universidades religiosas. Discutiu-se a possibilidade de ingressar na Universidade Estadual de Pernambuco, após convite à escola, em 1963. A proposta não foi aceita, diante do receio de interferência dos gestores estaduais na escolha de pessoal administrativo, nos campos de estágio e do risco de interrupção de planos e programas, por mudanças de governo.

Em fevereiro de 1965, a escola apresentou à Universidade do Recife um documento intitulado *Mercado de trabalho para assistentes sociais*, contendo informações sobre a escola e a profissão. Apontava que a escola havia titulado 106 assistentes sociais, dos quais 90% exerciam a profissão, inclusive acumulando cargos, pois havia grande demanda profissional. Segundo a escola, "[...] a extensão e valia dos mais diferentes serviços prestados à comunidade nordestina pela Escola de Serviço Social de Pernambuco... habilitam esta unidade de ensino a reclamar a posição que, no contexto universitário, lhe deve ser atribuída" (Escola de Serviço Social de Pernambuco, 1965). Mas a integração à Universidade do Recife só se tornou possível no final da década, após negociações, em 1969, com o Pró-reitor Acadêmico da Universidade Federal de Pernambuco, professor Newton Sucupira, por indicação do Reitor Marcionilo de Barros Lins. A proposta para a escola entrar para a Universidade como um departamento do Centro de Filosofia e Ciências do Homem, em consonância com a nova orientação da Reforma Universitária, foi aceita por unanimidade pela sua Congregação, em 14 de agosto de 1969. O processo de criação do Departamento de Serviço Social da UFPE levou cerca de um ano para se concretizar. Em março de 1971, após a realização do vestibular para Serviço Social na UFPE, foi criado o departamento, com a extinção da Escola de Serviço Social de Pernambuco. A mudança permitiu a ampliação do número de vagas, levando a um aumento de 217% do total de alunos, na década de 1970, exigindo crescimento quantitativo e qualitativo do corpo docente.

Considerações finais

A formação profissional em Serviço Social em Pernambuco, iniciada por leigos cristãos nos anos 1940, constituiu-se em resposta a mudanças trazidas pela introdução de relações sociais de produção no campo, levando trabalhadores rurais para as cidades, para a vida urbana e pela industrialização que tomou impulso na região Nordeste a partir dos anos 1950. Nesse movimento, os trabalhadores passaram a vivenciar condições de vida e trabalho cada vez mais precárias, ampliando a necessidade de intervenção do Estado para o atendimento de suas necessidades sociais, para além da repressão e da filantropia. Diversos processos se concretizaram a partir de então — aprofundamento do capitalismo monopolista, mudanças na orientação da Igreja e, após o golpe de 64, uma reforma educacional. Esses processos repercutiram na formação em Serviço Social. Neste estudo evidenciamos como a consolidação do Serviço Social na região respondeu não só ao crescimento do proletariado urbano, mas também às necessidades de segmentos rurais expropriados de condições de vida e trabalho, com a consolidação do capitalismo na região, subordinando-a ao Centro-Sul. A pobreza regional e as desigualdades sociais foram intensificadas pelas alterações nas relações sociais de produção determinadas pela proposta de desenvolvimento regional representada pela criação da Sudene e o planejamento regional, ampliando espaço para o Serviço Social com a implementação de políticas sociais.

Referências

ASSOCIAÇÃO Brasileira de Escolas de Serviço Social (ABESS). *Relatório das atividades da ABESS no biênio 1971-1973*. São Luís, 1973.

AMMANN, Safira Bezerra. *Ideologia do desenvolvimento de comunidade no Brasil*. São Paulo: Cortez, 1984.

BASTOS, Humberto (coord.). *Educação para o desenvolvimento*. Rio de Janeiro: Reper, 1966.

CARVALHO, Inaiá Moreira. *O Nordeste e o regime autoritário*: discurso e prática do planejamento regional. São Paulo: Hucitec/Sudene, 1987.

ESCOLA de Serviço Social de Pernambuco. *Preparação às carreiras sociais*. Recife, [19--].

ESCOLA de Serviço Social de Pernambuco. *Mercado de trabalho para assistentes sociais*. Recife, 1965.

ESCOLAS de Serviço Social do Nordeste. *Relatório final do I Encontro*. Aracaju, 1963.

ESCOLAS de Serviço Social do Nordeste. *Memorial às autoridades competentes*. Campina Grande, 1964.

IAMAMOTO, Marilda. Serviço social na contradição capital/trabalho: concepção da dimensão política na prática profissional. *In*: ANAS. *Serviço Social*: as respostas da categoria aos desafios conjunturais. São Paulo: Cortez, 1991

ROCHA, M. A.; SOUZA, N. L. *Ação Comunitária na Sudene*. Debates Sociais. Rio de Janeiro: CBCISS, 1966.

VIEIRA, A. C. S. *Ensino de Serviço Social no Nordeste*: entre a Igreja e o Estado. 1992. Tese (Doutorado em Serviço Social) — Pontifícia Universidade Católica de São Paulo, São Paulo, 1992.

2

NOTAS SOBRE O SERVIÇO SOCIAL EM PERNAMBUCO E A RENOVAÇÃO DO SERVIÇO SOCIAL BRASILEIRO[1]

Ana Elizabete Mota

Neste capítulo abordo os processos que tiveram incidências na renovação[2] do Serviço Social brasileiro, discorrendo sobre as experiências do Nordeste que contribuíram na erosão do Serviço Social tradicional, nas décadas de 50 e 60 do século XX, integrando-se posteriormente — com algumas particularidades — às iniciativas de ruptura com o conservadorismo da e na profissão, a partir dos finais da década de 1970.

---

1. A versão original deste ensaio integrou o capítulo "De histórias e da memória: José Paulo Netto e a renovação do Serviço Social", publicado em *Marxismo Impenitente de José Paulo Netto*, organizado por Silva e Rodrigues (2019). Para esta versão, fiz modificações substantivas no texto.

2. Tema originalmente trabalhado por Netto (1991) em *Ditadura e Serviço Social*, ocasião em que conceituou a categoria renovação do Serviço Social, à qual remetemos o leitor.

Trata-se de um esforço de pesquisa[3], ainda em curso, cujo propósito é resgatar e sistematizar as singularidades regionais, dialogando com o vasto leque de investigações[4] sobre as tendências e iniciativas de renovação profissional do Serviço Social no Brasil, nas quais se destacam as realizadas no Sudeste brasileiro, e mais recentemente a sistematização da experiência do Rio Grande do Sul. Destaco o caso de Pernambuco, cujas tratativas para criação da Escola de Serviço Social (ESS) remontam aos anos finais da década de 1930, seguindo-se, em janeiro de 1940, a sua instalação, tornando-se Pernambuco o terceiro estado a criar uma Escola de Serviço Social no Brasil, a primeira do Nordeste, antecedida pelas de São Paulo e Rio de Janeiro, e seguidas, na mesma década, pelas de Natal e Salvador.

Determinadas por iniciativas de enfrentamento da "questão social" na região, a emergência e a trajetória do Serviço Social em Pernambuco, como de resto em todo o país, relacionam-se com os mecanismos de reprodução da sociedade, expondo, também, as particularidades da divisão sociorregional do trabalho.

Aqui não tratarei da identificação das especificidades do Serviço Social no Nordeste, embora existam[5], mas da sua participação no pro-

---

3. A temática das particularidades do Serviço Social em Pernambuco foi originalmente trabalhada por Vieira (2008, 1992), seguindo-se Bernardes (2006) com o *Projeto Memória da Escola de Serviço Social de Pernambuco* (2004), Padilha (2008) e mais recentemente, sob a coordenação de Silveira Jr. (2019, 2020), o projeto de extensão *Memória e História do Serviço Social em Pernambuco* e a pesquisa *A Renovação do Serviço Social na Particularidade do Nordeste*(1960-1980), com a qual estamos dialogando e a quem agradeço pela socialização dos dados da pesquisa.

4. Além da referência ao livro de Netto (1991), destacamos Iamamoto (1992, 2017, 2021) Abreu (2002), Silva (1995) e as recentes publicações de Scheffer *et al.* (2021), *O reformismo reconceituado entre articulação latino-americana e renovação do Serviço Social brasileiro* (2021) e Batistoni (2021), "Aproximações à tradição marxista" no projeto da *Escola de Serviço Social de Belo Horizonte: problematizações necessárias.*

5. Silveira Jr. (2020, p. 73 e p. 131) destaca que a criação da Escola de Serviço Social de Pernambuco foi iniciativa do juiz de direito Rodolfo Aureliano apoiado por juristas, médicos e padres ligados ao Juizado de Menores de Pernambuco e ao Círculo Operário do Recife, com a peculiaridade de não se tratar de egressos de congregações religiosas, mas de católicos da ala mais progressista da ação católica em Recife. Ademais, a Escola de Pernambuco recebeu subvenções estatais a partir de 1941 e teve a lei estadual de reconhecimento do exercício profissional em 1950, antecedendo às nacionais de 1953-1954 e 1957.

cesso de renovação profissional brasileiro, seja na erosão do Serviço Social tradicional, seja na germinação de iniciativas profissionais progressistas, afinadas com as pautas das lutas sociais e democratização do estado.

Em Francisco de Oliveira (1977, p. 27) ancoramos a concepção da categoria região, concebendo-a como um "[...] espaço onde se imbricam dialeticamente uma forma especial de reprodução do capital e, por consequência, uma forma especial de luta de classes, onde o econômico e o político se fusionam e assumem uma forma especial de aparecer [...]". Materializadas em espaços geográficos, as regiões integram determinada formação social, cuja apreensão de suas particularidades supõe a remissão a uma totalidade historicamente construída que se singulariza em conjunturas específicas. Esta abordagem teórico-metodológica orientou a identificação dos determinantes da criação da Escola de Serviço Social em Pernambuco nos anos 1938-1940 do século XX, o seu percurso e as incidências das lutas de classe na dinâmica empreendida pela profissão, seja afirmando suas origens ultraconservadoras, seja inflexionando-as com as ideologias desenvolvimentistas, ou produzindo intenção de rupturas, ao longo da sua existência.

Mediações do processo de renovação do Serviço Social

Ao perquirir as mediações do processo de renovação da profissão no Nordeste partimos do principal marco da viragem ideopolítica do Serviço Social brasileiro: o *Congresso da Virada* ocorrido em São Paulo, em 1979. O momento era de crise da ditadura empresarial-militar, acossada pela luta social em torno das liberdades democráticas, insurgindo-se contra as práticas autoritárias do Estado e a sociabilidade herdeira da ditadura, com rebatimentos na Universidade brasileira, que à época já contava com cursos de Serviço Social, inclusive em nível de pós-graduação.

Iniciado nos finais da década de 1970, este movimento se robusteceu nos anos 1980, período em que avultam novas e contraditórias demandas profissionais e intelectuais ao Serviço Social, sejam elas determinadas pela dinâmica do capitalismo maduro, sejam pelas pautas dos movimentos sindical e popular, repercutindo — dialética e contraditoriamente — no mercado de trabalho profissional e nos processos de *legitimação prática e validação teórica* (Netto,1991, p.133) que passaram a integrar a cultura profissional desde então.

Reiterando a formulação de 1992, Iamamoto (2017, p. 26-27) afirma que no período pós-ditadura militar o Serviço Social vivia um descompasso entre as condições materiais e os carecimentos intelectuais: "[...] carecia de massa crítica para embasar essa autorrenovação", o que determinou o esforço acadêmico-profissional dos Assistentes Sociais ao longo dos últimos 40 anos para pesquisar sistematicamente a realidade, fazer a crítica ao conhecimento e aos perfis da prática profissional vigentes, abraçando a tradição marxista.

Sobre esta última afirmação, penso ser viável problematizá-la, levando em conta — na construção da ruptura com o conservadorismo, portanto, para além do tradicionalismo — a existência de um descompasso entre a politização profissional e a produção do conhecimento crítico-sistemático de inspiração marxista.

Nessa perspectiva, observa-se a existência de sintonia histórica entre as experiências de Pernambuco e estados vizinhos e a da Escola de Serviço Social da Universidade Católica de Minas Gerais, cujas origens da *renovação profissional*, possuem unidade em relação às vinculações profissionais com o Movimento de Educação de Base (MEB), a Juventude Universitária Católica (JUC), a Ação Popular (AP), as participações nos Centros Populares de Cultura (CPC) e a presença do movimento estudantil.

Todavia, quanto à sistematização e produção do conhecimento, o Serviço Social no Nordeste adentrou pela ressignificação crítica do Desenvolvimento de Comunidade (DC), reconceituando-o sob a perspectiva da participação social popular e/ou ação comunitária, ademais da educação popular e da pesquisa-participante, numa direção progressista, influenciadas tanto pelo pensamento paulofreiriano, como pela Teologia da Libertação. Diferentemente da experiência do Nordeste, as sistematizações e formulações contidas no *Método BH* assentaram-se em aproximações aos aportes da tradição marxista e na proximidade com a reconceituação na América Latina (Batistoni, 2021), nos anos iniciais da década de 1970.

Não restam dúvidas de que o quadro econômico e político daquele período ofereceu as condições objetivas para que "[...] iniciativas de ruptura e dilaceramentos nos suportes sociais e políticos da ditadura e da luta de classes ganhassem uma nova dinâmica (Netto, 1991, p. 216), determinando nova processualidade no âmbito do Serviço Social, como de resto, em vários aspectos da sociabilidade que dali emergia no país.

Esse contexto, amplamente referido na literatura profissional, envolveu a militância e parte da intelectualidade do Serviço Social, cujo protagonismo se revelou na organização político-sindical da categoria, na atuação das suas entidades, como os Conselhos federal e estaduais de Serviço Social, na associação de escolas (ABESS), no movimento estudantil, e se espraiaram, paulatinamente, na construção de uma cultura profissional que abraçou desafios, contestações e proposições no âmbito técnico, teórico e ético-político, atinentes à formação e ao exercício profissional nos últimos 40 anos.

Ressalto o significado dessas iniciativas em se tratando de uma profissão geneticamente marcada por *origens antimodernas*[6] e cuja representação social oscilava entre a da *pedagogia da ajuda* (Abreu,2002), ainda que residualmente, e de modo prevalecente, a representação de *agentes de mudança*. A primeira é herdeira do Serviço Social tradicional, de bases confessionais. A segunda é precursora da tendência modernizadora — ainda que comportando diferentes clivagens ideopolíticas —, expõe elementos de crítica à instrumentalização do Desenvolvimento de Comunidade em face da realidade brasileira.

Note-se que o II Congresso Brasileiro de Serviço Social (CBSS), realizado no Rio de Janeiro em 1961, pelo CBCISS, na vigência do

6. Cf. Netto (1992, p. 81-148); Iamamoto (2007, p. 264-283); Souza (2014, p. 531-559).

governo Jânio Quadros (seu presidente de honra), teve como tema o *Desenvolvimento Social* e foi antecedido pelo Seminário Nacional sobre as Ciências Sociais e o Desenvolvimento de Comunidade Rural no Brasil, realizado no Rio de Janeiro, em 1960, ocasião em que são formuladas críticas ao DC, destacando o caráter manipulatório das suas práticas, conclamando os profissionais a tomar consciência da problemática estrutural brasileira e defendendo que o DC deva ser um trabalho educativo (Ammann, 1984, p. 70-71). No II CBSS, essas questões são retomadas por parte dos congressistas, realizando denúncias das estruturas vigentes, com destaque para a relação entre latifúndio e reforma agrária, o atraso da universidade brasileira, a desarticulação institucional, além de críticas às instituições assistenciais, pelo caráter assistencialista e paternalista da atuação profissional. Tais discussões apontam para a necessidade de mudanças estruturais e de propostas de superação, tais como, o estímulo à participação social e à capacitação dos assistentes sociais para atuar nessa direção. Todavia, no registro de Ammann (1984, p. 74-76), entre o problematizado e as propostas apresentadas, existiram descompassos. Esta tendência, qualificada por Abreu (2002) como "*pedagogia da participação*", pode ter operado derivações em relação ao conteúdo central das lutas sociais em torno das chamadas *reformas de base* (Netto, 2014, p. 42-62), brutalmente interrompidas com o golpe militar-empresarial de 1964.

Destarte, o II Congresso Brasileiro de Assistentes Social (CBAS), realizado em Recife-PE, em 1976, na vigência do regime militar, na gestão de Luiz Henrique Pedreira, então presidente do CFAS (que permaneceu até o III CBAS), teve como temática *O assistente social no Desenvolvimento Social*, que, em tese, reporia o tema de 1961, mas silenciava sobre a realidade política, ressignificando teórica e ideologicamente o debate de 1961-64. Prova desta afirmação são os conteúdos das sessões do II CBAS, inteiramente voltadas para a gestão do desenvolvimento social e formação do assistente social[7].

7. Temas das sessões: indicadores sociais, micro atuação do Serviço Social, política social e desenvolvimento social, planejamento no desenvolvimento, modelos de desenvolvimento,

Essa perspectiva desenvolvimentista e acrítica será radicalmente contestada e criticada no III CBAS, *o da virada*, cujo tema oficial foi *Serviço Social e Política Social*. Pelo declarado na sessão oficial de abertura[8] do III CBAS, tudo indica que a expectativa dos organizadores era de dar continuidade — sem rupturas — ao debate do II CBAS, de 1976. Haveria uma espécie de desdobramento do desenvolvimento social no universo das políticas sociais, na contraface do desenvolvimento econômico, numa explícita obnubilação da conjuntura e negação das contradições inerentes à dinâmica capitalista.

Retomo a exposição do ponto de partida: é unânime na literatura e na sociabilidade profissional dos assistentes sociais o reconhecimento da importância político-organizativa do III CBAS na renovação do Serviço Social brasileiro. Realizado em São Paulo, o conclave foi marcado pela efervescência das greves e da atuação do movimento operário no ABC paulista, num período em que o distanciamento geográfico da região Nordeste em relação ao centro da mobilização político-profissional era significativo.

Esse consenso sobre o peso do *Congresso da Virada* no processo de renovação tornou-se emblemático na literatura profissional e terminou por subsumir ao movimento *da virada* algumas singularidades que o antecederam e sem as quais ficam inviabilizados alguns processos históricos reais. Refiro-me aos paradoxos da cultura profissional do *Serviço Social desenvolvimentista* no Nordeste: note-se que, frente à ideologia do Desenvolvimento de Comunidade de origem norte-americana, ocorreu uma espécie de ressignificação da ideologia e prática

---

bem-estar no desenvolvimento, adequação da formação do Assistente Social para a macro e micro intervenção, assistentes sociais — profissional autônomo. (Anais do II CBAS,1976)

8. O pronunciamento de abertura do III CBAS feito pelo presidente do CFAS, deixa clara a expectativa almejada originalmente para o III CBAS, quando proclama: "[...] a hora e a vez do Serviço Social nos parece chegada, uma vez que as medidas de desenvolvimento econômico não produziriam, por si só, o desenvolvimento social, já que se tem demonstrado que, ao contrário, o aceleramento econômico não só não produz necessariamente o desenvolvimento social, como pode agravar problemas sociais existentes ou fazer eclodir outros igualmente sérios. [...]" refere-se ele ao III PND, que dava ênfase à promoção do desenvolvimento social (Anais do III CBAS, 1979)

do Desenvolvimento de Comunidade entre 1963-64[9], com os aportes da *educação popular libertária*, sob influência de Paulo Freire. Essa reconceituação do DC, de cunho progressista, em face da repressão política do período ditatorial, terminou por reverter a concepção que poderia ter sido abraçada pela Sudene. Seu resultado foi a formulação — com o consenso possível no período pós-golpe — do DC como ação comunitária (Ammann, 1984, p. 148). Acrescente-se as iniciativas do seminário de Porto Alegre em 1965 (Scheffer *et al.*, 2021) e a investida do grupo de trabalho vinculado ao IPEA em 1966, todos literalmente desmobilizados em 1967(Ammann, 1984, p. 133).

O legado crítico, latente na trajetória de alguns assistentes sociais atuantes naquele período, encontrou uma atmosfera inóspita para frutificar (política, prática e teoricamente) na década de 1970.

Particularidades da renovação no Nordeste

Exposto o processo, examinemos alguns dos seus determinantes e suas mediações. O primeiro destaque remete-nos à conjuntura do Nordeste dos anos 50 do século XX, submetido à dinâmica do capitalismo monopolista[10], momento em que os trabalhadores se

---

9. Nos Anais do Seminário "A Trajetória do Ensino de Serviço Social em Pernambuco", comemorativo dos 50 anos do ensino do Serviço Social, em 1989, a professora Evany Mendonça relata que em 1963, quando do I Encontro Regional de Escolas de Serviço Social do Nordeste, em Aracaju, com a participação de representação de todas as unidades de ensino da região e a presença de técnicos da Sudene, sob debates acirrados, foi decidida a realização do curso de Desenvolvimento Econômico e Desenvolvimento de Comunidade destinado a professores de Serviço Social do Nordeste, "[...] O curso realizou-se com êxito, concluindo os seus trabalhos no dia 31 de março de 1964, data do golpe militar, portanto, num clima tenso e amedrontador. Inicia-se aí um longo período de repressão no governo dos cinco generais, apoiados no ideário de segurança nacional e da Escola Superior de Guerra" (Mendonça,1990).

10. Na ocasião, o Nordeste, como de resto as demais regiões brasileiras, vivenciava a industrialização tardia e a capitalização do campo, mediadas pela crise do setor açucareiro e do algodão *vis-à-vis* à hegemonia cafeeira paulista e ao processo de industrialização tardio.

organizaram em torno das *Ligas Camponesas* e dos sindicatos rurais, *onde a Igreja progressista teve um papel destacado* (Bernardes, 1996, p. 70), mediando iniciativas de renovação política no âmbito do Serviço Social na região. Constatam-se transformações substantivas na sociabilidade e organização coletiva dos trabalhadores da região, ameaçando a oligarquia agrária entre a segunda metade dos anos 50 e os primeiros da década de 60 do século XX, período em que estiveram no governo de Pernambuco, Miguel Arraes e Pelópidas da Silveira, apoiados pela Frente do Recife. Ocupava a presidência Juscelino Kubitschek, cujo Plano de Metas requereu a intervenção do Estado e do capital estrangeiro e nacional (Netto, 2014), sob ofensiva das classes dominantes e do imperialismo norte-americano. Após a curta passagem de Jânio Quadros e em meio a fortes embates entre os militares e as forças populares, assume o vice-presidente, João Goulart (Netto, 2014, p. 30). Sob uma direção nacional-desenvolvimentista, o governo Goulart, empossado em setembro de 1961, segundo Netto (2014, p.41), "[...] enfrenta uma crise estrutural do capitalismo brasileiro que exigia uma reestruturação geral dos mecanismos e instituições necessários a um novo padrão de acumulação [...] cujo equacionamento não se resolveria no plano estritamente econômico, mas na imbricação de alternativas econômicas com transformações políticas". Esta processualidade histórica requereu a opção pelas chamadas *reformas de base*, num contexto de acirrada luta e manifestação política no Brasil, cujo cenário internacional era o da guerra fria e da revolução cubana de 1959. Nessa conjuntura, o Nordeste passava pela crise da economia agrária e exportadora que seria enfrentada com a alternativa da industrialização da periferia brasileira[11].

Cabe ainda destacar outra singularidade: em Natal e em Recife, por volta de 1961-64, as prefeituras e o governos estiveram em

11. Tema sobre o qual existe vasta bibliografia; contudo, dados os objetivos deste ensaio, remeto o leitor ao livro de Francisco de Oliveira, *Elegia para uma re(li)gião* (1977), publicado em 1977, e ao clássico *A terra e o homem do Nordeste*, de Manuel Correia de Andrade (2004), reeditado pela Editora da UFPE, em 2004.

mãos de prefeitos e governador apoiados pelo Partido Comunista Brasileiro (PCB), Djalma Maranhão (Natal) e Pelópidas da Silveira e Miguel Arraes (Recife), cujas direções políticas das suas gestões tiveram hegemonia democrático-popular, de esquerda, com peso na política cultural.

Sem dúvidas, o Recife já possuía uma longa tradição revolucionária desde 1817 e um significativo histórico de lutas operárias no início do século XX, contudo destacamos outras iniciativas que viriam a ter incidência no Serviço Social na região. Trata-se da realização, em 1955, sob a direção do PCB, do *Congresso de Salvação do Nordeste*, ocasião em que a denúncia da miséria e da desigualdade social — produto de uma acirrada luta social — era resultado da organização dos camponeses em torno das Ligas Camponesas, em defesa da reforma agrária, seguindo-se em 1956, *I Encontro de Bispos do Nordeste*, em Campina Grande-PB, quando estes se posicionaram contra a propriedade *socialmente inútil*, ampliando a agitação social e política em Pernambuco e nos estados vizinhos, ainda que nesses últimos não houvesse a mesma intensidade.

Essa conjuntura, segundo Francisco de Oliveira (1977), ultrapassou os limites regionais, afetando a burguesia industrial do Centro-Sul. Referimo-nos ao período imediatamente anterior à criação da Sudene. Nas palavras do autor: "[...] a dissolução da *pax agrarie* nordestina começa a ser percebida pela grande burguesia nacional como uma ameaça mais que potencial à sua hegemonia" (Oliveira, 1977, p.109, grifo do autor). Nesse diapasão político, a criação da Sudene, em 1959, antecedida pela criação do Grupo de Trabalho para o Desenvolvimento do Nordeste (GTDN), coordenado por Celso Furtado, em 1956, marcaria o início da intervenção planejada do Estado no desenvolvimento regional, cuja missão foi superar os conflitos de classe intrarregionais e subordinar a região às necessidades do capitalismo monopolista do Centro-Sul, em expansão. (Oliveira, 1977, p. 100-115).

Como já referido, é emblemática a participação do educador Paulo Freire nas experiências progressistas (não apenas do Serviço Social) na região, na área da *educação de adultos*, redundado no conhecido *método Paulo Freire de alfabetização.* Destacamos, todavia, a inaudita participação de Freire na Escola de Serviço Social de Pernambuco quando da criação do Movimento de Cultura Popular (MCP) e dos Centros Populares de Cultura (CPC), que foram campos de estágio da Escola de Serviço Social de Pernambuco (Soares, 2021; Silveira Jr., 2021)[12], sob a supervisão do próprio Paulo Freire, por volta de 1961, no primeiro governo de Miguel Arraes. Segundo dados extraídos das pesquisas realizadas por docentes e discentes do Departamento de Serviço Social da UFPE[13], Paulo Freire foi professor da Escola de Serviço Social de Pernambuco entre os anos 1950 e 1960 e atuou como docente, ministrando disciplinas e colaborando com a orientação de estágios registradas em TCC do período. Em diversas oportunidades, Paulo Freire (Freire, 1959, p. 131; Freire, 1963, p. 12; Beisiegel, 1982, p. 35) afirma a ESSPE como um dos campos de influência intelectual e experimentação de suas ideias e práticas educativas, juntamente com os trabalhos realizados na Divisão de Educação de Cultura do Sesi, onde também desenvolvia atividades ao lado de assistentes sociais. Essas experiências influenciaram o Movimento de Educação de Base (MEB), institucionalizado em 1961, recebendo recursos federais para ações de alfabetização em áreas pauperizadas do Norte, Nordeste e Centro-Oeste, contando com os quadros da Ação Católica, da JUC e da AP, alimentados pelo envolvimento da esquerda católica.

Essa conjuntura determinou o principal ponto de inflexão em relação ao exaurimento do Serviço Social *tradicional* na região, que se deveu politicamente aos movimentos sociais no campo, na cidade e posteriormente à Sudene. Vale ressaltar que, a partir de 1962, sob o influxo da cultura política de então, em Pernambuco, a Escola de Serviço Social, como de outras capitais da região, vive notável efervescência política, impulsionada pelo movimento dos estudantes e pela participação de alguns docentes nas práticas comunitárias e na

12. Agradeço aos autores a consulta aos materiais inéditos da pesquisa, antes da publicação do livro.

13. Ver nota 4.

realização de atividades organizativas regionais, como o I e II encontro de Escolas do Nordeste, realizados em 1963 (Aracaju) e 1964 (Campina Grande), cujas deliberações apontavam para o engajamento do Serviço Social nas organizações populares e sindicais "[...] reforçando reivindicações do povo nordestino que estava tomando consciência dos seus direitos e da sua participação na sociedade como agente da história" (Ammann, 1984, p. 68), num explícito esforço de ressignificar política, acadêmica e operativamente a experiência do Desenvolvimento de Comunidade.

No período de criação da Sudene, as escolas de Serviço Social do Nordeste passaram a ter uma relação orgânica com a autarquia, seja através de convênios, seja através de auxílios financeiros a projetos e às próprias escolas. Os elos dessa articulação foram as ações na área da ação comunitária, com forte incidência na laicização da profissão.

Reponho aqui a problematização anterior: há uma notória legitimação da prática profissional que poderíamos chamar de progressista, mas a validação teórica dessa renovação prática da profissão, pelo menos no Nordeste, ao que tudo indica, pareceu ser mais de resistência ético-política do que objeto de teorização, aspecto que carece de maior aprofundamento e pesquisa. Aqui ecoa a afirmação de Iamamoto (2017, p. 27; 1998, p. 50-57) sobre o descompasso entre as dimensões ético-políticas e operativas e as teórico-metodológicas da profissão.

Note-se que o governo da ditadura empresarial-militar considerou essas iniciativas como *subversivas*, expulsando da autarquia e do país os formuladores da proposta original da Sudene, perseguindo assistentes sociais e estudantes engajados, redirecionando a sua ação para inibir as lutas sociais no campo e fortalecer a expansão do capital monopolista do Sudeste e Sul para o Nordeste. Surge então, segundo Ammann (1984), uma nova demanda para o Serviço Social, compatível com a orientação que assume a Sudene no pós-1964: "conduzir o desenvolvimento econômico da região e a ação comunitária como disciplina hábil para o alcance desse intento [...] com a finalidade específica de promover a integração e participação ativa de comunidades nordestinas nos programas e projetos de desenvolvimento regional" (Ammann, 1984, p. 141). Data desse período a postulação dos profissionais do Serviço Social como *agentes de mudança,* em nítida negação à definição de *agentes da transformação social*, como qualificada pelo movimento de reconceituação latino-americano e setores que resistiam à ideologia das classes dominantes.

Assim, creio que a renovação profissional no Nordeste transitou inicialmente pela educação popular, de corte classista e reformista, em consonância com a agenda e cultura políticas vigentes no período que antecedeu à ditadura, particularmente no governo Goulart. Como afirmou Florestan Fernandes (1984), no prefácio do livro de Safira Ammann (1984), referindo-se ao Desenvolvimento de Comunidade antes e após o golpe de 1964, que estancou qualquer alternativa à ordem, inclusive ressignificando-o: "Tudo o que se fez "antes" com o Desenvolvimento de Comunidade foi passado a limpo e colocado em prática em termos de uma luta de vida ou de morte pela sobrevivência do próprio capitalismo" (Fernandes, 1984, p. 13).

Essa ressignificação, quer das demandas, quer da intervenção profissional, em uma conjuntura na qual os elementos de resistência eram enfrentados com repressão, perseguição, prisões etc., criou uma espécie de vazio político-profissional, compatível com o *vazio cultural* a que se referiu Netto para qualificar o período ditatorial transcorrido entre 1969-1975 (Netto, 1991, p. 83). Não restariam dúvidas de que as experiências que marcaram a *renovação reformista-progressista* do Serviço Social, e me refiro especialmente ao Nordeste, foram abortadas pela ditadura. Mas atenção: ela deixou uma herança política e combativa em alguns poucos grupos que resistiram à ideologia da *segurança nacional*, ao enquadramento do Serviço Social no *participacionismo de ocasião,* ainda que sob o tacão da repressão e sem visibilidade nacional na profissão, mas com presença significativa junto à minha geração e nos estimulando a disputar política e ideologicamente a renovação do Serviço Social.

Mesmo assim, esse grupo da *resistência* não tinha organicidade com a reconceituação latino-americana, ainda que defendesse a unidade continental; recebeu influências mais próximas da Teologia da

Libertação e da pesquisa-ação, dadas suas vinculações com a Igreja progressista de Dom Hélder Câmara.

Novamente, a realidade parece oferecer argumentos para a hipótese de que a *validação prática da intervenção profissional não encontrou similar aporte na validação teórico-metodológica do Serviço Social*; questão que a criação do curso de pós-graduação na UFPE, em 1979[14], certamente inflexionaria, na sequência da federalização da Escola de Serviço Social, em 1971, pela Universidade Federal de Pernambuco.

É fato que esta federalização das Escolas de Serviço Social se fez numa situação em que conviviam, não harmonicamente, tendências diversas: progressista, articulada à Igreja da Teologia da Libertação; modernizante e conservadora, em torno do desenvolvimento de comunidade e do planejamento ressignificados pelas exigências da ditadura; e os tradicionais e residuais Serviço Social de caso, grupo e comunidade.

Como pude presenciar, já no exercício da docência junto com outras jovens colegas, a partir de 1978, com a Oficina da ABESS, em Natal, e o processo de exaurimento da ditadura, os cursos de Serviço Social no Brasil perderiam sua condição regionalizada para construir uma unidade nacional, em torno da elaboração dos currículos mínimos nacionais, herdeiros do *Congresso da Virada*. A partir de então, a trajetória do Serviço Social no Nordeste integra-se ao movimento mais geral da profissão no Brasil, inclusive com a criação dos cursos de pós-graduação e ativa participação na direção das entidades da categoria, como as da ABESS e ABEPSS.

Tudo me leva a crer que a *renovação* político-profissional do Serviço Social, a partir dos anos finais da década de 1970, no Nordeste — consideradas as assimetrias regionais brasileiras e os escassos meios de comunicação e deslocamento, então disponíveis —, teve particularidades. Inegavelmente, houve participação nas questões presentes no III Congresso de Serviço Social; mas, segundo meu ponto de vista, ela se deu preponderantemente pelo engajamento dos Assistentes Sociais

14. Sobre o assunto, remetemos o leitor/a ao Capítulo 7 da Parte III deste volume.

nos novos movimentos populares, nas comunidades eclesiais de base e na educação popular, em disputa com a ala que se fez representar nos Seminários de Araxá e Teresópolis.

Embora houvesse uma articulação nacional, inclusive na ABESS, creio que, no caso do Nordeste, o engajamento político não se fez mediante uma ativa e robusta participação na *"virada"* do III Congresso Brasileiro de Assistentes Sociais[15]. Diferentemente do que aconteceu em BH, cujas iniciativas foram marcadas pela articulação com a vertente signatária da reconceituação e do pensamento marxista, o arsenal teórico-metodológico de que dispúnhamos no Nordeste, e em especial em Pernambuco, nos anos finais da década de 1970, *não nos forneceu* os aportes de que precisávamos para fazer a crítica teórica e histórica da dinâmica capitalista vigente, identificando as determinações das contraditórias demandas da prática e da pesquisa que surgiam com o esgotamento da ditadura e o aflorar dos movimentos sociais de corte sindical, popular e partidários de cariz democráticos, reformistas e anticapitalistas.

Ao que tudo indica, o Serviço Social em Pernambuco, entre os finais da década de 1970 até os primeiros anos da de 1980, privilegiou em grande medida *a legitimação da sua prática profissional progressista* e não a *validação teórica* requerida pela realidade e atuação profissional. Tal iniciativa somente se fortaleceria com a criação de linhas de pesquisa dos Programa de Pós-Graduação a partir da década de 80 do século XX, por força da participação dos novos quadros docentes, estudantis e profissionais, na ABESS/ABEPESS, nos CRAS/CRESS, no movimento sindical geral e do Serviço Social, em particular, e na prática militante junto ao PT e à CUT. Data deste período, por exemplo, uma destacada mudança na área de concentração do PPGSS/UFPE, que, criado em 1979, tinha como áreas de concentração o *Desenvolvimento de Comunidade*

15. Recorro à memória para sinalizar que foi reduzida a parcela de docentes e profissionais do Nordeste que integraram a linha de frente do movimento que transbordou na rebeldia do Congresso da Virada, todavia, houve participação ativa de segmentos da geração de Assistentes Sociais que saiu da Universidade por volta de 1975-76, na ANAS e nas disputas pelo CFAS e CRAS, em articulação com a CUT.

e *Teoria e Investigação em Serviço Social*, as quais foram substituídas em 1989 por *Serviço Social, Movimentos Sociais e Direitos Sociais*. É verdade que, sem a inserção política e o protagonismo do Serviço Social, não teríamos a renovação crítica da profissão; mas, sem as aproximações ao pensamento marxiano e de outros autores da tradição marxista[16], também não iríamos muito à frente do voluntarismo, do militantismo, do fatalismo e do messianismo que tanto seduziram o Serviço Social.

Referências

ABREU, Marina M. *Serviço Social e organização da cultura*: perfis pedagógicos da prática profissional. São Paulo: Cortez, 2002.

AMMANN, Safira. *Ideologia do desenvolvimento de comunidade no Brasil*. São Paulo: Cortez, 1980.

ANDRADE, Manuel Correia. *A terra e o homem do Nordeste*. Recife: Editora Universitária UFPE, 2004.

BATISTONI, Maria Rosângela. Escola de Serviço Social de Belo Horizonte: problematizações necessárias. *In*: IAMAMOTO, Marilda Villela; SANTOS, Cláudia Mônica (org.). *A história pelo avesso*: a reconceituação do Serviço Social na América Latina e interlocuções internacionais. São Paulo: Cortez, 2021. p. 65-85.

FERNANDES, Florestan. Prefácio. *In*: AMMANN, Safira. *Ideologia do desenvolvimento de comunidade no Brasil*. São Paulo: Cortez, 1980.

IAMAMOTO, Marilda Villela; CARVALHO, Raul. *Relações Sociais e Serviço Social no Brasil*. São Paulo: Cortez, 1982.

IAMAMOTO, Marilda Villela. *Renovação e conservadorismo no Serviço Social*: ensaios críticos. São Paulo: Cortez, 1992.

IAMAMOTO, Marilda Villela. *Serviço Social na contemporaneidade*. São Paulo: Cortez, 1998.

16. Sobre o tema, ver Iamamoto (1998, p. 210-218); Quiroga (1991, p. 88); Sousa (2016, p. 26-70).

IAMAMOTO, Marilda Villela. *Serviço Social em tempo de capital fetiche*: capital financeiro, trabalho e questão social. São Paulo: Cortez, 2007.

IAMAMOTO, Marilda Villela. 80 anos do Serviço Social no Brasil: a certeza na frente, a história na mão. Revista *Serviço Social & Sociedade*, São Paulo, n. 128, p. 23-28, 2017.

IAMAMOTO, Marilda Villela; SANTOS, Cláudia Mônica Introdução. *In*: IAMAMOTO, Marilda Villela; SANTOS, Cláudia Mônica (org.). *A história pelo avesso*: a reconceituação do Serviço Social na América Latina e interlocuções internacionais. São Paulo: Cortez, 2021. p. 21-54.

LIMA, Rita de Lourdes. Sessenta anos de Serviço Social em Natal (RN). *Serviço Social & Sociedade*, São Paulo, ano 27, n. 85, p. 142-161, março 2006.

NETTO, José Paulo. *Ditadura e Serviço social*: uma análise do Serviço Social no Brasil pós-64. São Paulo: Cortez, 1990.

NETTO, José Paulo. *Capitalismo monopolista e Serviço Social*. São Paulo: Cortez, 1992.

OLIVEIRA, Francisco. *Elegia para uma re(li)gião*. Rio de Janeiro: Paz e Terra, 1977.

PADILHA, Helena Maria Barros. *História da Escola de Serviço Social de Pernambuco*: uma análise do projeto ideopolítico em articulação com a realidade pernambucana e brasileira dos anos 30 a 70 do século XX. 2008. Tese (Doutorado em Serviço Social) — Programa de Pós-Graduação em Serviço Social da Universidade Federal de Pernambuco, Recife, 2008.

QUIROGA, Consuelo. *Invasão positivista no Marxismo*: manifestações no ensino da metodologia no Serviço Social. São Paulo: Cortez, 1991.

SCHEFFER, Graziela; CLOSS, Thaisa Teixeira; ZACARIAS, Inez Rocha; MIZOGUCHI, Jessica Flores. O reformismo reconceituador entre a articulação latino-americana e a renovação do Serviço Social brasileiro. *In*: IAMAMOTO, Marilda Villela; SANTOS, Cláudia Mônica (org.). *A história pelo avesso*: a reconceituação do Serviço Social na América Latina e interlocuções internacionais. São Paulo: Cortez, 2021. p. 87-109.

SILVA, Maria Ozanira da Silva e. Contextualizando o Serviço Social no processo histórico brasileiro. *In*: SILVA, Maria Ozanira da Silva e (org.). *O Serviço Social e o Popular*: resgate teórico-metodológico do projeto profissional de ruptura. São Paulo: Cortez, 1995. p. 23-70.

SILVA, Maria Ozanira da Silva e. O processo de reconceituação do Serviço Social no Brasil: Emergência do Movimento de Ruptura. *In*: SILVA, Maria Ozanira da Silva e (org.). *O Serviço Social e o Popular*: resgate teórico-metodológico do projeto profissional de ruptura. São Paulo: Cortez, 1995. p. 71-96.

SILVEIRA JÚNIOR, Adilson Aquino. A emergência do Serviço Social em Pernambuco nos anos 40. *In*: SILVEIRA JÚNIOR, Adilson Aquino (org.). *Serviço Social em Pernambuco*: primeiras décadas da formação e atuação profissional. Curitiba: Ed. CRV, 2020.

SILVEIRA JÚNIOR, Adilson Aquino. Bases da renovação do serviço social em Pernambuco: afirmação da "abordagem comunitária" entre 1940-1960. *In*: SILVEIRA JÚNIOR, Adilson Aquino (org.). *Serviço Social em Pernambuco*: primeiras décadas da formação e atuação profissional. Curitiba: CRV, 2020.

SILVEIRA JÚNIOR, Adilson Aquino. Notas para uma história da emergencia do Serviço Scial na particularidade do Nordeste. *In*: SILVEIRA JÚNIOR, Adilson Aquino (org). *A reconstrução histórica do Serviço Social no Nordeste*. Curitiba: CRV, 2021.

SOARES, L. B. C. Primórdios da Educação Popular: a experiência de Paulo Freire na Escola de Serviço Social de Pernambuco. *In*: SILVEIRA JR., Adilson Aquino (org.). *A reconstrução histórica do Serviço Social no Nordeste*. Curitiba: CRV, 2021. p. 81-107.

SOUSA, Adrianyce A. S. *Lukács e o Serviço Social brasileiro*. Curitiba: Prismas, 2016.

SOUZA, Jamerson Murillo Anunciação de. Três notas sobre o sincretismo no Serviço Social. *Serviço Social & Sociedade*, São Paulo, n. 119, p. 531-559, jul./set. 2014.

VIEIRA, Ana Cristina de Souza. *Ensino de Serviço Social no Nordeste*: entre a Igreja e o Estado. 1992. Tese (Doutorado em Serviço Social) — Programa de Pós-Graduação em Serviço Social na Pontifícia Universidade Católica de São Paulo, São Paulo, 1992.

VIEIRA, Ana Cristina de Souza. Serviço Social em Pernambuco: particularidade da formação e inserção profissional dos anos 1940 aos 1980. Revista *Serviço Social & Sociedade*, São Paulo, n. 95, p. 77-96, set. 2008.

3

O SIGNIFICADO DO DESENVOLVIMENTO DE COMUNIDADE

Ana Cristina Brito Arcoverde

Introdução

O significado do Desenvolvimento de Comunidade nunca foi unânime nem consensual, seja como processo, estratégia pedagógica, utilização na literatura e nos currículos de formação profissional. Recepcionou várias interpretações e instrumentalidades, desde o pensamento sociológico, da ciência política, o geográfico e mesmo o do Serviço Social, que o incorporou como disciplina curricular em meados da década de 40 do século passado. Tratar do tema é instigante, mas árduo, sobretudo para quem deixou de lecionar a disciplina já há algumas décadas. Para minorar o desafio, é prudente refazer o caminho de volta ao Desenvolvimento de Comunidade (DC) por meio das publicações, coletâneas e alguns artigos. Apesar de o assunto não ser esgotado com este texto, a intenção é oferecer alguns elementos de registro do tema que integre importante coletânea comemorativa do Serviço Social no Nordeste. Como sinalizei em outro texto, incorporar o tema nesta publicação demonstra a importância e o significado que o DC teve para o Serviço Social, seja como disciplina da formação profissional, seja como estratégia da instrumentalidade no exercício profissional, e até no seu processo de identidade, superação, sobrevivência, e sua substituição, uma vez que resistiu algum tempo sendo ministrada por docentes do Curso de Serviço Social para alunos do curso de Nutrição da UFPE. E pode-se até ousar dizer que, com sentidos e significados ideológicos diferentes, vem acontecendo na prática profissional quando trabalha com populações, ou utiliza o termo comunidades referindo-se à pobreza ou aos bairros da periferia (Mattos, 2012).

Entende-se que é na contradição e por causa dela que a superação vai se construindo e inspirando novos processos, estratégias, conteúdos que formatam novas disciplinas nas e para as formações e exercícios profissionais, mesmo porque acontecem sob determinações econômicas, sociais e/ou políticas. Nessa direção, a emergência, desenvolvimento e superação do DC pelos novos sujeitos sociais, como foi o caso das organizações não governamentais (ONGs) e dos movimentos sociais, inspirou a criação de disciplinas na graduação e pós-graduação, e tornou-se área de concentração da pós-graduação em Serviço Social da Universidade Federal de Pernambuco. A revisitação aqui proposta, de forma contextualizada, resgata o DC enquanto disciplina e processo sócio-organizacional até o momento de sua superação e retirada do currículo de Serviço Social, e realiza uma breve síntese dos seus significados durante sua existência.

Desenvolvimento de Comunidade: revisitando um passado recente

Desenvolvimento de Comunidade como disciplina foi introduzida no currículo de Serviço Social em 1945, ministrada no segundo ano com a epígrafe "Organização Social da Comunidade" e operacionalizada de forma a preparar técnicos capazes de promover a racionalização entre recursos e necessidades localizados. Sua gênese dá-se fortemente influenciada pelas experiências anglo-saxônicas, francesas e belgas através das "Settlements Houses, Community Council, Clarity Organisation Society ou Maison Sociale" e que buscaram, sob diferentes matrizes ideopolíticas e culturais, a melhoria do nível de vida da população dos bairros desfavorecidos ou o planejamento e a coordenação das ações de bairros pobres ou desprotegidos de infraestrutura.

A orientação de base era a reeducação social que foi importada e assumida pelo governo pós-varguista e pela Igreja católica, sendo concretizada por instituições como a Fundação Leão XIII, que imbuída do espírito cristão se ocupará dos pobres, mendigos e favelados.

No pós-Segunda Guerra, a ordem capitalista se modifica. Os Estados Unidos assumem a liderança mundial, outrora da Inglaterra, e buscarão consolidá-la para garantir a primazia do modo de produção capitalista. Essa redefinição da ordem do capitalismo no mundo expressa-se no contexto brasileiro por transformações sociais, políticas e econômicas que caracterizam a passagem de uma economia agroexportadora para uma de tipo urbana industrial. DC será então uma das estratégias introduzidas no currículo escolar e proposta pelos governos para evitar que as populações pobres e/ou famintas fossem facilmente influenciadas pelas ideias comunistas. Acordos e programas de assistência técnica (como o Ponto IV, USAID e ONU) são celebrados e prorrogados no tempo entre os governos americano e brasileiro para incrementar a produção alimentícia e aproximar os dois países em ideias, educação e pedagogia. As experiências de extensão e missão rurais que se propuseram à mudança e ao progresso do país se multiplicaram e prepararam a entrada, e a institucionalização do DC como medida governamental para mobilizar a população para a execução de tarefas predefinidas. Segundo o pensamento político da época, tais medidas resolveriam os problemas dessas populações. É importante atentarmos para o contexto conjuntural do período, marcado pela reconstrução das economias nacionais e a política da "guerra fria". O DC como disciplina, programa ou política governamental, nasce, portanto, dentro de um contexto internacionalizado. Aproximadamente no início dos anos 1950, o ensino de DC estava difundido em todas as Escolas de Serviço Social (de PE, SP, RJ, RS etc.), embora não ocorresse unanimidade quanto à epígrafe da disciplina no currículo: Organização de Comunidade, Serviço Social de Comunidade, Serviço Social de Organização de Comunidade, Organização Social da Comunidade, Desenvolvimento e Organização de Comunidade e Técnicas Auxiliares e, finalmente, DC. Observe-se que as expressões adotadas, assim como os respectivos conteúdos teórico-metodológicos, acompanharam a contínua evolução da aplicação do processo, de acordo com as características que o mesmo assumia historicamente e nos variados contextos sociais. Assim, no populismo desenvolvimentista o conteúdo ensinado orientava-se por fundamentos, métodos e técnicas que possibilitassem a participação da população no tratamento ou na responsabilidade de solução de seus problemas. A perspectiva da integração social das populações contidas no ideário desenvolvimentista vigente dirigirá as ações de mobilização da população que os técnicos empreendiam no sentido de estudarem juntos — técnico e população — os problemas, facilitarem a explicitação de necessidades e aspirações, levando-a a descobrir os recursos ao seu alcance, planejar as soluções dos problemas e as melhorias a empreenderem ou os recursos a serem buscados. Na prática, era frequente a criação de conselhos de moradores que deveriam ir assumindo paulatinamente as funções administrativas, de modo a se constituírem em verdadeiros governos de bairros, ou como se diz mais recentemente, a autogestão. Essa foi a base teórica, metodológica e prática transmitida ao alunado de Serviço Social na disciplina Desenvolvimento de Comunidade, no Serviço Social, nesse período.

Evidentemente, uma tal proposta de integrar "excluídos" na vida normal do bairro, da cidade, via organização de grupos autossuficientes, continha e estava contida no inculcar um novo *modus vivendi* da sociabilidade capitalista. Vem de longe a tentativa clara de transferir para as mãos da própria população a função de reprimir, proteger, controlar o seu próprio espaço de moradia, afastando aqueles que pudessem ameaçá-lo. Nesse sentido, os conselhos de moradores iam construindo regras de boa convivência sob a orientação de técnico em nome do bem-estar coletivo, reproduzindo ao nível da comunidade local as tarefas que o Estado transfere para o conjunto da sociedade. Escamoteia-se a realidade de uma sociedade de classes sob a ideologia do mau e do bom morador, facilitada pela organização social de comunidade.

A partir da década de 1960, tanto os programas de governo quanto o conteúdo da disciplina se modificam e adquirem importância crescente. Tanto é que, nos cinco primeiros anos da década, vários seminários são organizados sob o patrocínio do Estado ou entidades particulares para discutirem DC no rural e no urbano, sua base conceitual e método de trabalho destinado às regiões subdesenvolvidas, dentro do "Programa Aliança para o Progresso", do governo Kennedy.

Apesar dos esforços e da reflexão desencadeada pelos profissionais do DC, as premissas do desenvolvimentismo permaneceram e/ou foram redirecionadas para produzirem mudanças de comportamento na população presente nos centros urbanos. Muda o enfoque no mundo rural para o urbano — alicerçados nas mesmas concepções funcionalistas, da chamada teoria da modernização, que perpassará também os ensinamentos de DC. A cultura da comunidade geograficamente integrada será um meio importante para disciplinar valores e atitudes da população. Era o que se exigia do futuro profissional, como se pode constatar no parecer de um examinador de um trabalho de conclusão de uma aluna de Serviço Social da Escola de Pernambuco; "[...] a aluna demonstra habilidade em conhecer e educar a população através da orientação de grupos para integrá-los à COMUNIDADE" (1966).

Na tarefa de eliminação do desajuste social, é "indispensável à cobertura oficial", reconhecia, ainda, o examinador acima referido, e nesse chamamento assume papel de destaque o Estado como seu principal Agente Patrocinador. Programas integradores e outras propostas de desenvolvimento social de cunho crítico surgem a partir das reflexões que se realizavam sobre a realidade local, regional e brasileira. Destacamos o Programa/Movimento de educação de base que emergia em meio aos conflitos explicitados na relação aparato estatal/técnicos e população. Em algumas práticas desses programas/ movimentos, demandas da população eram assumidas pelo DC, que tenta inserir-se e reforçar processos de mobilização e articulação com instituições privadas. Iniciativas estas que se esvaziaram no tempo em razão das condições políticas e/ou escassez de meios e recursos.

As mudanças político-institucionais ocorridas no país em 1964 conduziram a um novo momento histórico e a novas perspectivas para o Desenvolvimento e Organização de Comunidade e Técnicas Auxiliares. Este é reformulado enquanto técnica a serviço do crescimento econômico e descentralizado em políticas regionais (Sudene, Sudesul, Sudeco). Enquanto disciplina e matéria do currículo de Serviço Social, trabalhará conteúdos teórico-metodológicos adequados à formação daqueles profissionais que, no momento de suas inserções na prática daquelas políticas regionalizadas, estarão aptos a conduzirem o processo educativo das populações chamadas a participarem no processo de desenvolvimento da região. DC, então atribuição institucional, passa a instrumento do sistema de planejamento, aproximando-se de uma prática burocrático-administrativa prestadora de alguns serviços à comunidade.

A racionalidade e a racionalização enquanto características dos programas de DC refletem, de fato, a centralidade e a centralização do poder no plano federal, tanto no que diz respeito às decisões quanto às ações que serão implementadas para dar conta dos problemas sociais crescentes — moradia, equipamentos sociais, saúde, água, luz etc. A comunidade como área de moradia será descoberta e posta em evidência pelas diretrizes das políticas destinadas à organização e/ ou à eliminação da pobreza, dos loteamentos clandestinos etc. Planos e programas em nível global de desenvolvimento serão elaborados pela nova tecnocracia, requisitando o DC como melhor metodologia de trabalho para implementação de políticas em sua dimensão social ou mais coletiva.

Apesar do contexto autoritário onde programas nacionais de desenvolvimento eram elaborados verticalmente, algumas tentativas foram empreendidas nas experiências de DC no sentido de retomar, negociar, incorporar interesses e preocupações dos segmentos populares. Iniciativas que, embora reduzidas e isoladas, levaram à constituição, à formação de novas formas de expressão das demandas populares — movimentos reivindicatórios — ou provocaram a recriação de mecanismos já existentes, como as associações de moradores sob nova perspectiva.

Em meio às demandas crescentes e à forte pressão popular, podemos dizer que na década de 1970 predominava um certo otimismo nas possibilidades de ampliação do nível de participação dos setores mais deserdados da população. A política, os programas de DC, bem como o conteúdo da disciplina, passam a afixar um discurso e um conteúdo em defesa da participação popular e a buscar novas alternativas de instrumentalizar a sua efetivação, como foi o caso do planejamento participativo, da formação de lideranças comunitárias, do associativismo, e das metodologias de trabalho. Criam-se coordenações e divisões nas instituições públicas encarregadas de gerir e garantir unidade na direção dos programas de desenvolvimento de comunidade, nos vários planos político-administrativos. Contudo, a unidade na direção será dificultada no plano da prática concreta, uma vez que alguns dos técnicos ou agentes dos programas procurarão orientá-la no sentido dos interesses de sua população-alvo e na reflexão do tipo ou sentido do desenvolvimento pretendido pelo programa. É a fase da busca de pequenas brechas na prática e no aparato estatal enquanto possibilidade de realizar o compromisso com as comunidades.

Vale lembrar e reforçar que o discurso e as estratégias políticas participacionistas não se constituem somente em respostas às pressões de demandas populares crescentes, mas também como estratégia e legitimação do bloco no poder para a necessidade de garantir condições mínimas de reprodução social, indispensável ao tipo de desenvolvimento capitalista brasileiro.

A articulação desses fatores, bem como o desenvolvimento de caráter político-ideológico que os programas de DC assumiam através da criação e execução de esquemas avaliativos, põe em evidência contradições internas que impulsionaram à organização e à entrada em cena de sujeitos coletivos potencialmente antagônicos e para o qual o Estado não dispunha de mecanismos de mediação, à exceção de esquemas repressivos — extinção das coordenações e divisões de programas de DC, transferência ou substituição de técnicos, corte de recursos e meios de trabalho, cooptação de lideranças comunitárias etc.

A partir de 1975, numa conjuntura de distensão, o DC, enquanto programa, disciplina e política social, passa por nova reestruturação, arregimentando-se de formas, técnicas e mecanismos que equacionassem os problemas sociourbanos e a incapacidade de suas soluções pelo governo bem-feitor. Criam-se programas, como o dos Centros Sociais Urbanos, e projetos especiais, como o Sertanejo, o Polo-Nordeste, o Projeto Baixa Renda etc., que tendo a comunidade como unidade relacional, geográfica e funcional, propunham o DC como meio e instrumento de operacionalizar diretrizes de trabalho, entre elas, a de participação social dos habitantes das cidades no processo de desenvolvimento social. Os objetivos programáticos não parecem ser modificados — integração da população —, porém, em essência, o problema central era o crescimento assustador da desigualdade de renda, geradora de conflitos, nas periferias das grandes cidades.

O agravamento da situação social do país, a perda do ritmo de crescimento econômico na fase do milagre, levam os governos a tomarem posição e a buscarem políticas de distensão e de incorporação de algumas demandas populares. O DC é novamente requisitado para compor a política nacional, mas também para atuar junto às comunidades periféricas localizadas. Nessa tarefa, engajam-se as Escolas de Serviço Social federalizadas ou não, tanto com a criação de cursos de pós-graduação (em 1978 o da PUC-SP, e em 1979 o da UFPE), em que o DC aparece como área de concentração, como participando na elaboração e na execução de projetos de extensão voltados a aproximar o estudante e o ensino à realidade.

De modo geral, a partir de 1979, nota-se um incremento significativo de programas comunitários setoriais, multissetoriais ou de mobilização popular, preocupados com as condições de vida da população na área pública e/ou oficial. Nesse propósito, engaja-se o MINTER, que recomenda o desenvolvimento de ação socioeducativa junto à população, aproveitando, recuperando, criando ou estimulando formas de organização em que a autonomia é condição e instrumento de participação nas respostas oferecidas às necessidades da população. Nesse período, buscam-se inovações e transformações substantivas nos currículos, nas estratégias pedagógicas e na prática do DC como forma de expandir e garantir espaço político.

Ao mesmo tempo abrem-se perspectivas para formas de organização popular negadoras da expropriação social, econômica e política vivenciada por significativo contingente de população trabalhadora empobrecida. Em muitos casos, os profissionais dos programas de DC serão sujeitos fundamentais na construção, formulação e encaminhamento — MEDIAÇÃO — das demandas dessas populações.

A politização da vida social torna-se, a partir de então, prioridade do governo frente ao aumento e ao aprofundamento das expectativas dos grupos populares. Muitas de suas reivindicações serão incorporadas à iniciativa oficial, porém, na perspectiva do custo-benefício ou de redução de conflitos ameaçadores do *status quo*. Contradições que se relacionam, finalmente, com a lógica de participação e papel do Estado no desenvolvimento da economia capitalista. É mister, no entanto, reconhecer que a abertura de espaço para formas organizativas da população, no interior das práticas do Estado, ainda que sob a determinação da ideologia dominante e de legitimação a um dado projeto político, abre caminhos para que as reivindicações pontuais e isoladas de parte dos setores médios e populares sejam articuladas em e por organizações e estruturas mais amplas, como é o caso do Partido dos Trabalhadores (PT), dos sindicatos, da CUT, CGT, USI, do Anampos, criando o que Gohn (1991, p. 15) chama de uma nova institucionalidade social.

A transição democrática também será sentida no que concerne aos aspectos históricos, conceituais e metodológicos do DC, quando, no início da década considerada "perdida", implanta-se um novo currículo de Serviço Social. Em alguns cursos, a incorporação da dinâmica dos movimentos sociais aparece não só no conteúdo programático, mas inclusive na sua epígrafe — "DC e práticas mobilizadoras das classes populares" (Lippi; Silva; Wanderley, 1991, p. 8), como no caso da PUC-SP.

A negociação de interesses passa a ser a estratégia de ação substantiva do controle e da repressão aos movimentos sociais, tornando-se diretriz geral das novas políticas sociais. Nesse contexto, DC passa a ser considerado "espaço por excelência de diálogo com a população organizada" (Gohn, 1991, p. 16), que deverá ser ouvida e apoiada. Buscar-se-á em práticas "alternativas" ou "inovadoras", evitar os conflitos causados pelo aumento do desemprego, a ocorrência de saques e a multiplicação de invasões. Para colocar o país em ordem, reorganizar a sociedade que explode em descontentamentos, seria necessário realizar alianças com sujeitos sociais diferentes, por vezes opostos. Para desenvolver e democratizar a sociedade sem grandes conflitos e custos maiores, será preciso favorecer a expansão e a melhoria da educação, da cultura, assim como da saúde, do saneamento, previdência ou participação, emprego e renda para o que o DC se impusesse. Ao lado da desburocratização das instituições prestadoras de serviços, propõe-se, via programas comunitários dirigidos à população pobre, o estímulo à participação e à criação de associações de pequenos produtores tanto no campo, como sobretudo nas cidades como forma de melhorar o acesso ao consumo daquelas populações que passam a exigir respostas imediatas e projetos políticos que direcionem a ação pública.

No final dos anos 1980, alterações começam a ser sentidas tanto no plano econômico como político-social, e também no acadêmico, sobretudo em relação a DC. Em alguns cursos, passa-se a procurar e a incorporar conteúdo e perspectivas críticas que pudessem fundamentar a elaboração de proposta "nova" ou sentido "novo", "coletivo", às premissas teóricas de suas práticas; noutros cursos (o de Sergipe, por exemplo), buscar-se-ão fundamentos teóricos de reformulação da ação coletiva a partir das novas relações que se estabelecem entre Estado/sociedade civil. Ainda, verifica-se a tendência à manutenção e/ou ampliação de sua importância como tecnologia de ação pedagógica junto às populações em suas áreas de moradia, buscando instrumentalizar os alunos para assessorarem organizações próprias de DC — Associação de Moradores, Conselhos Comunitários, Centros Sociais; também se verifica a substituição de DC para Movimentos Sociais como área de concentração da pós-graduação em Serviço Social da UFPE, em 1989.

No plano econômico e social, planos são elaborados e políticas emergenciais são propostas, ora para enfrentar a inflação, o déficit do Balanço de Pagamentos, as dívidas externa e interna, ora para enfrentar a pobreza crescente. O "tudo pelo social" de Sarney é bastante ilustrativo do reconhecimento, pelo menos, da política de enfrentamento dos problemas de sobrevivência.

De pouco em pouco, o Estado começa a se retirar do cenário enquanto patrocinador e executor direto dos programas comunitários. Retorna-se ao "local" como base territorial das novas ações públicas, enquanto as organizações não governamentais lideram, como novo sujeito social, a intermediação das negociações empreendidas com os governos, nos vários níveis de poder. Paulatinamente, vão se transferindo para a sociedade, a seu pedido, as responsabilidades com o atendimento das necessidades sociais. Processo indicativo de uma privatização das ações públicas ou de uma estatização da sociedade?

No plano político, em meio ao desmantelamento das instituições públicas, setores de oposição ascendem ao poder de municípios e estados da federação, provocando a "modernização" do estilo e das diretrizes do governo central. Vive-se um rápido processo político que se desfaz no ar pela crise econômica e institucionalização da nova ordem democrática.

As expectativas criadas pelas mudanças ocorridas no plano político-institucional, sobretudo no plano do alargamento dos direitos sociais, foram frustradas e geraram reações que se caracterizaram pela busca de espaços de participação no interior das administrações locais. Estas incorporaram as demandas de cogestão, porém a legitimidade dos movimentos sociais junto às bases se esvanece, levando-os à divisão, à crise, mas se recompõe e se reforça no âmbito da formação em Serviço Social. O DC como disciplina é superado e substituído pela disciplina Movimentos Sociais, e passou à história do Serviço Social de Pernambuco e do Nordeste, podendo ser tema de problematizações, perspectivas do pensar e objeto de investigações.

Significado do Desenvolvimento de Comunidade — brevíssima síntese

Com diferentes epígrafes e distintas matrizes teóricas, o DC foi incorporado, inicialmente, acriticamente no Serviço Social, depois questionado pelas percepções sobre sua orientação política e intencionalidade do projeto social e ideológico implícito (preparar profissionais para se ocupar dos pobres, mendigos e favelados e evitar a influência das ideias comunistas, ou seja, preparar o solo e moldar o ideário do progresso, da modernização, da mudança, do desenvolvimentismo e do crescimento econômico necessários à instalação e institucionalização da ordem capitalista mundial na sua periferia).

A crítica à racionalidade e racionalização do Desenvolvimento de Comunidade remetem à transformação do espaço de aproximação com as comunidades, entendidas ainda, como unidade geográfica funcional, em oportunidade para tentar construir e assumir a direção de outro projeto alternativo coletivo.

A heterogeneidade de situações e percepções da realidade, dificuldades teóricas de trabalhar com as categorias — classe, consciência de classe e comunidade como unidade de interesses contrários etc. — oriundas da teoria crítica tornam-se obstáculos à formação de ação coletiva, identidade e "vontade coletiva nacional-popular" (Scherer-Warren, 1993, p. 16).

As tentativas de incorporar no DC os interesses e necessidades da classe trabalhadora (nominada de segmentos populares), de defesa da participação e conscientização contidas nas práticas educativas ou de educação popular com o objetivo de democratizar propostas e processos, não foram suficientes para superar o conteúdo, o caráter, a centralidade dos sujeitos, o alcance de suas lutas, condicionantes da ação sobre o projeto social e político que lhes eram implícitos.

A tensão permanente gerada pelos conflitos entre inovação (autonomia frente ao Estado, partido político e políticas da parte dos movimentos sociais) e institucionalização e dependência (nas negociações e interação com o Estado) resultou em uma crise que levou o DC a ser retirado da grade curricular e substituído por Movimentos Sociais, que assumiu a condição de disciplina no currículo de Serviço Social e na formação profissional.

No singular ou no plural, os dois substantivos desenvolvimento e comunidade conectados pela preposição "de" assumiu diferentes sentidos e significados: seja como disciplina na formação profissional, processo educativo, programa social, estratégia governamental e de ação, técnica de organização e reeducação da população, metodologia de trabalho, ou ainda como tecnologia de ação pedagógica, mas sob determinações econômicas, compreensão teórica de desenvolvimento e comunidade, e sobretudo orientações políticas de controle social para o que o DC foi instrumento estratégico dos programas e da ação pública.

As dificuldades, conflitos e/ou contradições inerentes às práxis do DC em seus sentidos e significados, e que foram sendo desveladas, geraram reações múltiplas de negação, mas também de superação, revitalização de fundamentos e construção de novas formas de trabalhar junto e com os movimentos sociais absorvidos no currículo e formação profissional em Serviço Social da Universidade Federal de Pernambuco como disciplina que vem trabalhando com outros conteúdos teóricos analíticos, ênfase no potencial transformador determinado pela consciência de classe em si e para si, enfoque nos interesses coletivos construídos pelos sujeitos sociais e traduzidos em ações reivindicativas, contestatórias, defensivas e de luta e resistência à repressão, supressão de direitos duramente conquistados, às restrições democráticas etc., inaugurando nova fase de politização, novas formas de pensar e reconstruir a relação sociedade civil e Estado como espaço democrático de poder do coletivo.

O Desenvolvimento de Comunidade como método, processo, procedimento, técnica e/ou estratégia do planejamento da ação pública para fortalecer o associativismo, a mobilização e organização das comunidades periféricas em torno de demandas por bens e equipamentos urbanos coletivos, não só escondia orientação política verticalizada e autoritária, mas também tendência ao reducionismo e monopolização da representação social, fragmentação das ações, reforço à dependência e o predomínio dos interesses individuais sobre os coletivos. Em outras palavras, o DC, como parte do conteúdo formador de assistentes sociais, certamente desempenhou seu papel provocador de reflexões, novos processos sociais e políticos e fechou seu ciclo sendo ressignificado por meio dos movimentos sociais.

Referências

AMMANN, Safira Bezerra. *Ideologia do desenvolvimento de comunidade no Brasil*. São Paulo: Cortez, 1980.

ARCOVERDE, Ana Cristina Brito. *O Coletivo ilusório* — uma reflexão sobre o conceito de comunidade. 2. ed. Recife: UFPE/Ed. Universitária, 2011.

BAPTISTA, Mirian Veras. *Desenvolvimento de comunidade* — estudo da integração do planejamento do desenvolvimento global. São Paulo: Cortez & Moraes, 1976.

CBCISS ano V, n. 47, 1972; ano VIII, n. 97 e 104, 1975; ano XI, n. 127, 1978; ano XV, n. 172, 1983.

CURRÍCULOS da Escola de Serviço Social de Pernambuco, anos 50-60 e do curso de Serviço Social da UFPE 1970 a 1990.

GOHN, Maria da Glória Marcondes. *A força da periferia* — a luta das mulheres por creches em São Paulo. Petrópolis: Vozes, 1985.

JACOBI, Pedro. *Movimentos sociais e políticas públicas* — demandas por saneamento básico e saúde, 1974-1984. 2. ed. São Paulo: Cortez, 1993.

LIPPI, Luzia Baierl; SILVA, Maria Lúcia Carvalho da; WANDERLEY, Mariângela Belfiori. Seminário Nacional de Desenvolvimento de Comunidade — Síntese. *Serviço Social & Sociedade*, São Paulo, ano XII, n. 36, p. 5-12, 1991.

MATTOS, Geísa. *A favor da comunidade* — modos de viver a política no bairro. Campinas: Pontes, 2012.

PARECERES de trabalhos de conclusão de curso de Serviço Social da Escola de Pernambuco, 1945-1970.

PLANO de Curso de Pós-Graduação em Serviço Social da UFPE, 1979/93.

POULANTZAS, Nicos. *L'Etat, le pouvoir, le socialisme.* Paris: Quadrige/PUF, 1981.

PROGRAMAS da disciplina DC do Curso de Graduação/Pós-Graduação em Serviço Social da UFPE, 1979-1993.

REVISTAS *Serviço Social & Sociedade* n. 4, 5, 6, 8, 9, 16, 17, 18, 25, 26, 28, 29, 33, 36, 39, 41, São Paulo: Cortez.

SCHERER-WARREN, Ilse. *Redes de movimentos sociais.* São Paulo: Loyola, 1993. (Coleção Estudos Brasileiros — 1).

SOUZA, Maria Luiza de. *Desenvolvimento de comunidade e participação.* São Paulo: Cortez, 1987.

TOURAINE, Alain. *La parole et le sang* — politique et société en Amérique Latine. Paris: Éditions Odile Jacob, 1988.

4

A QUESTÃO URBANA NO NORDESTE:

décadas de 1940 a 1960

Rosa Maria Cortês de Lima

Aspectos iniciais

O Nordeste brasileiro vivenciou diferentes períodos e distintas formas de urbanização. Trajetória que remete ao período colonial e sua economia agroexportadora situada na divisão internacional do trabalho e de mundialização do capital. As cidades, no Brasil colonial, tornam-se centro do capital comercial, exercendo o controle sobre a produção agroexportadora e do conjunto de atividades a ele associado. Dessa ótica, e na condição de sede do capital comercial que se caracteriza a urbanização, nesse período (Oliveira, 1982). Cidades, sobretudo as litorâneas e voltadas para o além-mar com infraestrutura primário-exportadora no sentido de atender ao mercado internacional e também buscando responder necessidades internas do mercado nacional (Cano, 1989).

Inserido nessa dinâmica, o Nordeste assume destacado papel regional, alternando períodos de florescência econômica com os de declínio. O século XVIII marca a queda da atividade açucareira em face do deslocamento de parte da produção para o Caribe, que acirra a competição em escala mundial, situação intensificada a partir de meados do século seguinte com a ascensão da atividade cafeeira no Sudeste, particularmente no eixo Rio de Janeiro-São Paulo e suscita alterações nas relações regionais. Em contraposição, nesse mesmo século XIX, em trechos do Sertão e do Agreste nordestino, amplia-se a produção de algodão e a pecuária (Andrade, 1980), concorrendo para o crescimento de cidades e de redes de cidades, embora sem grande pujança, articuladas aos grandes centros urbanos, em especial às capitais.

No período colonial, entre as cidades do Nordeste, São Luís, Recife e Salvador, e do Sudeste, Rio de Janeiro e São Paulo, foram aquelas que reuniam aproximadamente 5,7% do universo da população do país (Prado Júnior, 2004) e que mais aumentaram suas populações. Em 1872, o Recife ocupava o terceiro lugar entre as cidades com mais de 100 mil habitantes (116.671 habitantes), antecedida pelo Rio de Janeiro (274.972) e Salvador (129.109) (Santos, 2008).

Diferentemente da forma pretérita de urbanização, esta urbanização se modifica, considerando múltiplos fatores, mas sobretudo quando a cidade se torna a sede do aparelho produtivo (Oliveira, 1982), ou seja, quando a indústria aí é instalada, concorrendo para alterar relações de poder político e econômico entre o campo e cidade. Todavia, as complexas relações em torno da propriedade da terra — o latifúndio que deu suporte à atividade exportadora manteve-se sem mudanças expressivas e isso terá impactos no processo de urbanização e constituição das cidades.

Este capítulo aborda a questão urbana no Nordeste, tendo, no entanto, como centro de discussão o processo de urbanização no Recife, capital de Pernambuco, entre as décadas de 1940 e 1960. Além deste item — aspectos iniciais —, este texto está constituído de mais dois itens: um segundo que trata sobre a dinâmica urbana e a expressão da sua velocidade, situando os fatores que se entrelaçam nesse movimento, e um terceiro que aborda a questão da habitação no urbano do Recife, como expressão da questão social. Finaliza com algumas considerações em processo.

Dinâmica urbana e a expressão da sua velocidade no Recife — de 1940 a 1960

Permeado por fortes contradições, o processo de urbanização do Recife expõe as múltiplas relações econômicas, sociais, políticas, jurídicas e culturais. Expressa relações de classes, conectadas à herança das formações sócio-históricas do país e da região Nordeste. Riqueza e pobreza desvelam a cidade marcada por severas desigualdades que cruzam as sociedades dependentes e periféricas.

Bernardes (1996, p. 28), afirma que "[...] a história da cidade, aqui mais do que noutros espaços urbanos, é condicionada também pela retaguarda rural e pela sua função portuária". Destaca o acentuado papel desempenhado pela atividade canavieira, acrescentando ainda "[...] a infraestrutura necessária às atividades de importação e exportação", destacando como os "principais determinantes" que contribuíram para constituição e expansão urbana.

Perruci (1978, p. 26) analisa os fatores relacionados e que interferem na formação de Pernambuco e do Recife, e, nesse sentido, assinala que "[...] a nova organização capitalista ocidental, baseada sobre o capital industrial e financeiro, redistribui praticamente as funções econômicas internacionais, ou, em outros termos, o final do século XIX assiste a uma redefinição na divisão internacional do trabalho". E nessa perspectiva analítica frisa: "A economia brasileira, na época, é complementar e dependente dos mercados internacionais compradores de matérias-primas, a Inglaterra em primeiro lugar". Desse modo, o país termina por se amoldar "[...] a esse novo equilíbrio internacional; e, como resultado de sua especialização, ele se torna um dos maiores produtores de matéria-prima e de produtos tropicais do mundo".

Andrade (1979), tratando de explicar a dinâmica social e econômica das últimas décadas do século XIX, no Recife, destaca o imbricamento de dois processos e o crescimento do urbano que já despontava no período. Um, afeito à abertura de estradas carroçáveis e ferrovias que fortalece e alarga a função comercial-portuária da cidade. Outro, a abolição da escravatura (1888), que modifica as relações de produção no campo e concorre para o fluxo migratório em direção à capital do estado.

Em 1920, o Recife contabiliza uma população de 238 mil pessoas, e nos vinte anos seguintes, em 1940, registra um incremento populacional de 46%. Entre 1940 e 1960, demonstram os censos demográficos (IBGE) o registro, no Recife, de uma população de 343.740 pessoas, e atinge em duas décadas depois 788.336 habitantes, ou seja, duplica sua população. O urbano recifense cresce, segundo Melo (1978), de forma acelerada, associada, em particular ao fluxo migratório, mas também conectado ao crescimento vegetativo da população e atrelado à queda da mortalidade e a altas taxas de natalidade registradas na metade do século passado.

Essa dinâmica provoca forte disponibilidade de mão de obra para as atividades econômicas, acirra e aprofunda as desigualdades sociais no urbano recifense.

A introdução da indústria de tecelagem, no Recife, data de 1874. Ela exerce papel expressivo na estruturação urbana ao constituir núcleos populacionais espalhados no tecido urbano. Desse prisma, estabelecia-se proximidade entre o local de moradia e a atividade do trabalho. Parte dos habitantes dos mocambos situados em trechos aterrados dos manguezais constituíam o operariado das unidades fabris.

Trata-se de uma atividade que se amplia no século seguinte, instalando-se unidades industriais de têxteis em várias cidades de Pernambuco, como: Moreno, Camaragibe, Paulista e Goiana. Essa indústria atrelava-se à atividade canavieira, uma vez que a sua produção se destinava, em particular, a fabricar sacos de aniagem para a ensacagem do açúcar, bem como do algodão.

Vale assinalar que no movimento de estruturação dessas atividades econômicas há uma associação entre o capital agrícola e o capital industrial, em muitos casos agregando os mesmos proprietários e as mesmas famílias, provocando concentração de capital. Assim como o capital agrícola utilizava-se de latifúndio, a indústria têxtil se estabelecia em grandes porções de terras.

A concentração do processo industrial no Centro-Sul provoca o reordenamento das relações econômicas regionais. Nesse sentido, o Nordeste enfrenta posição complementar na relação produtiva brasileira. A criação da Superintendência do Desenvolvimento do Nordeste (Sudene), em 1959 — Lei n. 3962, de 15 de dezembro de 1959 —, e extinta por meio de MP 2.145, de 2 de maio de 2001 (Oliveira, 1993), tem como objetivo criar uma indústria local, utilizando para tanto incentivos fiscais da União. Na realidade, dois aspectos interferiram nesse processo: a dificuldade em gerar uma indústria local sólida, e o tempo de vigência do órgão para assegurar uma ação continuada.

Desse ângulo, pode-se entender que a atividade industrial decorrente da criação da Sudene, "[...] dada a utilização de capital intensivo e poupador de mão-de-obra, não reforçou a afirmação de um operariado local e de uma indústria que absorvesse a intensa parcela da população disponível e em busca de trabalho na cidade" (Lima, 2012, p. 55).

Dimensão da questão da habitação no Recife

No Recife, a expansão urbana dá-se fazendo o contorno da planície alagada e alagável, para, marcadamente, a partir dos anos de 1930 embrenhar-se pelos morros formando um cordão bairros nos quais se instala a população pobre. Na fase inicial, os morros, as encostas acolhem a população expulsa dos mocambos instalados em espaços de manguezais. Esse deslocamento efetiva-se por ação desencadeada pelo poder público, a partir das décadas de 1930 e 1940, ao mesmo tempo em que também absorve populações oriundas do forte êxodo rural nas três décadas posteriores.

A questão habitacional no Recife é agravada entre os anos de 1940 e 1960, atreladas ao modo de produção capitalista, acentua-se com a intensidade do crescimento urbano, tornando patentes as manifestações da questão social expressas no território (Iamamoto, 2001; Yazbek, 2001)

Para Engels (1979), a questão da habitação é insolúvel nas sociedades capitalistas, visto que a renda do trabalhador não atende ao conjunto de suas necessidades, e a habitação deixa de ter solução nas relações de mercado. Nesses termos, tornada mercadoria, a habitação passa a ser um bem de difícil acesso pela classe trabalhadora. A esse fator agrega-se o acesso à terra: a estrutura fundiária caracterizadamente concentrada na realidade do Recife tem severa incidência no uso e apropriação do solo, questão que se converte em foco de luta urbana e disputas envolvendo classe sociais (Moura, 1990).

As terras alagadas e alagáveis da planície recifense, permeadas por manguezais, tornam-se os lugares nos quais se instala a população deslocada pelo êxodo rural, os pobres urbanos, a classe trabalhadora (Bezerra, 1965). São terras também desenhadas pelo curso dos rios Capibaribe, Beberibe, Tejipió, Jiquiá, Jordão e Pina, que banham a cidade, atravessadas por porções enxutas. Esses fatores interferem e condicionam o uso do solo para habitação.

São os manguezais, desprovidos de valor imobiliário, insalubres, que recebem aterro manual realizado pela população, para nesses lugares erguerem suas habitações — os mocambos —, sendo definida sua tipologia como: "Paredes — taipa, madeira não aparelhada, zinco, flandre, capim ou palha; Cobertura — palha ou capim, zinco ou palha, telha e diversos; Piso — terra, cimento, tijolo, madeira". (Observações Estatísticas Sobre os Mocambos do Recife, 1939, p. 9)".

A precariedade das condições da habitação nas áreas de manguezais e das condições de vida dos moradores de mocambos constituem a base empírica para estudos sobre a pobreza realizada por Castro (1959, p. 27). A partir de suas interpretações, ele descreve essa realizada nomeando-a como o "ciclo do caranguejo", visto que é da lama que o homem retira o seu sustento e para a lama do mangue retorna os dejetos, em um ciclo ininterrupto de seu sustento e de reprodução social. Diz Castro (1959, p. 28-29):

> Tudo aí, é, foi ou está para ser caranguejo, inclusive a lama e o homem que vive nela. [...] O caranguejo nasce nela, e vive dela. Cresce comendo lama, engordando com as porcarias dela, fazendo com a lama a carninha branca de suas patas e geleia esverdeadas de suas vísceras pegajosas. Por outro lado, o povo vive daí de pegar caranguejo, chupar-lhe as patas, comer e lamber os seus cascos até que fiquem limpos como um copo. E com a sua carne feita de lama fazer a carne do seu corpo e a carne do corpo de seus filhos. [...] O que o organismo rejeita, volta como detrito, para a lama do mangue, para virar caranguejo outra vez.

Em 1938, é constituída a Comissão Censitária dos Mocambos do Recife, que tem como objetivo caracterizar as condições de vida dos habitantes dos mocambos. A realização do Censo dos Mocambos em 1939 propicia o reconhecimento, registrado em dados, desse tipo de habitação no tecido urbano. O documento (*Observações Estatísticas Sobre os Mocambos do Recife*, 1939) que reúne as informações coletadas, é prefaciado pelo interventor Agamenon Magalhães (1937-1945), nomeando a questão dos mocambos de *Problema Humano*.

Nessa perspectiva, o interventor definindo a questão dos mocambos apenas como um *problema humano* nega a pulsante questão da habitação no Recife, e as contradições expressas nesse ambiente urbano, aqui entendida como manifestação da questão social.

Foto 1 — Mocambos em Santo Amaro [19--]

Fonte: Museu da Cidade do Recife.

O censo realizado em 1939 mostrou a existência de 45.581 mocambos localizadas no espaço urbano do Recife, contabilizando uma população de 164.637 habitantes (Comissão Censitária dos Mocambos, 1939, p. 13). A rapidez da construção dos mocambos, no Recife, demonstra estreita relação com o crescimento da cidade, atrelado ao deslocamento do rural para o urbano. O censo anota o total de 19.486 mocambos pagando aluguel do chão, sugerindo a concentração da propriedade do solo urbano, e comprova a presença de 3.963 mocambos sem pagar esse tipo de aluguel. Ainda chama a atenção o quantitativo de 15.417 mocambos alugados, equivalendo à fonte de renda dos seus proprietários (Comissão Censitária dos Mocambos, 1939, p. 15).

Em 1939, é criada a Liga Social Contra o Mocambo (LSCM), pelo interventor Agamenon Magalhães, uma entidade privada, de caráter humanitário. O nome da instituição criada traduz de forma patente o próprio nome: *Contra o Mocambo*. De fato, retoma os princípios higienista e modernizador do século XIX, em relação à intervenção no urbano, ao mesmo tempo aproxima os interesses das classes sociais dominantes no Recife, que integrava debates e interesses de décadas antecedentes e pauta a retirada e extinção dos mocambos das áreas centrais da cidade.

Havia, portanto, no Recife a naturalização do fenômeno — os mocambos e a precariedade das condições de moradia —, ao tempo em que se reafirmavam as alternativas direcionadas para uma visão higienizadora, de modernização e da estética em relação a este urbano, ideias conciliadoras com a expansão urbana.

Isso entra em conflito com os interesses dos moradores dos mocambos. Afastar os mocambos, proibir a sua construção, compõe a instituição de legislação no âmbito do município para impedir a presença dos mocambos, ao mesmo tempo instituindo exigências de habitações higiênicas, portanto, para além das condições concretas dos seus moradores. Embelezar a cidade, extraindo a parte *feia*, as habitações precárias dos lugares desprovidos de infraestrutura e de regularização fundiária.

A Liga Social Contra o Mocambo (LSCM) teve a atribuição de destruir os mocambos situados nos trechos de mangues centrais na cidade, impôs a transferência dessa população para áreas distante do centro urbano, em particular, os morros de Casa Amarela. Isso se fez a partir de negociação do interventor com os proprietários daquelas terras, que ao permitir a construção da habitação, passam a cobrar mensalmente o "aluguel do chão", para que a família tivesse viabilizado o uso da terra. O "aluguel do chão" trata-se de uma espécie de foro cobrado por tempo indeterminado. Essa modalidade de acesso à terra provocou, a partir de meados dos anos de 1970, a organização e lutas sociais urbanas para extinguir essa cobrança.

A Política de Habitação instituída pelo interventor operacionalizado por meio da LSCM mostra a erradicação de 12.454 mocambos, incluindo aproximadamente 20 mil moradores que emigraram do Recife. Mas a construção de habitações atingiu somente a construção de 5.707 casas no Recife e 8.109 no interior. Dessa forma, a Liga atingiu os objetivos de extinção de parte dos mocambos localizados nas áreas urbanas centrais, realizou forte intervenção no urbano, atendeu aos interesses das classes sociais firmados na apropriação e uso do solo e possibilitou nessas áreas a expansão de vias públicas e a valorização imobiliária dos lugares que passaram a ter o seu uso invertido.

O Serviço Social Contra o Mocambo (SSCM), em 1945, substitui a LSCM, constituída enquanto autarquia administrativa subordinada ao executivo estadual e destinada a construir casas higiênicas para os segmentos populares em substituição às habitações insalubres que caracterizavam os mocambos (Pernambuco, 1945).

As contraditórias relações de classes inerentes à sociedade capitalista fomentam tensões, confrontos, fortes conflitos e resistências, e ampliam-se em direção à produção e à reprodução social, no sentido de ultrapassar, agravando-as. Essas relações, desencadeadas no espaço urbano, tornam-se visíveis na luta cotidiana, miúda e constante, por moradia, e nas precárias condições de habitação.

Considerações finais

O enraizamento da desigualdade perpassa a questão urbana no Nordeste brasileiro e na cidade do Recife. O exame dessa questão demonstra a secular apropriação privada da riqueza produzida, enraizada como herança que atravessa a formação sócio-histórica e persistente na relação espaço-tempo, conferida desde os primórdios da formação do urbano.

Interessante verificar os distintos processos de urbanização na formação brasileira e regional. Isso permite entender que desde o Brasil colônia é possível apreender essas formas diversas, heterogêneas no período em que predominavam a atividade agroexportadora e as relações de poder político e econômico no campo da urbanização que (após urbanização) se estabelecem na cidade, alterando as relações de ordem política e econômica e expondo a questão social.

A questão da habitação se espraia com o processo de urbanização, no caso do Recife, atrelada à posição de cidade traspassada por desigualdades e situada nas sociedades dependentes e periféricas. Esse lugar interfere no processo de urbanização e nas relações entre de classes.

A estrutura fundiária concentradora da propriedade da terra enseja lutas urbanas e disputas que conferem o confronto de relações econômica, políticas, jurídicas e sociais, acirrando e aprofundando desigualdades nesse urbano.

O acesso à habitação, pelos pobres urbanos pauperizados, nessas circunstâncias históricas, gera condições precárias de habitação e de habitabilidade, expondo contradições socioespaciais e territoriais.

Referências

ANDRADE, Manuel Correia. *A terra e o homem no Nordeste*. São Paulo: Livraria Editora Ciências Humanas, 1980.

BALTAR, Antonio. *Diretrizes de um plano regional para o Recife*. 2. ed. Recife: Editora Universitária/UFPE, 2000.

BERNARDES, Denis. *Recife, o caranguejo e viaduto*. 2. ed. Recife: Ed. Universitária, 2013.

BEZERRA, Daniel Uchoa Cavalcanti. *Alagados, mocambos e mocambeiros*. Recife: Instituto Joaquim Nabuco de Pesquisas Sociais/MEC/Universitária, 1965.

BRASIL. Superintendência do Desenvolvimento do Nordeste — Sudene, em 1959. Lei n. 3962 de 15 de dezembro de 1959. Disponível em: http://www.planalto.gov.br/ccivil_03/leis/1950-1969/l3692.htm. Acesso em: 7 out. 2021.

CANO, Wilson. Urbanização: sua crise e revisão de seu planejamento. *Revista de Economia Política*, São Paulo, v. 9, n 1, jan./mar. 1989.

CASTRO, Josué. *Homens e caranguejos*. São Paulo: Brasiliense, 1967.

COMISSÃO CENSITÁRIA DOS MOCAMBOS DO RECIFE. *Observações Estatísticas sobre os mocambos do Recife*. Recife: Imprensa Oficial, 1939.

ENGELS, Friedrich. *A questão da habitação*. Belo Horizonte: Aldeia Global, 1979.

IAMAMOTO, Marilda Villela. A questão social no capitalismo. *Temporalis. Revista da Associação Brasileira de Ensino e Pesquisa em Serviço Social*. Brasília, ABEPSS, Grafline, ano 2, n. 3, p. 9-32, jan./jul. 2001.

LIMA, Rosa Maria Cortês de. *A cidade autoconstruída*. Recife: Editora da UFPE, 2012.

MELO, Mário Lacerda. *As migrações para o Recife I*: estudo geográfico. Recife: Joaquim Nabuco/MEC, 1961.

MOURA, Alexandrina Sobreira de. *Terra do mangue*: invasões urbanas no Recife. Recife: FUNDAJ/Editora Massangana, 1990.

OLIVEIRA, Francisco. *Elegia para uma re(li)gião*: Sudene, Nordeste. Planejamento e conflito de classes. 6. ed. Rio de Janeiro: Paz e Terra, 1993.

OLIVEIRA, Francisco. O Estado e o urbano no Brasil. *Espaço e Debates*, São Paulo, n. 6, jun./set. 1982.

PERNAMBUCO. *Regulamento do Serviço Social contra o Mocambo*. Recife: Imprensa Oficial, 1940. [Apud Lira (1994, p. 748)].

PERRUCI, Gadiel. *A república das usinas*: um estudo da história social e econômica do Nordeste 1889-1930. Rio de Janeiro: Paz e Terra, 1978.

PRADO JÚNIOR, Caio. *Formação do Brasil contemporâneo*: Colônia. 23. ed. São Paulo: Brasiliense, 2004.

SANTOS, Milton. *A urbanização brasileira*. 5. ed. São Paulo: Editora da Universidade de São Paulo, 2008.

SINGER, Paul. *Desenvolvimento econômico e evolução urbana*: análise da evolução econômica de São Paulo, Blumenau, Porto Alegre, Belo Horizonte e Recife. São Paulo: Companhia Editora Nacional, 1977.

YAZBEK, Maria Carmelita. Pobreza e exclusão social: expressões da questão social no Brasil. *Temporalis*. Revista da Associação Brasileira de Ensino e Pesquisa em Serviço Social. Brasília, ABEPSS, Grafline, ano 2, n. 3, p. 33-40, jan./jul. 2001.

5

PERNAMBUCO IMORTAL: os caminhos da luta pela redemocratização nas décadas de 1970 a 1980

Maria das Graças e Silva
Mônica Rodrigues Costa

O octogésimo aniversário de fundação da Escola de Serviço Social em Pernambuco tem suscitado inúmeras reflexões sobre sua trajetória e seu rico legado, em busca de esteio e inspiração para enfrentarmos os desafios que nos apresentam o exercício profissional e a formação, em particular, na atual conjuntura. O desafio de problematizar a ação dos movimentos sociais em Pernambuco, sobretudo a partir da conjuntura de lutas da última quadra do século XX, atende ao propósito de contribuir para o desvelamento do solo no qual se afirma e se expande a profissão no estado, dado que as lutas dos(as) trabalhadores(as) e de diversos segmentos populares se entrecruzam com a história do Serviço Social e oferecem substrato para o seu reinventar-se, notadamente a partir dos anos de 1960.

Considerar a relevância dos movimentos sociais para a profissão invoca, preliminarmente, reconhecer o papel fundamental que cumprem, no tocante à publicização das necessidades sociais e sua conversão em demandas pela ação do Estado e da classe dominante no enfrentamento da questão social, nomeadamente por meio da proteção social pública ou de ações empresariais, as quais se convertem em campo de atuação profissional. Também é digno de registro histórico e de assento na produção acadêmica da profissão, a opção de parte da categoria por desenvolver sua atividade profissional junto aos segmentos populares e suas organizações; igualmente, a aproximação das entidades da categoria aos movimentos sociais, com o desenvolvimento de agendas e ações conjuntas, tem seu impulso fundamental na luta contra o regime autocrático burguês (1964-1984) e pela redemocratização do país com forte impacto na cultura profissional até o tempo presente.

Segundo Moro e Marques (2011), dadas as raízes da profissão fincadas na Doutrina Social Cristã e outros matizes do pensamento conservador, de cariz empiricista e pragmatista, a aproximação política do Serviço Social aos interesses dos setores populares ocorre tardiamente, apenas no trânsito da década de 1950 para os anos de 1960, momento em que se evidencia um amplo movimento de reivindicações por reformas sociais de base e pelo alargamento dos direitos sociais e políticos. Este processo interpelou fortemente a profissão, por meio da confrontação aos seus fundamentos tradicionais. Assim, evidencia-se, através da aproximação com os movimentos sociais, "[...] um repensar de autocrítica e contestação, constituindo as bases necessárias para a negação do tônus humanista-cristão e da prática assistencialista que incorporou em sua gênese histórica e trajetória profissional (Moro; Marques, 2011, p. 19).

Abordar a trajetória dos movimentos sociais pernambucanos, tendo em conta suas múltiplas dimensões (histórica, ideopolítica e cultural), é tarefa impossível de ser amplamente enfrentada no escopo deste trabalho; pretende-se aqui, tão somente, apontar alguns dos principais traços dos movimentos e das lutas sociais no estado, sinalizando tendências que emolduram o contexto político no qual o Serviço Social se integra e do qual se nutre em busca de sua renovação e da afirmação de um *ethos* crítico, como parte da necessária ruptura com o conservadorismo.

O artigo resulta de uma pesquisa bibliográfica, além da análise de documentos e jornais de organizações populares em Pernambuco, especialmente a partir da segunda metade da década de 1970, período marcado pelas lutas antiditatoriais e pela redemocratização do país.

O trabalho conclui que o estado de Pernambuco desponta no cenário nacional e latino-americano como um importante centro de manifestação da luta de classes, evidenciando esforços de organização de múltiplos segmentos da classe trabalhadora, seja nos sindicatos, em associações, movimentos populares e de base religiosa e em partidos políticos na luta contra a ordem burguesa.

Pernambuco imortal: resistência, lutas sociais e confrontação à ordem

A trajetória dos movimentos sociais em Pernambuco, na segunda metade do século XX, revela uma história de intensos conflitos e de lutas contra a exploração, os baixos salários, as precárias condições de trabalho e em defesa de direitos sociais e políticos. Tendo como base de sua produção a agroindústria canavieira, sobretudo na região costeira, o estado experimentou certa diversificação de sua economia na primeira metade do século XX, com destaque para o setor metal-mecânico e têxtil. Segundo Lima, Sicsú e Padilha (2007), só nas décadas de 1960/1970 Pernambuco atinge um patamar mais elevado de sua diversificação industrial, a partir de incentivos governamentais, embora ainda muito localizada na Região Metropolitana do Recife (RMR), enquanto as regiões interioranas continuaram dependentes de atividades primárias, no Sertão como no Agreste, este com algumas atividades agroindustriais.

Na condição de importante centro político e econômico do Nordeste, Pernambuco acompanhou as tendências ideopolíticas que marcaram a segunda metade dos anos de 1950 e início da década de 1960, no país e na América Latina. Essa conjuntura, delimitada pela crise de legitimidade do modelo desenvolvimentista e pelo acirramento das desigualdades sociais impulsiona uma onda de lutas de caráter nacional e popular, com o surgimento de diversos sujeitos na cena política. As condições políticas favoreceram o surgimento e mobilização de organizações políticas, dentre as quais se destacam os agrupamentos vinculados à Igreja católica por meio da Teologia da Libertação[1] e os influenciados pelas ideias do educador Paulo Freire, com foco na Educação Popular, o Movimento de Educação de Base (MEB)[2]. Vale destacar que o Partido Comunista Brasileiro (PCB), representante do pensamento da III Internacional Comunista, de variante stalinista, apesar de encontrar-se na clandestinidade desde 1947, teve destacada atuação nesta conjuntura, inclusive em Pernambuco.

Segundo Abreu e Lima (2006), duas questões se apresentavam nesta conjuntura: o subdesenvolvimento e a dependência, herdados da colonização, bem como a necessidade de aprofundar a democracia, assegurando ampla participação da maioria do povo na definição dos destinos do país.

Conforme a autora, havia em Pernambuco um movimento sindical urbano forte, com destaque para os portuários, ferroviários, têxteis, gráficos, dentre outros, de modo que no final da década de 1950 foi fundado, por orientação do PCB, o Conselho Sindical dos Trabalhadores do Estado de Pernambuco (Consintra), reunindo cerca de 60 entidades sindicais.

1. De que são exemplos: as Comunidades Eclesiais de Base (CEBs), a Ação Popular (AP), a Juventude Universitária Católica (JUC) e a Juventude Operária Católica (JOC), dentre outros.

2. Erguendo-se como uma crítica à exploração desmedida e ao stalinismo, por sua posição diretiva frente aos movimentos, a educação popular é a que, substantivamente democrática, jamais separa do ensino dos conteúdos o desvelamento da realidade. É a que estimula a presença organizada das classes sociais populares na luta em favor da transformação democrática da sociedade, no sentido da superação das injustiças sociais [...] critica também a natureza autoritária e exploradora do capitalismo (Freire, 2007, p. 103-105).

Por sua vez, a situação dos trabalhadores no campo em Pernambuco era tão dramática quanto conflitiva. Reproduzindo condições e relações de trabalho que rememoram os tempos da escravidão, os(as) trabalhadores(as) rurais tanto da zona litorânea quanto do interior do estado eram fortemente explorados: com cargas de trabalho longas e extenuantes (sempre de segunda a sábado, com jornada superior a 12 horas por dia), percebiam salários extremamente baixos[3]. Somado a isso não possuíam acesso a férias, 13º salário ou quaisquer direitos trabalhistas.

Segundo Barbosa (2016), a violência era uma constante no campo. Ante quaisquer reivindicações, individuais ou de grupo, o uso da violência e da crueldade era a regra. A repressão não era apenas de natureza econômica, mas comumente os capangas, vigias e capitães de terras aplicavam castigos físicos para infligir dor e vergonha aos trabalhadores.

De acordo com o autor, as expulsões representavam outro recurso utilizado para controlar os trabalhadores e impedir sua organização. Por motivos banais, os trabalhadores e suas famílias eram expulsos de suas casas que se localizavam na propriedade do senhor de terras, sem direito sequer a colher a pequena roça que comumente cultivavam nas proximidades da casa. Caso ousassem descumprir a ordem de despejo, eram surrados ou mortos, ou ambas as situações (Barbosa, 2016).

A fundação das Ligas Camponesas em 1945, impulsionadas pela Igreja católica e pelo Partido Comunista Brasileiro (PCB), tinha como objetivo inicial associar os trabalhadores, a fim de promoverem assistência mútua. Entretanto, com a crescente adesão à organização, esta passou a incorporar a reforma agrária, o pagamento de benfeitorias nas terras arrendadas, além da reivindicação de direitos trabalhistas

---

3. É também de amplo conhecimento o instituto do "barracão". Os patrões efetuam o pagamento dos salários com vales que apenas poderiam ser utilizados nos barracões, os quais eram administrados pelo dono das terras. Nestes, os gêneros básicos de consumo eram vendidos por valores mais elevados. Com frequência, sem terem o valor suficiente para assegurarem a sobrevivência, contraíam dívidas crescentes e impagáveis (Barbosa, 2016).

para os trabalhadores rurais. Desse modo, o surgimento das Ligas Camponesas na Zona da Mata pernambucana teria representado um fato social fundamental para o posterior impulsionamento de sindicatos rurais, já que faziam um trabalho de denúncia, agitação e mobilizações, além da defesa dos trabalhadores na esfera jurídica, sob o comando do advogado Francisco Julião.

Na década de 1960 surgem os sindicatos dos trabalhadores rurais. A constituição dos trabalhadores rurais como categoria política surge num contexto de intensos conflitos e resistência aos processos de expulsão da terra. A regulamentação do sindicalismo rural em 1962 impulsionou uma verdadeira corrida pela formação de sindicatos rurais, culminando com a criação da Confederação Nacional dos Trabalhadores na Agricultura (Contag), em 1963. Desse modo, a luta por direitos trabalhistas levada a cabo pelos sindicatos rurais pernambucanos tornou-se um fator fundamental para a organização dos trabalhadores neste período (Bordalo, 2011)[4].

Importante ressaltar que a eleição de Miguel Arraes de Alencar ao governo do estado em 1962 configura uma variável importante nas relações no campo: o principal objetivo foi estabelecer um canal de diálogo e negociação entre patrões de terras e os sindicatos rurais, em busca da resolução de conflitos, ao mesmo tempo que prestava esclarecimentos sobre os direitos dos trabalhadores[5].

Esta conjuntura de fortes tensionamentos no campo e nas cidades, ao mesmo tempo que possibilitou a organização sindical e política, também favoreceu o surgimento de diversos movimentos e

---

4. Abreu e Lima (2006) aponta que a Zona da Mata Sul era a região na qual o PCB tinha maior influência política, sendo que o sindicato de Palmares chegou a abranger 21 municípios e 45 mil sócios antes de 1964. A Igreja católica entrou na disputa política e funda o MEB, em 1961, além de impulsionar a criação do Serviço de Orientação Rural de Pernambuco (Sorpe), que recebia incentivos financeiros e orientação política da Agência de Inteligência Americana (CIA). Enquanto o PCdoB atuava mais na Região Metropolitana do Recife, os trotskistas tinham destacado trabalho no sindicalismo rural da Zona da Mata Norte.

5. Por meio da Secretaria Assistente, o governo fundou várias delegacias de conciliação em diversos municípios, a exemplo de Moreno, Goiana, São Lourenço, Barreiros, Cabo, Palmares e Caruaru (Abreu e Lima, 2006).

organizações populares. Segundo Abreu (2006), proliferaram-se desde os anos 1940 organizações de mulheres que realizavam trabalho de caráter reivindicativo e educativo nos bairros, aglutinando-se em torno da União Feminina de Pernambuco. Campanhas contra a carestia, em defesa da nacionalização do petróleo e pela paz mundial, são exemplos de atuação das mulheres pernambucanas. Igualmente ocorre desde os anos de 1950 a proliferação de associações de bairros, especialmente nas periferias do Recife, as quais encaminhavam lutas pela melhoria da infraestrutura urbana e estabeleciam interlocução com a administração municipal.

Este ambiente de efervescência política, de intensos debates, mobilizações e lutas sindicais e populares foi brutalmente interditado pela instauração do regime autocrático burguês em abril de 1964. As Ligas Camponesas foram aniquiladas, os sindicatos urbanos e rurais mantidos sob o controle do Estado, suas lideranças críticas e radicais perseguidas, presas e/ou mortas, assim como representantes das organizações populares.

Pernambuco e as lutas pela redemocratização

Importa afirmar, preliminarmente, que a intenção aqui não é construir análises da luta social deste período, e sim dar ao(à) leitor(a) indícios materiais para reflexão sobre o mesmo, bem como romper com "a ideia de um 'nada' deixado pela repressão do pós-64, pelo fechamento ou desestruturação dos espaços convencionais da ação política [...]" (Telles, 1994, p. 221).

Em Pernambuco, o grande "êxodo rural" e inchaço das cidades, no período 1940-1950, gerou grandes concentrações populacionais, principalmente na capital. A situação fundiária marcada pelo latifúndio e as constantes secas, a expulsão de muitas famílias de pequenos agricultores e de trabalhadores sem terras, levou-as a ocuparem áreas degradadas e de risco. Por causa dessa situação, houve a partir dos anos 1950 e 1960 pressões crescentes por mudanças no processo de desenvolvimento no Estado (EQUIP, 1992).

Em Recife, Pelópidas Silveira, com o apoio da Frente Popular[6], foi à época eleito prefeito de Recife e soube dialogar com as necessidades desse contingente populacional; junto a Miguel Arraes, governador do estado (1963-1964), estimularam o surgimento das Associações de Moradores por todo estado de Pernambuco, contando para tal com a colaboração do Partido Comunista Brasileiro nos processos de mobilização e organização da população dos bairros periféricos (Cézar, 1985).

A partir da instauração do regime ditatorial de 1964, lideranças políticas em Pernambuco (assim como no Brasil) consideradas ameaças à ordem foram exiladas ou presas, inclusive governadores, como o caso de Miguel Arraes, e também prefeitos. Em seu lugar foram nomeados interventores indicados pelo governo militar, os denominados "biônicos"; um deles, Marco Maciel, esteve no governo de 1978 a 1982.

O Nordeste, visto pelo governo militar como região do atraso e não contributivo para o crescimento econômico brasileiro (discurso alimentado pelas elites da região), foi praticamente abandonado em termos de investimentos federais. Por isso, foi possível manter vivas as organizações nascentes (Tarlau, 2008): as Associações e Conselhos de Moradores em ação nas comunidades periféricas, mesmo tidas como "comunistas" pela própria população, também foram nutridas por relações cada vez mais intensas com o Movimento Sindical da época e outras organizações ligadas à Igreja católica progressista, a exemplo da Ação Católica Operária, Comunidades Eclesiais de Base, entre outras. "O cotidiano e a vida das comunidades, sobretudo, afloraram com novas fontes estratégicas de alimento da política" (Costa, 2007, p. 86).

Por toda a década de 1970, a ação política esteve marcada pelos debates e reivindicações em torno de questões que se atinham "[...] às

6. Coligação composta pelo Partido Socialista Brasileiro (PSB), Partido Trabalhista Brasileiro (PTB), com o apoio do PCB (formalmente na ilegalidade).

contradições inerentes a um sistema de dominação e de apropriação de riquezas altamente excludente [...]" (Kowarick, 1986, p. 38). Por esse motivo, a luta pela posse da terra e por infraestrutura — acesso a água, alimentos, creche, escola — foram recorrentes.

Conforme avançam os anos 1970, intensificam-se as contradições do modelo de desenvolvimento econômico e político, no rastro da crise estrutural do capital. Economicamente, há um processo de desindustrialização em Pernambuco (Construir, março/1979), e com o aumento do desemprego em toda a Região Metropolitana do Recife (RMR), muitas empresas de diferentes setores econômicos fecharam ou reduziram os postos de trabalho. Além disso, uma seca que perdurou por mais de três anos (1979-1983) teve grande impacto sobre a vida dos trabalhadores com o aumento da fome, em meio a uma grande recessão, provocando mudanças nas formas de luta pela sobrevivência (Centru, dez. 1981), inclusive com saques em várias cidades.

Neste contexto, as secas passaram a ser discutidas pelo sindicalismo rural, com o propósito de buscar alternativas de enfrentamento, de forma a provocar mudanças na política agrária governamental: trata-se da contestação às abjetas Frentes de Trabalho e aos carros-pipa, práticas clientelistas de aprisionamento dos trabalhadores em círculos viciosos de exploração, dependência e dominação.

No lastro da crise econômica e o fim do chamado "milagre brasileiro", ganha impulso a luta contra o regime ditatorial. As mobilizações e greves estudantis por mais verbas para a educação, contra o aumento das mensalidades nas escolas e universidades privadas e pelo fim da ditadura, promovem o surgimento de novas lideranças que colocam na ordem do dia a refundação/reorganização de suas entidades gerais[7].

---

7. Referimo-nos à União Nacional dos Estudantes (UNE), União dos Estudantes de Pernambuco (UEP), diretórios e centros acadêmicos no setor universitário; União Brasileira dos Estudantes Secundaristas (UBES), União Metropolitana dos Estudantes Secundaristas (UMES) e Grêmios Estudantis, no nível secundário.

No campo sindical, o fato mais relevante do período foi o surgimento do "novo sindicalismo" como expressão do movimento de contestação às velhas estruturas burocráticas e amorfas, herdadas da era Vargas e instrumentalizadas pela ditadura militar. As greves do ABCD paulista (1978-1979) e a organização das oposições sindicais por categoria profissional foram o germe de um "sindicalismo de confronto", cujo propósito foi o enfrentamento de uma rígida e centralizada política salarial e de um regime político ditatorial, responsável pela concentração e centralização da riqueza, afinal, para o milagre brasileiro era preciso "crescer o bolo para depois dividir", divisão essa que jamais ocorrera.

A experiência paulista repercute e anima diversos segmentos dos trabalhadores em todo o país, inclusive em Pernambuco. Mobilizações passam a ocorrer nas principais categorias do estado, no decorrer das campanhas salariais, favorecendo a organização sindical de base e as oposições sindicais: bancários, urbanitários, gráficos, marceneiros, construção civil, rodoviários, comerciários, dentre outros, assumiram a defesa de um sindicalismo de combate, autônomo e democrático, colocando em xeque o poder do sindicalismo de conciliação, os velhos "pelegos", processo este que desborda para toda a década de 1980.

A situação no campo pernambucano também era de agitação e muitas mobilizações, mas também de violência e mortes. A Igreja católica foi uma das principais forças que contribuíram para o surgimento de oposições no sindicalismo rural; formulando uma crítica às práticas contaguianas[8] e à estrutura sindical, articula oposições sindicais rurais em torno do "novo sindicalismo" nas áreas urbanas. Constata-se, no período, uma acirrada disputa pela representação política dos trabalhadores rurais, ao mesmo tempo em que se intensificavam os conflitos no campo (Bordalo, 2011).

---

8. Refere-se as práticas desenvolvidas pela Contag marcadamente conciliatórias e de natureza impositiva, contendo a possibilidade de insurgências das bases sindicais.

Do ponto de vista da organização sindical e política, dois momentos marcam o início dos anos de 1980: a fundação do Partido dos Trabalhadores (PT) em 1980 e a criação da Central Única dos Trabalhadores (CUT) em 1983. Esta não só aglutinou e impulsionou as oposições sindicais, como apoiou inúmeras greves, mobilizações e lutas por melhoria nas condições de vida da população periférica e do conjunto dos trabalhadores. O agravamento da exploração do trabalho, a recessão, a inflação, o desemprego e a submissão do país ao capital internacional, via acordos com o Fundo Monetário Internacional (FMI), adentraram o debate no movimento sindical, como também nos movimentos populares.

Nesse período, ganham força as práticas de educação popular, fomentadas pelo pensamento de Paulo Freire, pela via da comunicação, por meio do debate, promovendo encontros e reflexões sobre as experiências vividas (Centru, 1983). Tais práticas são trocas entre

> [...] portadores de experiências vividas em tempos e espaços diferenciados que se cruzavam e interagiam nos locais de moradia: militantes sindicais contemporâneos das grandes mobilizações do período pré-64 e que faziam crítica do sindicalismo populista; operários católicos, vinculados a Ação Católica Operária (ACO) (Telles, 1994, p. 221).

Neste movimento, pastorais da Igreja católica, trabalhadores da saúde coletiva e organizações comunitárias impulsionam experiências de medicina comunitária, em razão dos graves problemas de saúde da população e a ausência de política pública, uma vez que o "[...] acesso aos serviços era restrito aos trabalhadores com comprovação de vínculo empregatício" (Costa, 2007, p. 86). Estas experiências se reúnem no Encontro Nacional de Experiências de Medicina Comunitária (Enemec), o qual lança o movimento popular de saúde e o movimento pela Reforma Sanitária[9].

---

9. O segundo encontro ocorre em Olinda, no período de 18 a 21 de setembro de 1980, e tem por objetivo "incentivar e dinamizar os esforços que o povo faz para conquistar sua saúde" (ENEMEC, 1980, p. 2).

Em linhas gerais, os movimentos sindical e popular em Pernambuco contaram com o apoio de diversas organizações não governamentais (Etapas[10], FASE[11], CENTRU, entre outras) para fazer avançar "[...] as estratégias políticas aí produzidas que se baseavam na tentativa de modificação das instituições autoritárias e criação de formas variadas de comunicação entre política e setores populares" (Barreira, 1995, p. 60).

No início da década de 1980 seguem os conflitos por terra, no campo e na cidade, assim como ocorrem greves e mobilizações por melhorias salariais e contra o regime militar em Pernambuco, apesar da repressão. Em curso, o processo de abertura política, "lenta, gradual e segura", conduzido pelo governo ditatorial, com vistas a realizar uma transição para um governo civil, sem alterar o ordenamento do Estado. Entretanto, os movimentos sociais assumiram uma campanha nacional pelas "Diretas, Já!". A luta pela redemocratização do Estado Brasileiro ganhava novo impulso, e em 1984 os atos públicos com mais de um milhão de pessoas nas ruas (São Paulo e Rio de Janeiro) impõem duro golpe ao regime ditatorial[12]. Contudo, a derrota no Congresso da Emenda Dante de Oliveira (que propunha eleições diretas para Presidente da República) culminou com a eleição, via Colégio Eleitoral em 1984, firmando eleições diretas apenas para deputados, senadores da República e governadores[13].

A despeito da derrota das diretas naquele pleito, o processo eleitoral ocorre com grande disputa, pois estava em questão a formação da Assembleia Constituinte, responsável pela formulação da nova Constituição Federal. Para os movimentos sociais e populares, estava em jogo a luta por direitos e a sua garantia. A partir dos resultados eleitorais, grandes mobilizações e articulações foram realizadas para que direitos sociais fossem incluídos no texto da Constituição Federal.

---

10. ETAPAS — Equipe Técnica de Assessoria, Pesquisa e Ação Social.

11. FASE — Federação de Órgãos para Assistência Social e Educacional.

12. O então presidente, João Batista de Figueiredo, admite a eleição em entrevista coletiva.

13. Entra em cena mais uma vez a Frente Popular, e Miguel Arraes é eleito governador.

Toda a mobilização produzida pelos movimentos sociais e populares, colocou forças políticas antagônicas e adversárias em tensão na elaboração da nossa Carta Magna, resultando no capítulo constitucional da Seguridade Social e no Sistema Único de Saúde — SUS, no Sistema Único de Assistência Social — SUAS e na Previdência Social. Sistemas regidos pelo princípio da universalidade e no comando único da política em suas respectivas áreas. A despeito dos limites que os movimentos sociais identificaram no texto constitucional, são inegáveis as conquistas sociais que portam, hoje objeto do mais intenso ataque que sofrera desde sua promulgação.

Considerações finais

A referência ao hino de Pernambuco no título deste trabalho remonta à força das lutas sociais, empreendidas no decorrer da sua história, nos dias de ontem e seu legado às gerações atuais. O texto ateve-se a apresentar, brevemente, alguns elementos estruturais e conjunturais que desencadearam as lutas sociais no estado, no período de luta antiditatorial (décadas de 1970 e 1980), sinalizando as tendências que emolduram o contexto político no qual o Serviço Social se inspirou para qualificar seu potencial crítico no atendimento às necessidades sociais.

Buscamos por ênfase nos movimentos sociais que nos ajudam a desvelar o tempo histórico, marcado por processos de resistência, de rupturas e continuidades, que tecem os fios entre dois tempos históricos das lutas: por reformas de base nos anos 1960 e pela redemocratização do país nas décadas seguintes. Sem dúvida, essa escolha não esgota a riqueza e a diversidade de movimentos sociais, constituídos em solo pernambucano, mas é suficiente como amostragem da pulsação que afirma a sua existência em tempos silenciados.

Referências

ABREU E LIMA, Maria do Socorro de. Sindicalismo rural em Pernambuco nos anos 60: lutas e repressão. *CLIO*. Revista de Pesquisa Histórica, Recife, v. 22, p. 189-213, 2006.

BARREIRA, Irlys A. F. Frutos do tempo: movimentos sociais ontem e hoje. *In*: ALMEIDA, M. H. T; REIS, E.; FRY, P. (org.). *Pluralismo, Estado social e pesquisa*. São Paulo: Hucitec, 1995.

BORDALO, Caroline Araújo. *Os caminhos da política*: o sindicalismo rural e os movimentos de mulheres trabalhadoras rurais de Pernambuco. 2011. 127 f. Tese Doutorado em Ciências Sociais em Desenvolvimento, Agricultura e Sociedade – Instituto de Ciências Humanas e Sociais, Universidade Federal Rural do Rio de Janeiro, Seropédica, 2011. Disponível em: https://tede.ufrrj.br/jspui/handle/jspui/2634. Acesso em: 15 fev. 2021.

CENTRU. Boletim Informativo do Centro de Educação Trabalhador Rural, dez. 1981. Disponível em: http://www.cpvsp.org.br/upload/periodicos/pdf/PCENTPE121981000.pdf Acesso em: 15 fev. 2021.

CENTRU. Boletim Informativo do Centro de Educação Trabalhador Rural, ago. 1983. Disponível em: http://www.cpvsp.org.br/upload/periodicos/pdf/PCENTPE081983000.pdf. Acesso em: 15 fev. 2021.

CÉZAR, Maria do Céu. As organizações populares do Recife: trajetória e articulação política (1955-1964). *Cadernos Estudos Sociais*, Recife, v. 1, n. 2, p. 161-182, jul./dez. 1985.

CONSTRUIR. Jornal da Ação Católica Operária, março de 1979. Disponível em: http://www.cpvsp.org.br/upload/periodicos/pdf/PCONSPE031979003.pdf. Acesso em: 16 fev. 2021.

COSTA, Mônica Rodrigues. A trajetória das lutas pela reforma sanitária. *Sociedade em Debate*, v. 13, n. 2, jul./dez. 2007.

ENEMEC. Boletim da Secretaria Executiva do 2º ENEMEC, Recife, 1980. Disponível em: http://www.cpvsp.org.br/upload/periodicos/pdf/PBENEPE081980001.pdf. Acesso em: 15 fev. 2021.

EQUIP. Escola de Formação Quilombo dos Palmares. *Revista Gaveta Aberta*, Recife, 1992.

FREIRE, Paulo. *Política e educação*. 8. ed. São Paulo: Villa das Letras, 2007.

KOWARICK, Lucio. *Movimentos urbanos no Brasil contemporâneo*: uma análise da literatura. São Paulo: Centro de Estudos de Cultura Contemporânea (Cedec), 1986. Disponível em: http://www.anpocs.org.br/portal/publicacoes/rbcs_00_03/rbcs03_03.htm. Acesso em: 15 fev. 2021.

LIMA, João Policarpo R.; SICSÚ, Abraham Benzaquem; PADILHA, Maria Fernanda F. G. Economia de Pernambuco: transformações recentes e perspectivas no contexto regional globalizado. *Revista Econômica do Nordeste*, Fortaleza, v. 38, n. 4, p. 525-41, 2007.

O LEME. Jornal da Pastoral do Pescador, março de 1979. Disponível em: http://www.cpvsp.org.br/upload/periodicos/pdf/PLEMEPE031979004.pdf. Acesso em: 15 fev. 2021.

TARLAU, R. *Mobilização durante a ditadura*: o papel dos atores externos na mobilização do trabalho e da comunidade no Brasil, 2008. Mimeografado.

6

MOVIMENTOS SOCIAIS E REDEMOCRATIZAÇÃO NO BRASIL:

o pulsar da luta e da conjuntura no processo de renovação do Serviço Social

Helena Lúcia Augusto Chaves

Introdução

Uma história de busca pelo conhecimento na perspectiva do materialismo histórico-dialético marca a trajetória do Programa de Pós-Graduação em Serviço Social da UFPE, criado em 1979, ano em que o Serviço Social brasileiro iniciou sua trajetória no processo de renovação, desencadeado no Congresso da Virada, que "[...] irrompe marcado pela luta de classes ascendente no país" (Abramides, 2017), na conjuntura de efervescência dos movimentos sociais, na transição do período ditatorial e no processo de redemocratização do Brasil. A área de concentração do Programa — Serviço Social, Movimentos Sociais e Direitos Sociais — contempla aspectos referentes aos processos de mobilização da sociedade civil, às lutas sociais por direitos e ao compromisso do Serviço Social com a classe trabalhadora e com a luta por uma sociedade sem exploração de classe, gênero e étnico-racial. Essa chave conceitual, discursiva, investigativa e interventiva também marca a história do Serviço Social brasileiro nessa conjuntura, que embora constituída de pactuações pelo alto, foi marcada pelo pulsar do tensionamento travado nas lutas sociais.

Movimentos sociais, enquanto "expressões de resistência das classes subalternas" (Duriguetto, 2017), é um tema consolidado nessa tradição profissional, que construiu história no trabalho com as classes subalternas, que fez dessa intervenção a expressão de sua profunda vinculação à classe trabalhadora, configurada em prática direcionada às populações marginalizadas, periféricas, pauperizadas, sem trabalho, sem teto, sem-terra e sem condições de vida digna. Se no início desse percurso não se possuía amadurecimento teórico-metodológico, ético-político e técnico-operativo, que conduzisse a uma prática profissional, mediante compromisso expresso e coletivo com a classe trabalhadora, estava sendo gestada a compreensão basilar para a estruturação desse compromisso, fundamentado no materialismo histórico-dialético e no projeto ético-político profissional. Essa trajetória repleta de dilemas, tensões e complexidades, configura o estar profissional, diante das demandas sociais que lhe são postas, da ampliação do espaço sócio-ocupacional e da consolidação acadêmica dessa "profissão e área do conhecimento" (Mota, 2013).

A história do Brasil é eivada por lutas, revoltas populares e movimentos sociais desde a sua origem, no processo de colonização até o tempo presente, configurado pela crise estrutural do modo de produção capitalista. A reflexão desenvolvida neste artigo destaca os movimentos sociais que protagonizaram a luta no período conhecido como redemocratização. O projeto de abertura política tinha claros limites reformistas, mas contraditoriamente foi perpassado por um movimento social intenso e abrangente, que ativou o potencial de luta da sociedade civil, com avanços marcantes nos movimentos das classes trabalhadoras. De baixo para cima, esse movimento potencializou a conquista de espaços não previstos no projeto de abertura, o qual, alinhado aos diversos episódios anteriores da história do Brasil, pretendia configurar-se em "reforma pelo alto" (Fernandes, 2006), compondo mudanças na autocracia, mas visando conservar a essência do *status quo*. Nessa ebulição social destacam-se lutas que adquiriram dimensão nacional, como as greves do ABC Paulista, ocorridas em 1978 e 1980, e a campanha pelas "Diretas Já" (1983-1984). Essas lutas e a intensa mobilização popular com ascensão dos movimentos sociais urbanos em 1985, ano que marca o início do período de redemocratização, foram decisivas para a concretização da reforma institucional que culminou na promulgação da Constituição Federal de 1988.

A discussão ora apresentada visa refletir em dois tópicos o tema dos movimentos sociais, como campo de estudo e ação concreta. O primeiro item contém uma sintética abordagem teórica, enfocando os principais paradigmas conceituais que tratam das lutas sociais na dinâmica do capitalismo. O segundo desenvolve reflexão sobre os movimentos sociais e a resistência organizada no processo de redemocratização no Brasil.

1. Movimentos sociais: abordagens teóricas sobre as lutas sociais na dinâmica do capitalismo

As principais teorias sobre os movimentos sociais, incluindo as clássicas, com destaque para o marxismo, as chamadas neomarxistas, ou pós-marxistas, e a dos novos movimentos sociais tratam das ações coletivas e dos processos políticos envolvendo a sociedade civil, enfocando aspectos variados da questão e ancorando a discussão em distintas perspectivas teórico-metodológicas. A dinâmica processual do capitalismo na sua trajetória de desenvolvimento, eivada de inerentes contradições e desigualdades sociais, é marcada pela luta de classes, no seu permanente processo de tensão e conflito, no qual os movimentos sociais se gestam, eclodem e se expressam de formas diversas em intensidade, em radicalidade, em potencial de mudança, em tendência, suscitando as diversas formas de compreender e explicar o fenômeno, nos seus atos constituídos de reivindicação e nos seus processos organizativos, motivacionais, provisórios e permanentes.

Marx (2013), na sua acuidade analítica, problematiza o fenômeno da pauperização, na medida em que se intensifica a exploração, a acumulação capitalista e o desenvolvimento das forças produtivas do capital, configurando o que foi denominado pelo autor de "lei geral da acumulação capitalista". As lutas de classes, componentes da história do capitalismo, foram objeto de seus estudos, análises e publicações (Marx, 2012) (Marx; Engels, 2010). Em coautoria com Engels, elaborou a clássica interpelação do sujeito coletivo à luta — "Proletários de todos os países, uni-vos!" (Marx; Engels, 1998) — e nos legou a disposição para a luta, contida na afirmação de que a mais importante tarefa para a filosofia não é interpretar o mundo, mas transformá-lo (Marx, 2007). Esse legado é o parâmetro que desenha o horizonte do projeto societário revolucionário na perspectiva da totalidade social, cujo alcance passa necessariamente pelas lutas de classes.

No paradigma marxista, a análise do movimento operário por excelência é um campo de articulação teórico-metodológica, visto que esse movimento é considerado como vanguarda na luta pela transformação social, porque é capaz de articular um pensamento revolucionário. Classe social é uma noção implicada na compreensão dos movimentos sociais. O surgimento dos movimentos sociais, que se organizam em torno de reivindicações das classes trabalhadoras, abrangendo movimentos sindicais e suscitando a sindicalização de trabalhadores, ocorre como resultante do processo de industrialização e da exploração da força de trabalho no capitalismo ocidental. Esses movimentos surgiram na história moderna, são temporários, embora permanentes em estado de latência, e guardam estreita relação com o desenvolvimento do capitalismo, o mundo do trabalho, o modo de produção e de reprodução das relações sociais e as necessidades sociais. Geralmente se expressam através de partidos políticos e utilizam formas organizativas institucionalizadas. Como direção social, esses movimentos buscam a construção de uma nova sociedade, cujo horizonte é a igualdade substantiva e a emancipação humana.

Nas abordagens pós-marxistas/neomarxistas, que têm como principais interlocutores Castells (1974, 2001), Lojkine (1990), Offe (2005), Laclau e Mouffe (1985) e para os historiadores, considerados marxistas, Hobsbawm (2020), Thompson (1979) e Rudé (1991), há uma relevância dos fatores políticos e a política passou a ser entendida como cultura política, decorrente das conquistas democráticas dos movimentos sociais. Para Rudé (1991, p. 214), "[...] a sociedade está em constante evolução e desenvolvimento", existindo um hiato de tempo entre o surgimento de forças e formas sociais e o respectivo reconhecimento desses atores. Segundo o autor, a tentação de ver o passado em termos do presente deve ser evitada, assim como a aplicação de rótulos inadequados ao tempo histórico. O debate sobre alienação tratado por Lukács (2012) e por autores da Escola de Frankfurt, principalmente Adorno e Horkheimer (1985), que cunharam o termo "indústria cultural", assim como a discussão sobre hegemonia desenvolvida por Gramsci (2001), influencia essa corrente de pensamento. Em Gramsci (2001), a sociedade civil é a esfera de organização e defesa dos interesses das classes, representada por diversos aparatos institucionais como sindicatos, associações, organizações e partidos. Os partidos são o espaço por excelência de expressão dos interesses de classe. Essa esfera da sociedade civil se configura em espaço de reprodução de cultura, valores e ideologias, constituindo a forma de consciência social, a compreensão das contradições sociais e resultando nas lutas sociais, no confronto entre projetos societários e na construção de projetos hegemônicos de classe. Na elaboração gramsciana de sociedade civil, a noção de hegemonia é fundamental, explicando a formação da práxis política das classes subalternas em luta pela conquista da hegemonia e do poder subjacente.

No paradigma norte-americano, tanto as teorias clássicas como a da Mobilização de Recursos e a da Mobilização Política possuem parâmetros comuns, embora os movimentos sejam entendidos de diferentes formas pelas correntes teóricas que analisam o fenômeno, como reações psicológicas diante das privações socioeconômicas, conforme o pensamento dos interacionistas e da Escola de Chicago; como um fenômeno da sociedade de massas; como um fenômeno sociopolítico; como comportamento coletivo, na compreensão do funcionalismo; como fenômenos organizacionais e comportamentais. Nos paradigmas europeus, as compreensões possuem diferenças radicais. Os pós-marxistas/neomarxistas revisitam a teoria marxista e utilizam vários de seus postulados básicos, enquanto os chamados novos movimentos sociais têm sua teoria formulada por autores que utilizam interpretações diversas. Para citar algumas das mais importantes, no sentido de ter mais influência enquanto teoria, Touraine (1989) rompe com a forma de abordagem do marxismo, mas considera na análise a macroestrutura societal. Offe (2005) reconhece a validade das categorias marxistas, mas acredita que precisam de atualização diante das transformações históricas. Sousa Santos (2007) propõe a "reinvenção da emancipação social" produzida pelos movimentos sociais e pelas organizações não governamentais nas lutas contra a exclusão social e a discriminação. O pensamento do autor é esboçado na crítica ao modelo de racionalidade vigente, que denomina de "razão indolente", utilizando o termo de Leibniz (1985) e propõe um modelo alternativo que chama de "razão cosmopolita", na qual o presente deve ser expandido e o futuro contraído, possibilitando o espaço-tempo necessário para conhecer e valorizar a inesgotável experiência social em curso. A "razão cosmopolita" é fundada nos procedimentos sociológicos que denomina de sociologia das ausências, proposição utilizada para expandir o presente; sociologia das emergências, para contrair o futuro e trabalho de tradução, que se contrapõe a uma teoria geral e consiste em procedimento que cria inteligibilidade mútua entre as experiências sociais, preservando as respectivas identidades. Laclau e Mouffe (1985) defendem a tese da democracia radical, da construção da hegemonia e da estratégia socialista, em pensamento que classificam como pós-marxista. Nessa chave compreensiva, que abrange os chamados novos movimentos sociais, os autores desenvolveram interpretações que consideram a cultura, a ideologia, as lutas sociais, o cotidiano, a solidariedade e a identidade, negando uma visão funcionalista, mas também excluindo alguns elementos da base conceitual marxista como a compreensão da ideologia, relacionada à consciência social de uma época e ao conceito de consciência de classe. O conceito de classe social não é considerado pelos autores na explicação do fenômeno.

De acordo com Frank e Fuentes (1989, 20-21), os movimentos denominados por "novos" são em sua maioria antigos, pois existiram por séculos e até milênios em diversos lugares do mundo, como os movimentos camponeses, de mulheres/feministas, étnico/raciais/nacionalistas, entre outros, ocorridos ao longo de toda a história da humanidade, passando pelas revoltas de escravos em Roma; pelos movimentos de mulheres no século XII, desencadeando a caça às bruxas; ou pelos conflitos históricos étnicos e nacionais nos diversos continentes e épocas. Muito embora antigos, esses movimentos vão sendo porta-vozes de reivindicações do tempo presente e configurando suas trajetórias em torno das lutas suscitadas nesse tempo. O aspecto identitário e de pertencimento passa a ser o componente organizativo e reivindicativo, confinando esses movimentos nas trajetórias próprias de suas reivindicações, que gravitam em torno da luta por direitos e por melhores condições de vida a serem garantidas pelo Estado. De acordo com Santos (1986), a identidade é uma dimensão de análise que se dá em uma dimensão diferente do pertencimento a determinada classe social, abrangendo aspectos culturais, étnico-raciais, de gênero como os movimentos de afirmação negra e cultura africana e da condição feminina. No entanto, essa inserção de classe interfere na condição identitária, "[...] pois esses grupos distintos têm um estar no modo de produção capitalista, desenvolvendo papéis e funções que lhe são atribuídas" (Santos,1986, p. 47). O autor considera uma possibilidade compreender que identidade e pertencimento não são redutíveis aos modos de produção. Mas alerta que tais movimentos não podem existir fora de um contexto de determinações mais concretas como o desenvolvimento do capitalismo em geral e em cada país.

Os movimentos ecológicos/verdes inserem-se no âmbito do Estado moderno e sem dúvida podem ser denominados de novos, pois surgiram em resposta a necessidades sociais que foram geradas pelo recente desenvolvimento industrial e tecnológico que configuram a exploração capitalista atual, desencadeando movimentos em defesa da preservação ambiental e do meio ambiente. Mas muito embora a luta ecológica devesse ser anticapitalista, como afirma Bihr (1999, p. 129), a maioria desses movimentos não tem como objetivo final a construção de outro projeto societário sem exploração e sem dominação de classe. Devido a esse escopo, o movimento operário não reconhece as lutas ecológicas e até as hostiliza (Bihr, 1999, p. 135). Também novos movimentos pela paz foram resultantes do desenvolvimento tecnológico para a guerra, consolidado no mundo contemporâneo, embora a história antiga da humanidade seja repleta de movimentos pacifistas, que se insurgiram em defesa de suas populações dizimadas pelas guerras. Assim é que, diante da reestruturação produtiva e das mudanças no mundo do trabalho, ocorre uma apartação do proletariado e uma heterogeneização de suas lutas, configurando o que é denominado e difundido como novos movimentos sociais com suas diversas teorias.

Essa diversificação de teorias sobre os movimentos sociais dão o tom da disputa paradigmática em que se situa a compreensão desses movimentos, gerando terminologias que se digladiam no espaço do debate e suscitam um autorreconhecimento do movimento diante de sua alcunha, e/ou de ressignificação dos termos que lhe são atribuídos.

2. Movimentos sociais e resistência no Brasil: o caminhar do processo organizativo no contexto da redemocratização

De acordo com Gohn (1997, p. 226), no período da história denominado de redemocratização, que corresponde ao final dos anos 70 e aos anos 80 do século XX, os Estados nacionais latino-americanos se reconfiguraram e redirecionaram suas políticas internas, pressionados pela mobilização da sociedade civil e política. Em processos negociados nos parlamentos ou eleitorais, os regimes militares, institucionalizados nas "ditaduras de tipo civil-empresarial-militar nos contextos latino-americanos" (Amaral; Peruzzo, 2021), deram lugar a regimes civis. O protagonismo dos movimentos sociais na luta pela redemocratização tornou-se visível. O horizonte da conquista dos direitos sociais e da cidadania de grupos sociais discriminados e oprimidos desenhou novos contornos à cultura política latino-americana, delineados pela experiência de resistência e de oposição às diversas formas de dominação.

No Brasil, antes do golpe militar de 1964 existiram centrais sindicais que foram extintas nessa conjuntura. A mais importante delas foi a central criada em 1962 pelo Partido Comunista Brasileiro — PCB, cuja sigla era CGT — Central Geral dos Trabalhadores e que tinha uma proposta de unidade política baseada na democracia (Prestes, 1985). De acordo com Marini (2014), essa central sindical que funcionou entre 1962 e 1964 visava constituir uma articulação social mais ampla e foi um importante movimento liderado pela Frente de Mobilização Popular — FMP, composta pela CGT, Ligas Camponesas, Confederação Nacional dos Trabalhadores da Agricultura — Contag, União Nacional dos Estudantes — UNE, União Brasileira de Estudantes Secundaristas — UBES, Movimento de Sargentos e Oficiais nacionalistas, Frente Parlamentar Nacionalista e partidos de esquerda. Acreditava-se que um sujeito social novo estava sendo formado a partir da relação dos movimentos sociais com os partidos, sindicatos e organizações, sendo essa uma tendência na América Latina, denominada de movimentos populares, pois reuniam movimentos sociais distintos e diversos, que vão desde o movimento de operários e de trabalhadores rurais até formas novas de organização como associações de bairros, movimentos étnicos, estudantis, de mulheres, dentre outros componentes dos chamados novos movimentos sociais.

Com o golpe militar de 1964, foi institucionalizado no Brasil um regime de repressão intensa a qualquer forma de organização da sociedade civil. Estas tiveram suas sedes incendiadas, depredadas, destruídas, e seus militantes assassinados, torturados ou exilados. No entanto, durante esse período, também existiram resistências significativas, que, mesmo sendo brutalmente interrompidas, contribuíram para a retomada das lutas sociais.

Em 1968 ocorreram mundialmente episódios de luta que ficaram conhecidos como Maio de 68. No Brasil, ocorreram duas importantes greves, sendo uma em Osasco (SP) e a outra em Contagem (MG), onde os trabalhadores tentaram incendiar a fábrica e a direção do sindicato foi toda presa. Essas tentativas de reorganização do movimento foram surgindo em todo o país, destacando-se também a ação das Comunidades Eclesiais de Base (CEBs) e pastorais. A partir de 1977, a retomada do movimento sindical desencadeou greves operárias no país no ano de 1978 e marcou o início do ressurgimento das lutas sociais, forjando um processo de abertura política, que culminou com a aprovação pelo Congresso Nacional, em 22 de agosto de 1979, do projeto de anistia.

As mudanças institucionais ocorridas no ano de 1979 foram conquistas da sociedade, que estava em luta pelos seus direitos. Para citar alguns exemplos, em março de 1979, cerca de 60 mil operários metalúrgicos de São Bernardo do Campo e Diadema (SP) passaram quinze dias em greve geral. Em 29 de maio de 1979, foi instalado no centro de convenções da Bahia o congresso de restauração da União Nacional dos Estudantes (UNE), mesmo sem a presença de todos os delegados, pois muitos ficaram detidos em diversas estradas. Este era o primeiro encontro público e aberto da entidade depois do golpe militar de 1964. No campo surgiram importantes movimentos reivindicatórios. A greve dos canavieiros de Pernambuco, em outubro de 1979, mobilizou 18 mil trabalhadores rurais, sendo 10 mil associados dos dois sindicatos e 8 mil boias-frias, que são trabalhadores agrícolas temporários, nos municípios de São Lourenço da Mata e Paudalho, paralisando 38 usinas nos dois municípios[1].

O crescente número de reivindicações salariais era um indicador do achatamento salarial provocado pelo modelo econômico do

1. *Jornal do Brasil*, Rio de Janeiro, 3 de outubro de 1979, p. 8.

"milagre brasileiro", como ficou conhecido o período. A greve do ABC paulista, ocorrida em abril de 1980, teve adesão de 90% dos metalúrgicos e durou 41 dias, com projeção em nível internacional. Nesse processo surgiu o que ficou conhecido como novo sindicalismo ou sindicalismo pela base. Foi também em 1980 que aconteceram o I e o II Encontro Nacional da Articulação Nacional de Movimentos Populares e Sindical (Anampos), que surgindo "a partir das greves de 1978/79 e do crescimento dos movimentos populares" tinha como objetivo "ser um espaço de articulação e união da luta popular e sindical do campo e da cidade". O I Encontro Nacional da Anampos realizou-se em João Monlevade (MG), em fevereiro de 1980, do qual saiu o texto "Proposições para o fortalecimento da atuação sindical", mais conhecido como "Documento de São Bernardo", "em homenagem aos metalúrgicos desta cidade", conforme consta no documento[2].

Nesse cenário, os movimentos populares deram passos importantes para sua organização, a partir do intenso processo de luta que vinha sendo travado. Nos conflitos de luta pela terra, que foram muitos, destaca-se a participação das pastorais católicas ao lado dos posseiros na luta contra grileiros, jagunços e pistoleiros. A luta contra o aumento das passagens de transportes coletivos teve momentos de explosão. Em fevereiro de 1981, em São Paulo, uma multidão, motivada pelo atraso dos trens, incendiou cinco composições e depredou duas estações. Em 22 de agosto de 1981, a população de Salvador se insurgiu contra o aumento de 61% no preço das passagens e destruiu 600 ônibus. Outras depredações de ônibus e de trens foram registradas em Manaus, São Luís do Maranhão, Rio de Janeiro e São Paulo. Muitas foram as lutas sindicais de várias categorias profissionais.

Nesse contexto de ebulição social, a Articulação Nacional de Movimentos Populares e Sindical — Anampos realizou em junho de 1981, em Vitória (ES), o seu III Encontro Nacional, onde foram discutidos, dentre outros temas, de acordo com propostas encaminhadas por um

2. ANAMPOS. *Documento de São Bernardo*. II Encontro Nacional entre Dirigentes Sindicais e Militantes do Movimento Popular. Taboão da Serra, 4 a 6 de julho de 1980, p. 6. Mimeografado.

conjunto de entidades sindicais à Conferência Nacional das Classes Trabalhadoras — Conclat, apresentando como principais objetivos: "a) Discussão ampla e democrática das condições de vida e empregos dos trabalhadores da cidade e do campo: b) Formas e encaminhamentos da organização dos trabalhadores".[3] Nessa I Conclat, realizada em agosto de 1981, a plenária deliberou pela realização do Congresso Nacional das Classes Trabalhadoras e foi formada a Comissão Nacional Pró-CUT — Central Única dos Trabalhadores, composta por diversas tendências políticas dos movimentos das classes trabalhadoras, daquela conjuntura. Destaca-se nesse ano, também, o protagonismo de movimentos de moradores, organizados em associações de moradores, associações de bairros e entidades representativas das "favelas"[4]. Em 1982 ocorreu o IV Encontro da Anampos, em Goiânia (GO), que pautava também a organização da classe trabalhadora e a construção da "Central Única dos Trabalhadores, livre, autônoma e constituída pela base". Em 1983, durante o I Congresso Nacional das Classes Trabalhadoras, nos dias 26, 27 e 28 de agosto foi criada a Central Única dos Trabalhadores — CUT[5] com a presença de 5.059 delegados eleitos em assembleias de suas respectivas categorias, 912 entidades entre sindicatos, associações pré-sindicais, associações profissionais, federações, entidades nacionais e doze centrais sindicais de vários países. De acordo com as resoluções do Congresso, a CUT passou a ser "[...] dirigida por um colegiado de 83 membros, com uma comissão executiva de 15 membros e com uma coordenação nacional de 7 membros, todos eleitos em congresso"[6]. Nesse mesmo ano, militantes do PCB, do PCdoB e do MR-8, que não se reconheciam na frente de luta constituída pela CUT, realizaram em novembro, em Praia Grande (SP), o Congresso Nacional das Classes Trabalhadoras, criando outra entidade nacional, a Coordenação Nacional da Classe

---

3. ANAMPOS. *Documento de Vitória*, julho de 1981, p.15.

4. Termo utilizado à época. Hoje substituído por comunidade.

5. A CUT tinha uma forte influência do Partido dos Trabalhadores, embora também participassem outras forças, incluindo partidos políticos, como o PDT (Partido Democrático Trabalhista).

6. *Jornal da CUT*, setembro de 1983, ano I, n. 0.

Trabalhadora — Conclat, que posteriormente, em 1985, passou a ser chamada Central Geral dos Trabalhadores — CGT.

A cisão que provocou a criação das duas centrais sindicais apresentou divergências também em relação à compreensão da instituição sindical. Para a CGT, que defendia a permanência da estrutura verticalizada e corporativista, bastava desatrelar os sindicatos do Ministério do Trabalho, criado em 1932, tendo como um de seus primeiros atos a institucionalização dos sindicatos, através do Estatuto Padrão, que regulamentava toda forma de organização burocrático-administrativa dos sindicatos, inviabilizando uma possível autonomia. Essa estrutura sindical, de base municipal, que reúne pessoas de uma única categoria, organiza-se da base até o topo dentro de uma mesma corporação, dificultando a existência de centrais sindicais, reduzindo a representatividade e permitindo a permanência no poder. Essa estrutura é sustentada pelo imposto sindical compulsório, que consiste em um dia anual de trabalho de todos os trabalhadores, quer sejam sindicalizados, quer não, o qual é descontado em folha e repassado aos sindicatos. Isso garantia a manutenção dos sindicatos independentemente da categoria. Para a CUT, não bastava desatrelar os sindicatos do Ministério do Trabalho e, nesse sentido, propôs uma "nova estrutura sindical", que nem podia isolar a base, nem podia manter uma estrutura corporativista. No entanto, permanecia a defesa do sindicalismo atrelado ao imposto sindical, compondo a trajetória institucional das entidades sindicais.

Portanto, nesse contexto de crise econômica, de lutas sociais intensas, de luta pela democracia e pelas liberdades públicas, a sociedade brasileira protagonizou momentos marcantes de conquistas democráticas, institucionais e políticas. Avanços e recuos configuram essa trajetória. A sociedade permanece profundamente enraizada no processo de colonização, característico da formação sócio-histórica brasileira e latino-americana, marcada pelo desenvolvimento capitalista "desigual e combinado", conforme a elaboração de Trotsky, explicitada na teoria da dependência. O apelo à luta faz-se premente. A construção de outro projeto societário é o horizonte a ser buscado nos processos de resistência. A luta continua!

Referências

ABRAMIDES, M. B. C. Lutas sociais e desafios da classe trabalhadora: reafirmar o projeto profissional do Serviço Social brasileiro. *Serviço Social & Sociedade*, São Paulo, n. 129, p. 366-386, maio/ago. 2017.

ADORNO, T. W.; HORKHEIMER, M. *Dialética do esclarecimento*: fragmentos filosóficos. Rio de Janeiro: Zahar, 1985.

AMARAL, A. S. do; PERUZZO, J. F. Estado, autoritarismo e luta de classes. *Revista Katálysis*, Florianópolis, v. 24, n. 1, p. 1-3, jan./abr. 2021.

BIHR, A. *Da grande noite à alternativa*. São Paulo: Boitempo, 1999.

CASTELLS, M. *A era da informação*: economia, sociedade e cultura. O poder da identidade. 3. ed. São Paulo: Paz e Terra, 2001. v. 2.

CASTELLS, M. *Movimientos sociales urbanos*. Madrid: Siglo XXI, 1974.

DURIGUETTO, M. L. Criminalização das classes subalternas no espaço urbano e ações profissionais do Serviço Social. *Serviço Social & Sociedade*, São Paulo, n. 128, p. 104-122, jan./abr. 2017.

FERNANDES, F. *A Revolução Burguesa no Brasil*: ensaio de interpretação sociológica. 5. ed. São Paulo: Globo, 2006.

FRANK, André Gunder; FUENTES, Marta. Dez teses acerca dos movimentos sociais. *Lua Nova*, São Paulo, n. 17, p. 19-48, jun. 1989. Acesso em: 31 maio 2018.

GOHN, M. da G. *Teorias dos movimentos sociais*: paradigmas clássicos e contemporâneos. São Paulo: Loyola, 1997.

GRAMSCI, A. *Cadernos do cárcere*. Rio de Janeiro: Civilização Brasileira, 2001.

HOBSBAWM, E. *Estratégias para uma esquerda racional*: escritos políticos (1977-1988). São Paulo: Paz e Terra, 2020.

LACLAU, E.; MOUFFE, C. *Hegemony and socialist strategy*. London: Verso, 1985.

LEIBNIZ, G. W. *Theodicy*: Essays on the Goodness of God, The Freedom of Man, and the Origin of Evil. La Salle, Illinois: Open Court, 1985.

LOJKINE, J. *A classe operária em mutações*. Belo Horizonte: Oficina de Livros, 1990.

LUKÁCS, G. *Para uma ontologia do ser social I*. São Paulo: Boitempo, 2012.

MARINI, R. M. *Subdesenvolvimento e revolução*. 5. ed. Florianópolis: Editora Insular, 2014.

MARX, K. *O Capital*: crítica da economia política. São Paulo: Boitempo, 2013.

MARX, K. *As lutas de classes na França*: de 1848 a 1850. São Paulo: Boitempo, 2012.

MARX, K. *A ideologia alemã*. São Paulo: Boitempo, 2007.

MARX, K.; ENGELS, F. *Lutas de classes na Alemanha*. São Paulo: Boitempo, 2010.

MARX, K.; ENGELS, F. *Manifesto comunista*. São Paulo: Boitempo, 1998.

MOTA, A. E. Serviço Social brasileiro: profissão e área de conhecimento. *Revista Katálysis*, Florianópolis, v. 16, n. esp., p. 17-27, 2013.

OFFE, Claus. *Las nuevas democracias*: transición política y renovación institucional en los países postcomunistas. España: Hacer Editorial, 2005.

PRESTES, Luiz Carlos. *Lutas e autocríticas*. Petrópolis: Vozes, 1985.

RUDÉ, G. *A multidão na história*: estudo dos movimentos populares na França e na Inglaterra 1730-1848. Rio de Janeiro: Campus, 1991.

SANTOS, T. Crisis y movimientos sociales en Brasil. *In*: GUTIÉRREZ, F. C. (org.). *Los movimientos sociales ante la crisis*. Buenos Aires: UNU/CLACSO/IISUNAM, 1986.

SOUSA SANTOS, B. *Renovar a teoria crítica e reinventar a emancipação social*. São Paulo: Boitempo, 2007.

THOMPSON, E. P. *Tradición, revuelta y consciencia de classe*. Barcelona: Editorial Crítica/Grijalbo, 1979.

TOURAINE, A. Os novos conflitos sociais: para evitar mal-entendidos. *Lua Nova*, São Paulo, n. 17, 1989.

7

A PÓS-GRADUAÇÃO EM SERVIÇO SOCIAL NA UFPE:

o Nordeste que se espraia no Brasil.

Angela Santana do Amaral
Juliane Feix Peruzzo

Nos marcos da criação do ensino pós-graduado em Serviço Social em Pernambuco (42 anos da criação do mestrado e 22 anos do doutorado), este texto expõe um esforço de sistematização de memórias, de histórias e de aproximações analíticas sobre a trajetória do Programa, situando-o no conjunto das determinações sócio-históricas, econômicas, políticas e culturais que se fizeram presentes no contexto do Nordeste e de Pernambuco. Ao mesmo tempo, projeta as suas relevância e contribuição ao Serviço Social brasileiro, na esteira da expansão da educação superior brasileira e das tendências recentes que incidem no Serviço Social, enquanto área de produção do conhecimento.

Como se trata de um estudo aproximativo cujas referências foram fontes documentais e bibliográficas existentes nos acervos do Programa — e nem todas digitalizadas —, os limites do artigo são claros, ensejando pesquisas mais aprofundadas e mediações necessárias à efetiva reconstrução analítica dos processos que marcaram a consolidação e avanços da pós-graduação em Pernambuco, em sua dimensão totalizadora.

Tal como afirma Netto (2016, p. 54, grifo do autor)

> [...] entre memória e reconstrução analítica dos processos históricos há relação de dupla via: a primeira, ademais de incidir nos processos históricos efetivos, pode rebater — desde que tratada criticamente — na reconstrução analítica; e essa, por seu turno, uma vez exposta de modo adequado e tornada pública, pode refratar-se nas (re)elaborações da memória. Vale dizer: se a memória pode subsidiar a reconstrução histórica, esta pode fomentar um redimensionamento da memória. Contudo, na sua interação, *elas — memória e história — não se identificam na sua gênese e, menos ainda, no seu desenvolvimento e na sua significação/funcionalidade para o evolver da profissão.*

A pós-graduação brasileira e seus nexos com Serviço Social

Os avanços e conquistas no âmbito da pós-graduação brasileira devem ser compreendidos na relação entre dinâmica de desenvolvimento do capitalismo dependente e periférico brasileiro e o movimento da profissão em distintos períodos históricos.

A década de 70 do século passado firma o reconhecimento do Serviço Social como área de conhecimento, expresso no I Plano Nacional de Pós-Graduação (PNPG: 1975-1979), ainda no período da ditadura empresarial-militar[1]. É nesse contexto de silenciamento, repressão e

1. Em seus estudos sobre a Universidade brasileira, Leher analisa que a ditadura empresarial-militar comandou a ofensiva contra as universidades, apartando-as dos seus referenciais

apagamento das lutas sociais efervescentes na sociedade brasileira — e também mundial, especialmente a latino-americana —, que a formação pós-graduada contraditoriamente avança, tornando possível a vinculação das dimensões interventiva e investigativa da profissão, com destaque para as pesquisas sobre as práticas profissionais.

No Nordeste, a criação da pós-graduação em Serviço Social da Universidade Federal de Pernambuco, em 1979, é precedida pela implantação do Programa de Pós-Graduação da Universidade Federal da Paraíba, em 1978. Sob a vigência do AI-5[2], mas também do revigoramento das lutas sociais pela redemocratização do país, o PPGSS-PE afirma-se carreando o acúmulo dos docentes do Departamento de Serviço Social e pesquisadores de outras áreas de conhecimento, com forte viés democrático e plural[3].

O III Congresso de Assistentes Sociais, realizado em São Paulo — o denominado Congresso da Virada —, coincide com a criação do PPGSS de Pernambuco. Nele, como já tratado neste livro, docentes e profissionais do Nordeste tiveram uma participação expressiva, somando-se aos debates, às ações e proposições de diversos setores

---

calcados nas perspectivas nacional-desenvolvimentistas vigentes no período pré-64. Uma das primeiras iniciativas, segundo o autor, foi a institucionalização da pós-graduação, através do parecer 977/65. Neste documento, a pesquisa foi vinculada à pós-graduação, subtraindo da graduação as possibilidades de investigação sistemática da realidade. Nesse contexto, avança-se na reforma universitária de 1968, apoiada nos instrumentos da repressão, como o AI-5, e nos processos de cooptação de pesquisadores, expressos nos editais de fomento às políticas de ciência e tecnologia das agências.

2. Victor Leandro C Gomes e Hélio de Lena Júnior (2011) sustentam em seus estudos que, ao lado dos Atos Institucionais, a Doutrina de Segurança Nacional, mecanismo ideológico sobre o qual governaram os militares no pós-64, agiu de modo a articular desenvolvimento e segurança, em resposta ao perigo do comunismo e à contenção dos trabalhadores organizados nas esquerdas, nos movimentos populares e nas diversas frentes de setores democrático-populistas.

3. Integra a Comissão Coordenadora constituída pelo Departamento de Serviço Social, para o Planejamento do Curso de Mestrado, a professora Anita Aline Albuquerque Costa, professora assistente do Departamento de Serviço Social da UFPE, mestre em Serviço Social pela PUC/SP, com a atribuição de planejar e coordenar as atividades da Comissão; professora Maria da Glória Andrade Lima de Almeida, professora adjunta do Departamento de Serviço Social da UFPE, com a atribuição de estudar e realizar levantamentos referentes ao ensino da pós-graduação, e a professora Maria do Carmo Tavares de Miranda, livre-docente do Departamento de Filosofia, doutora em Filosofia/Paris, para assessoria técnica do planejamento curricular.

populares que reivindicavam a restauração das liberdades democráticas, bem como a exigência de articulação da profissão com a cultura teórico-política da esquerda e com as resistências impulsionadas na perspectiva de construção de uma outra sociabilidade[4].

A rigor, não se pode pensar a pós-graduação no estado desvinculada dos debates intelectuais e operativos coordenados pela Sudene, do caráter progressista e libertário das lutas na região e, em particular, em Pernambuco, e dos sujeitos que compuseram essa iniciativa em tempos tão difíceis, muitos/as deles/as envolvidos/as em movimentos sociais e em experiências de organização político-participativas. O Programa, portanto, constrói-se na esteira da influência do debate econômico regional e das ações sociais necessárias para superar os limites do desenvolvimento e as desigualdades no país[5].

O Mestrado em Serviço Social: influências sociopolíticas e o debate da questão regional.

É possível afirmar que a trajetória profissional e o engajamento político de algumas assistentes sociais/docentes do Departamento de Serviço Social da Universidade Federal de Pernambuco foram centrais

4. A perspectiva que vai orientar a direção social da profissão a partir dos anos 1980, embora tenha sido construída desde a década de 60 do século passado, adensa e enriquece o arcabouço teórico-metodológico, ético-político e prático-operativo do Serviço Social brasileiro, com repercussões importantes nos âmbitos da formação e exercício profissional. Apesar deste marco da profissão — denominado de "intenção de ruptura — "ir de encontro" ao tradicionalismo, conservadorismo e modernização, momentos constitutivos analisados por Netto (1991), ele não consegue romper completamente com as concepções e práticas conservadoras existentes na profissão". Todavia, os setores que o representavam foram minguando no debate profissional público e na disputa das ideias coletivas. Seja pela politização de sujeitos profissionais que configuravam a vanguarda da profissão e ocupavam espaços estratégicos junto a setores e movimentos populares, seja pela ação de representações da categoria profissional, cujo legado organizativo-político teve um peso expressivo junto às unidades de formação, no âmbito da graduação e da pós-graduação.

5. Para aprofundar a discussão, ver o instigante livro de Oliveira (2008).

para a propositura do Curso de Mestrado, em 1979. Professoras[6] que, pelo exercício da docência na graduação e pela prática profissional, já estavam engajadas na dinâmica das lutas sociais e nos processos das revisões das bases teórico-metodológicas que fundamentavam a profissão.

As justificativas para a abertura do Curso de Mestrado em Serviço Social estão balizadas pelas determinações que vinham sendo debatidas e implementadas no âmbito do Serviço Social no Brasil; pela expansão do mercado de trabalho para assistentes sociais; pela ampliação do ensino de graduação e pelas preocupações com as particularidades da "região Nordeste":

> [...] incentivo à pesquisa, ao estudo e a crítica de modelos de prática profissional, além da sistematização de procedimentos relacionados a exigências específicas da realidade social, atenção especial é dada ao aperfeiçoamento profissional e a especialização dos docentes, condições básicas para a construção de um sistema educacional e uma prática eficiente em nossa situação histórico-geográfica (Proposta de Criação do Mestrado, agosto de 1978)

As bases para a sistematização da estrutura curricular foram a oferta de cursos de aperfeiçoamento (1974) e duas especializações *lato sensu* planejadas pelo Departamento de Serviço Social (1976): uma, voltada ao atendimento das demandas dos serviços, cujo foco era o "Desenvolvimento de Comunidade"[7], e a outra, que visava à qualificação do corpo docente, no sentido de aprofundar estudos sobre a "Metodologia do Serviço Social".

A finalidade do mestrado estava dirigida para o aprofundamento das competências adquiridas no curso de graduação e para

6. Interessante destacar que, se o Serviço Social é requisitado e institucionalizado na esfera da formação graduada por importantes e renomados homens, a pós-graduação em Serviço Social da UFPE é gestada por mulheres que, pelo percurso da prática profissional e política, possuem engajamentos e expressividades no Nordeste brasileiro.

7. A realização dessa Especialização contou com apoio e aporte financeiro da Sudene.

o desenvolvimento de "técnicas de investigação". Visava formar docentes, pesquisadores que pudessem desenvolver conhecimentos relativos à realidade social e às exigências de intervenção, bem como formar especialistas para contribuir na formulação e implementação das políticas sociais (públicas e privadas)[8].

Esse é o traço que atravessa a estrutura curricular do PPGSS e que está disposto na síntese dos avaliadores do Programa em 1981 e 1982: "os cursos de mestrado da UFPE e da UFPB são os únicos do Nordeste. O da UFPE vem se preocupando com o estudo de questões nordestinas e parecem encaminhar-se a uma especialização em DC".

De fato, se há a manutenção de um fio norteador nos âmbitos do ensino e pesquisa do Programa em Pernambuco, isto se deve a sua proposta de formar quadros para a gestão das políticas públicas, respondendo às demandas da sociedade, das instituições governamentais e da formação de docentes para o ensino superior que avançava no Nordeste[9].

Neste período, chama atenção a apreensão que tinha a equipe de avaliadores sobre as características de "atualidade e regionalização da proposta do curso, que está concretizando a transição entre o clássico desenvolvimento de comunidade para estudos de movimentos sociais, hoje".

---

8. Do ponto de vista da estrutura curricular, a matriz segue a lógica definida no Plano Nacional de Pós-Graduação – PNPG, que reproduz a estrutura americana — disciplinas da área de concentração e disciplinas do domínio conexo. Apresenta ainda o traço para uma formação instrumental e dicotômica da natureza das disciplinas de cunho teórico e de cunho instrumental. O projeto foi proposto para ser efetivado no mínimo em 1 ano e máximo em 3 anos, tendo que ser cumpridos 39 créditos: a) disciplinas obrigatórias: 18 créditos; b) eletivas da área de concentração e de domínio conexo: 21 créditos.

9. Segundo exposição da professora Maria Lucia Macedo Melo no painel realizado na UFPE, intitulado "O Ensino do Serviço Social na Escola de Serviço Social de Pernambuco e o Departamento de Serviço Social da Universidade Federal de Pernambuco: décadas de 60 e 70", é ressaltado o processo de qualificação docente, por meio da participação em cursos *lato sensu* e encaminhamento para realização de cursos de mestrado, particularmente no Rio de Janeiro e em São Paulo. No início dos anos 1990, a professora assinala que 70% do quadro docente era constituído por mestres. Esta política de qualificação se expande extramuros à Universidade, por meio de iniciativas de cursos de pós-graduação *lato sensu*, aperfeiçoamento e especialização, congregando profissionais da área.

É mister recordar que, desde os anos 1950, a Escola de Serviço Social em Pernambuco teve uma vigorosa ligação com o Desenvolvimento de Comunidade, sob a influência dos planos da Sudene e dos "ecos de desenvolvimento" propostos por aquela instituição. Neste sentido, pensamos que os docentes da época, bem como os que foram incorporados à pós-graduação, seguiram a trilha das políticas desenvolvimentistas defendidas por Furtado[10] e da sua equipe no delineamento e gestação do curso, de suas disciplinas e linhas de pesquisa, quase 30 anos depois. A perspectiva de desenvolvimento, tal como elaborou Celso Furtado, colocou o Estado no centro do debate, ao defender a sua participação ativa nas esferas econômica e social. Entrevista de Bacelar relembra os momentos áureos da instituição: "A Sudene reformista é a Sudene que fazia infraestrutura, que formava quadros no Nordeste, que investia na educação, que estruturou as secretarias de Educação do Nordeste [...]" (Tavares; Souza, 2015, p. 204).

Nesse contexto, o PPGSS emerge e se desenvolve sob inspiração desse caldo cultural herdado da sistemática do planejamento e dos processos participativos e comunitários institucionalizados pela Sudene, por meio dos quais se procura enfrentar as tensões sociais e políticas decorrentes dos conflitos entre os trabalhadores organizados e a oligarquia rural do Nordeste. Melhor dizendo: enfrentar as expressões da questão social produzidas por essa relação.

Para além disso, note-se que o projeto do Programa referencia os aportes da educação popular, que, sob os influxos do educador Paulo Freire, nos anos 1960, vincularam docentes e discentes às práticas sociais que imprimiam uma dimensão política e uma ação engajada nas organizações populares. Ao transitar para o espaço da pós-graduação,

10. O paraibano Celso Furtado foi o primeiro presidente da Sudene e suas ideias constituem um marco na história do pensamento econômico brasileiro. Com ele, o planejamento macrorregional adquiriu um papel significativo para compreender o desenvolvimento do Nordeste O ambiente democrático e os debates realizados na instituição traziam à luz uma originalidade a respeito da relação entre desenvolvimento e subdesenvolvimento do país. O Estado, para o autor, deveria participar ativamente das mudanças nas estruturas produtivas, por meio da industrialização para promover uma distribuição de renda mais justa e superar o atraso e a pobreza na região.

estes sujeitos — muitos dos quais partícipes dos movimentos que reanimavam a vida política da sociedade brasileira — buscaram sintonizar o projeto do mestrado a um ideário progressista na perspectiva de apreender as determinações da dinâmica societária na sua totalidade, ao mesmo tempo em que se preservavam os traços dos estudos das técnicas, sistematização de procedimentos, metodologias, investigação das práticas.

A dupla área de concentração do Programa — Teoria e Investigação em Serviço Social e Desenvolvimento de Comunidade — revela as preocupações com as diretrizes de construção da teoria, orientação para ação e crítica das estratégias de intervenção no contexto socioeconômico da região Nordeste. Na primeira, o enfoque do conhecimento era a "Objetivação da prática do Serviço Social"; e "Serviço Social e processos sociais". Na segunda área, a tônica recaía sobre o debate do "Contexto socioeconômico e os segmentos sociais marginalizados", "Estratégias de participação" e "Resultados da intervenção programada".

As disciplinas estruturadas para responder às duas áreas demonstram a presença significativa de perspectivas de viés estruturalista, expressas em disciplinas como Teorias da Ação Social, Fundamentos Científicos da Metodologia do Serviço Social e Estudos de Problemas Brasileiros, como componentes obrigatórias. Nas chamadas disciplinas "eletivas", a oferta incluía o debate sobre Ideologia e Prática Social, Teoria e Prática Institucional do Serviço Social, Análise da Intervenção Psicossocial, Mudança Planejada, Teorias Psicológicas, Supervisão — princípios e técnicas.

As disciplinas que correspondiam à área de concentração Desenvolvimento de Comunidade incorporavam as referências obrigatórias dos estudos sobre Política Social e Desenvolvimento de Comunidade. As eletivas dessa área expressam a estreita vinculação do Programa com as demandas emergentes do período, inscritas nos processos induzidos pela Sudene, na sua segunda fase[11] e no seu Plano de Desen-

11. Oliveira chama atenção para o caráter da Sudene no pós-64, cuja atuação avançava para a ampliação das formas de financiamento da expansão monopolista no Brasil, através da política

volvimento do Nordeste (1971-1974), marcados por uma perspectiva de adesão das populações aos seus programas de desenvolvimento local.

Em seu clássico e lapidar livro *Ideologia do desenvolvimento de comunidade no Brasil* (1979), Safira Ammann empreende a crítica aos novos caminhos assumidos pela instituição, realçando os objetivos a serem alcançados: "[...] a participação das populações em projetos de desenvolvimento local, visando elevar seus níveis organizativos e o 'maior êxito dos projetos'; implantar um sistema de coordenação regional; e capacitar os órgãos públicos e privados para a compatibilização de seus programas e sua integração efetiva *no plano de desenvolvimento regional*" (Ammann, 1979, p. 151).

A autora consegue identificar nos documentos analisados da sua pesquisa que a Divisão de Ação Comunitária (DAC)[12] realiza um exame crítico do conceito de desenvolvimento de comunidade clássico, articulando-o à compreensão das problemáticas estruturais presentes na sociedade.

Nessa esteira, é plausível cogitar, no âmbito do PPG, uma tendência a uma profissionalização e à construção de uma "técnica social" expressas nas "eletivas" da área de concentração "Desenvolvimento de Comunidade", cujas disciplinas estavam concentradas no planejamento, avaliação e controle de projetos comunitários; nas técnicas e metodologias que compreendem o Serviço Social; no conhecimento dos problemas econômicos do Nordeste e das suas bases de formação; na relação entre economia e sociedade no meio rural; e nos processos de planejamento para o desenvolvimento regional. Na realidade, um conhecimento para ação.

Os limites do nosso artigo não permitem identificar as referências bibliográficas utilizadas em tais disciplinas, o que ensejaria uma

---

de incentivos fiscais que financiaram "[...] um conjunto de atividades que expressa, na verdade, a transformação do conjunto da riqueza nacional em pressupostos da reprodução do capital; e a aceleração da imbricação Estado-burguesia internacional associada" (Oliveira, 2008, p. 264).

12. Eram constantes as interlocuções da Universidade/Departamento de Serviço Social com a DAC.

pesquisa mais robusta sobre a formação pós-graduada em Pernambuco. Todavia, podemos supor que a vertente modernizadora[13] com uma fundamentação das problemáticas regionais parece ter influenciado fortemente a estruturação da proposta original do Programa.

Em 1983 e 1984, os aspectos destacados pela Comissão de avaliação dos PPG analisam o potencial do Programa e sua direção teórico-prática para "delinear um perfil de atividades voltado para as questões regionais". Contudo, o documento faz a ressalva de que "é insuficiente o esforço empreendido no sentido de maior articulação com os órgãos de desenvolvimento regional e programas por ele apoiados". Na síntese da avaliação, a Comissão reitera o progresso do PPG, salientando a sua potencialidade em inserir-se no debate das questões atuais da região e propor formas estratégicas de desenvolvimento. Aponta, ainda, como principais dificuldades, "a insuficiência de professores com titulação formal na área e a necessidade de o programa repensar a denominação de sua área de concentração"[14].

Este "repensar" vai ocorrer em 1989, no decorrer de 10 anos e na ambiência da redemocratização e da renovação do Serviço Social brasileiro e na sua dimensão teórico-política e metodológica, expressa em um arsenal acumulado da teoria social de Marx[15], que qualificava a profissão enquanto área de conhecimento e de pesquisa, imprimindo-lhe um adensamento na análise das relações sociais capitalistas, na sua totalidade, cujos debates desbordavam no PPGSS.

---

13. "[...] uma perspectiva modernizadora para as concepções profissionais — um esforço no sentido de adequar o Serviço Social, enquanto instrumento de intervenção inserido no arsenal de técnicas sociais a ser operacionalizado no marco de estratégias de desenvolvimento capitalista, às exigências postas pelos processos sócio-políticos emergentes no pós-64" (Netto, 2005, p.154).

14. O esforço de qualificação do Programa, de sua legitimidade e de visibilidade nacional foi largamente exercitado durante os anos 1980, com a produção sistemática dos Cadernos de Serviço Social, que contava com a autoria dos docentes permanentes, colaboradores e convidados nas discussões temáticas emergentes e/ou de suas áreas de pesquisa.

15. É inconteste que a incorporação dos fundamentos marxianos e da tradição marxista no PPG resulta de uma profícua interlocução de alguns docentes com as áreas da História, Sociologia e da Economia Política da UFPE, dos debates resultantes dos seus doutorados, especialmente na Pontifícia Universidade Católica de São Paulo (PUC-SP) e na Universidade Estadual de Campinas (Unicamp).

A configuração do Programa em torno de posições distintas em relação ao conhecimento social — das vertentes crítico-dialéticas às neokantianas[16] — pautou as produções acadêmicas, a direção e atuação dos grupos de pesquisas. Todavia, vale salientar, não suprimiram a sua importância estratégica e teórico-política no contexto nacional, regional e local[17], tanto pelo caráter inovador, plural e capacidade de articulação com a intelectualidade da profissão, quanto pela defesa institucional da área e resistência coletiva aos ataques ao legado construído pela profissão[18].

No final dos anos 80 e durante os 90 do século passado, a Universidade brasileira e a política de Ciência e Tecnologia foram enormemente afetadas pelos ajustes estruturais recomendados pelo Fundo Monetário Internacional (FMI) e do Banco Mundial. Sob essa mira, as instituições de ensino superior amargaram com a Reforma do Estado, da Previdência Social[19], com o desmonte e fragmentação do Ministério da Ciência e Tecnologia (MCT), com parcos recursos para realização de pesquisas.

Os maiores reveses, entretanto, foram aqueles que, molecularmente, adentraram nas estruturas das Universidades, pondo em xeque as perspectivas crítico-dialéticas da totalidade[20], desqualificando-as e criando

---

16. Sobre o assunto, ver a discussão em Netto (1989), ao tratar da sistematização da prática e da teoria no Serviço Social.

17. A publicação de duas dissertações do mestrado em Serviço Social, imediatamente após as suas defesas: *O feitiço da ajuda*, de autoria da professora Ana Elizabete Mota, publicada pela Cortez Editora, em 1985, e *O coletivo ilusório*, da professora Ana Cristina Arcoverde, do mesmo ano, pela Editora da UFPE. Uma síntese da primeira dissertação de mestrado do Programa, de autoria da professora Ana Cristina Vieira, foi publicada na maior revista de circulação nacional da área, a *Serviço Social & Sociedade*, sob o título: "Serviço Social em Pernambuco: particularidades da formação e inserção profissional dos anos 1940 aos 1980".

18. Destaca-se que docentes do PPGSS estiveram na linha de frente em defesa da área de Serviço Social nas agências de fomento, nas organizações político-acadêmicas da categoria profissional, desde a ABESS e CEDEPSS (posteriormente ABEPSS), entidades organizativas (CRAS/CRESS, CFAS/CFESS, Sindicatos de Assistentes Sociais), ALAIETS, dentre outros espaços.

19. Nesse período, docentes de referência do PPGSS agilizaram suas aposentadorias para não perder direitos conquistados na luta pela carreira docente, defendida pelo Sindicato Nacional dos Docentes (ANDES).

20. Discussão substantiva desse processo é tratada por Netto (2004) em seu livro: *Marxismo Impenitente. Contribuição à história das ideias marxistas.*

o ambiente cultural necessário para a incorporação de uma cultura do individualismo, competitividade e produtividade nas Instituições de Ensino Superio (IES), como parte de uma estratégia e de um modelo articulado às necessidades de produção e reprodução do capital. O pensamento neoliberal e as ideias pós-modernas ganham força, e os temas que derivam dessa perspectiva são incorporados à produção do conhecimento na maioria dos programas das ciências sociais da UFPE.

O Serviço Social, tanto no nível da graduação como na pós-graduação, constituiu-se uma referência teórica e política na construção do pensamento crítico e na resistência a essa ofensiva. Tal afirmação pode ser identificada nos conteúdos das disciplinas, nas pesquisas, posicionamentos políticos e nas produções acadêmicas dos anos 2000, em que a temática é recorrentemente problematizada.

Remar na contracorrente: a emergência e os traços da maturidade teórico-política do Doutorado

A mirada para a implantação do Doutorado, em 1999, para além das questões conjunturais — as diretrizes do PNPG, o reconhecimento do Serviço Social junto à Capes e CNPq, as contrarreformas das políticas sociais —, reporta-se a determinações expressas na positiva avaliação da área em relação ao Curso de Mestrado, que, em 1998, obteve a Nota 5, com destaque para a preparação de doutores, através do Convênio Interinstitucional com a UFRJ; a sua consolidação em termos de qualificação e produtividade; a criação e fortalecimento dos Grupos e Núcleos de Pesquisa; a ampliação de Projetos de Pesquisa e a diversificação de publicações dos docentes e discentes. Sobressai-se, no seu projeto original, a demanda de alunos estrangeiros, especialmente da América Latina, para cursar o Mestrado. Em 1995, o Programa realiza uma reestruturação do plano de curso do Mestrado, visando atender às exigências da área e se adequar à Resolução 1/90 do Conselho Coordenador de Ensino, Pesquisa e Extensão da UFPE (CCEPE)/UFPE, que estabelecia o cumprimento de 36 créditos e a diminuição do tempo de titulação para os PPGs da UFPE. É no bojo destes debates que o colegiado do Programa estrutura a proposta de criação do Doutorado, o primeiro da região[21], que já contava com um consolidado corpo de docentes permanentes e participantes.

Importante destacar que, já na criação do Doutorado, os docentes do Programa estavam articulados em torno de Grupos e Núcleos de Pesquisa, configurando as bases para a dinamização de estudos e pesquisas dos docentes e discentes da pós-graduação, bem como da Graduação, estes incorporados pelo Programa de Iniciação Científica. A constituição dos núcleos e grupos comportavam diversos eixos de investigação, a saber: Núcleo de Estudos e Pesquisa em Direitos Sociais e Políticas Sociais; Grupo de Estudos e Pesquisas sobre o Trabalho; Núcleo de Estudos e Pesquisas em Práticas Sociais; Grupo de Estudo e Pesquisas em Gênero, Meio Ambiente e Planejamento em Políticas Públicas; Grupo de Pesquisa em Ética; Grupo de Estudos e Pesquisas em Saúde, Trabalho, Infância e Adolescência[22].

As linhas de pesquisa do Mestrado foram mantidas na Proposta do Doutorado, com exceção da linha "Prática Institucional do Serviço Social", que a partir dos anos 1999 deixa de apresentar projetos de pesquisa. A nosso ver, essa mudança demarca a ruptura com uma característica marcante presente no Mestrado, que era o viés de uma formação técnica e especializada para a ação.

O percurso do Doutorado na primeira década dos anos 2000[23] inscreve-se em um tempo histórico de maturação intelectual sobre as intensas transformações societárias, suas relações com o Estado,

---

21. O Documento da Área do Serviço Social/Capes apresenta que, até 2018, o Nordeste possuía 05 Programas que ofertavam Mestrado e Doutorado e 07 Programas que tinham apenas o Mestrado.

22. Alguns destes Grupos/Núcleos serão revisados, atualizados e outros encerrados, tendo em vista aposentadoria de docentes.

23. Período de referência para elaboração deste artigo. As tendências contemporâneas da pós-graduação em Pernambuco constituem objeto recente de pesquisas das autoras.

com as formas de enfrentamento às expressões da questão social e o movimento das classes em presença. Sua estruturação se configura no quadro conjuntural e estrutural das necessidades de o Estado responder a exigências e requerimentos determinados internacionalmente e cujas diretrizes, expressas nos planos nacionais de pós-graduação, são operacionalizadas pelos governos nacionais. Nesse contexto, as mediações para apreender o sentido e a direção dada ao PPGSS são reveladas nas relações que articulam a profissão e realidade, na sua dimensão histórica.

No período em tela, o Doutorado adquire um peso fundamental na formação de quadros docentes do Nordeste, mas também na de pesquisadores e profissionais. O salto de qualidade para sua concretização é dado por meio das articulações acadêmicas entre o Programa da UFPE e o Programa de Pós-Graduação em Serviço Social da Universidade Federal do Rio de Janeiro (UFRJ). No documento que encaminha a Proposta de Doutorado (1998, mimeo), a justificativa para sua criação evidencia a necessidade de agilização de formação de egressos do curso, com potencial de aproveitamento na atividade acadêmica.

A trajetória e o enfoque teórico-metodológico do PPGSS mantêm a área de concentração do mestrado — Serviço Social, Movimentos Sociais e Direitos Sociais, seguindo o plano de doutoramento da UFRJ, aperfeiçoado, posteriormente, às características do perfil discente, composição docente e debates teóricos tratados pelos grupos de pesquisa. As mudanças nas linhas de pesquisa[24] e na revisão da oferta das disciplinas[25], em 2018, revelam uma nova fase do PPGSS — a nosso ver, mais inserido nos debates sobre as determinações da dinâmica capitalista, o lugar dos países e regiões periféricas na

24. Atuais linhas de Pesquisa: Estado, Políticas Sociais e Ação do Serviço Social; Serviço Social, Trabalho e Questão Social; Serviço Social, Ação Política e Sujeitos Coletivos; Serviço Social, Ética e Direitos Humanos; Relações Sociais de Gênero, Geração, Raça/Etnia e Sexualidade e Capitalismo Contemporâneo, Questão Agrária, Urbana e Ambiental.

25. Atuais disciplinas: Obrigatórias do Mestrado: Estado, Sociedade e Direitos; Metodologia da Pesquisa Social; Serviço Social e Questão Social. Obrigatórias do Doutorado: Estado, Sociedade e Direitos; Estudos Avançados em Serviço Social, Seminário de Tese 1 e Seminário de Tese 2.

divisão internacional do trabalho e o caráter do Estado e das políticas sociais na sociedade de classes. Dissolve-se a perspectiva comunitária/regionalizada, marcadamente identificada na proposta do Mestrado e balizadas no pensamento "furtadiano" e transita-se pelas ideias e vias interpretativas de Francisco de Oliveira.

O Nordeste não é "apagado", mas passa a ser estudado nos marcos da formação sócio-histórica do Brasil, caracterizada pela funcionalidade do "arcaico" no desenvolvimento do "moderno", não como dimensões dualistas, mas de natureza única, particular e dialética das sociedades de capitalismo dependente e periférico[26]. Este importante giro teórico-metodológico, ainda que não seja assumido pelo conjunto dos docentes, resulta que muitas pesquisas e estudos de docentes e discentes sejam referências na área e fora da área do Serviço Social[27].

Tal mudança de direção imprime um peso maior "à natureza da relação entre Serviço Social e Direitos Sociais, mediatizada pelo movimento da sociedade no sentido de construção e atendimento desses direitos" (Documento — Proposta de criação do Doutorado, 1998).

Consideramos que esta proposta foi acompanhada pelo debate realizado pelo Serviço Social brasileiro durante os anos 2000, inclusive, com a participação protagonista de docentes que lideraram/lideram as formulações críticas das políticas sociais, dos direitos e da dinâmica dos movimentos sociais na sociedade contemporânea. A disputa, no campo das ideias, tanto do ponto de vista interno do PPG quanto exterior a ele, permitiram forjar uma visibilidade e publicização aos dilemas e desafios para a formação pós-graduada crítica.

Não restam dúvidas de que o amadurecimento do PPGSS se inicia na década de 2000 e ganha densidade em 2017, quando da obtenção do Conceito 6 pela Capes. Na sua trajetória, as ações de intercâmbios acadêmicos com diferentes Programas no Brasil e outros países, as iniciativas de internacionalização e, sobretudo, a realização de

26. Ver especialmente o trabalho Oliveira (2003).

27. Destacam-se as várias teses premiadas e com menção honrosa recebidas por alunos do programa (Edital Prêmio Tese Capes).

doutorados-sanduíche e pós-doutoramentos no exterior, por parte do seu corpo discente e docente, respectivamente, foram elementos decisivos nesse processo. Ou seja, no intervalo de uma década, o PPGSS/UFPE passou de uma perspectiva de "internacionalização passiva" para outra de "internacionalização ativa", marcada pela construção de redes de pesquisa e intercâmbios com pesquisadores das universidades e centros de pesquisa da África, Europa e América Latina[28].

Não obstante as ofensivas permanentes sobre a ciência e a tecnologia das últimas décadas, suas refrações na pós-graduação brasileira e as tentativas de refuncionalização das universidades públicas em prol do projeto da burguesia, o Curso continua na peleja pela formação crítica de docentes/pesquisadores que, além de qualificar graduações e Pós-graduações do Nordeste, está contribuindo para o ingresso de uma nova geração docente nos Cursos de Graduação e Programas de Pós-Graduação no Brasil. **É o Nordeste que está espraiado no Brasil...**

Convém dizer que os estudos sobre o Serviço Social em Pernambuco passam pela referencialidade e o protagonismo da pós-graduação no campo da pesquisa e da produção do conhecimento e, nesse sentido, exige-se um trabalho de monta para a identificação e aprofundamento dos processos e relações históricas que determinam continuidades e rupturas na formação em Serviço Social.

Por fim, o que extraímos dos documentos, registros, sistematizações e relações cotidianas é que, a despeito das recentes diretrizes contidas nos PNPG, a pós-graduação em Pernambuco, com todas as suas tensões e contradições internas, resiste a "arribar" — sob inspiração de Chico de Oliveira — no pantanoso ambiente da inovação e das relações entre o público e o privado que visam subordinar o conhecimento e a pesquisa aos interesses empresariais e a uma razão instrumental que objetiva transformar a pós-graduação em uma formação profissionalizante, subtraindo ou mesmo apagando o legado da sua construção.

---

28. Pode-se citar a pesquisa "Desenvolvimento e desigualdades no Sul Global: Supressão de direitos e implicações sociopolíticas na vida e trabalho das populações periféricas", financiada pelo Programa Institucional de Internacionalização (PrInt/Capes).

Referências

AMMANN, Safira Bezerra. *Ideologia do desenvolvimento de comunidade no Brasil*. São Paulo: Cortez, 1979.

CADERNOS DE SERVIÇO SOCIAL. Edição Especial. Anais do Seminário A trajetória do ensino de Serviço Social em Pernambuco. Universidade Federal de Pernambuco/Mestrado em Serviço Social, 1990, s/indexação.

DOCUMENTO submetido pelo Departamento de Serviço Social para Aprovação da Câmara de Pós-Graduação contendo o Projeto do Curso de Mestrado em Serviço Social (Processo n. 14.354 — Parecer n. 23/78). Mimeografado.

GOMES, Victor Leandro C.; LENA JÚNIOR, Hélio de. Doutrina de Segurança Nacional e Atos Institucionais: entendendo o *modus operandi* do regime civil-militar no Brasil (1964-1985). *In*: MALTA, Maria Mello de (coord.). *Ecos do desenvolvimento*: uma história do pensamento econômico brasileiro. Rio de Janeiro: IPEA, 2011.

LEHER, Roberto. *Autoritarismo contra a Universidade*. O desafio de popularizar a defesa da educação pública. São Paulo: Fundação Rosa Luxemburgo/Expressão Popular, 2017.

NETTO, José Paulo. *Marxismo impenitente*: contribuição à história das ideias marxistas. São Paulo: Cortez, 2004.

NETTO, José Paulo. Notas para a discussão da sistematização da prática e teoria em Serviço Social. *Cadernos ABESS*. A Metodologia no Serviço Social. São Paulo, n. 3, 1989.

NETTO, José Paulo. Notas sobre marxismo e Serviço Social, suas relações no Brasil e a questão do seu ensino. *Cadernos ABESS*. Ensino em Serviço Social. Pluralismo e Formação Profissional, São Paulo, n. 4, 1991.

NETTO, José Paulo. O Movimento de Reconceituação: 40 anos depois. *Serviço Social & Sociedade*, São Paulo, ano XXVI, n. 84, 2005.

NETTO, José Paulo. Para uma história nova do Serviço Social no Brasil. *In*: SILVA, Maria Liduína Oliveira e (org.). *Serviço Social no Brasil*: história de resistências e de ruptura com o conservadorismo. São Paulo: Cortez, 2016.

OLIVEIRA, Francisco de. *Crítica a razão dualista/o ornitorrinco*. São Paulo: Boitempo, 2003.

OLIVEIRA, Francisco de. *Noiva da revolução*: elegia para uma re(li)gião. São Paulo: Boitempo, 2008.

PROJETO do Curso Doutorado — PPGSS/ UFPE. Recife, 1998. Mimeografado.

RELATÓRIOS CAPES — Avaliação da Área (1981 a 2019).

BACELAR, Tânia. A macrorregião Nordeste e os modelos de planejamento e desenvolvimento regional. Entrevista concedida a Hermes Magalhães Tavares e Cidoval Souza. *Revista Política e Planejamento Regional*, Rio de Janeiro, v. 2, n. 1, jan./jun. 2015.

VIEIRA, Ana Cristina de Souza. Serviço Social em Pernambuco: particularidades da formação e inserção profissional dos anos 1940 aos 1980. Revista *Serviço Social & Sociedade*, São Paulo, v. 95, 2008.

SOBRE AS AUTORAS E OS AUTORES

ADILSON AQUINO SILVEIRA JÚNIOR. Graduado em Serviço Social. Doutorado em Serviço Social pela Universidade Federal de Pernambuco (UFPE). Professor adjunto do Departamento de Serviço Social da Universidade Federal de Pernambuco. Docente e Coordenador do curso de graduação em Serviço Social da UFPE. Coordenador do projeto de extensão História e Memória do Serviço Social em Pernambuco (MEHSSPE).

E-mail: j_r1987@hotmail.com

ANA CRISTINA BRITO ARCOVERDE. Graduada em Serviço Social e Direito. Doutorado em Sociologia pela Université Paris III, La Sorbonne Nouvelle/França e Pós-Doutorado em Avaliação de Políticas Públicas e Intervenção Social pela Universidade de Coimbra/Portugal, e em Psicologia da Educação pela Universidade de Brasília (UnB). Professora titular do Departamento de Serviço Social da Universidade Federal de Pernambuco (UFPE) e docente permanente do Programa de Pós-Graduação em Serviço Social da UFPE e da graduação em Serviço Social. Líder do Núcleo de Estudos e Pesquisas ARCUS — Ações em Rede Coordenadas no Universo Social, e do Observatório Luso-Brasileiro de Desigualdades e Políticas Públicas — ODEPP/UC, Portugal e UFPE, Brasil. Pesquisadora do CNPq.

E-mail: ana.arcoverde@gmail.com

ANA CRISTINA DE SOUZA VIEIRA. Graduada em Serviço Social. Doutorado em Serviço Social pela Pontifícia Universidade Católica de São Paulo (PUC-SP) e Pós-Doutorado na Universidade de Cape Town. Professora titular do Departamento de Serviço Social da Universidade Federal de Pernambuco (UFPE) e docente permanente da Pós-Graduação em Serviço Social da UFPE e da graduação em Serviço Social. Coordenadora do Núcleo de Estudos e Pesquisas em Direitos Sociais e Políticas Sociais (NEPPS/UFPE). Pesquisadora do CNPq.

E-mail: anacvieira12@gmail.com

ANA ELIZABETE FIUZA SIMÕES DA MOTA. Graduada em Serviço Social. Doutorado em Serviço Social pela Pontifícia Universidade Católica de São Paulo (PUC-SP) e Pós-Doutorado em Economia Política pelo ISEG-UTL/Lisboa-Portugal. Professora titular aposentada do Departamento de Serviço Social da Universidade Federal de Pernambuco (UFPE) e docente permanente da Pós-Graduação em Serviço Social da UFPE. Pesquisadora do CNPq. Líder do Grupo de Estudos e Pesquisas sobre o Trabalho (GET/UFPE).

E-mail: amota294@yahoo.com

ANGELA SANTANA DO AMARAL. Graduada em Serviço Social. Doutorado em Serviço Social pela Universidade Federal do Rio de Janeiro (UFRJ) e Pós-Doutorado em Sociologia do Trabalho pela Universidade Complutense de Madrid. Professora associada do Departamento de Serviço Social da Universidade Federal de Pernambuco e docente permanente da Pós-Graduação em Serviço Social da UFPE e da graduação em Serviço Social. Integrante do Grupo de Estudos e Pesquisas sobre o Trabalho (GET/UFPE). Pesquisadora do CNPq.

E-mail: angelaufpe@yahoo.com.br

BERNADETE DE LOURDES FIGUEIREDO DE ALMEIDA. Graduada em Serviço Social. Doutorado e Pós-doutorado em Serviço Social pela Pontifícia Universidade Católica de São Paulo (PUC-SP). Professora titular do Departamento de Serviço Social da Universidade Federal da

Paraíba (UFPB), docente permanente do Programa de Pós-Graduação em Serviço Social da UFPB, Coordenadora do Grupo de Estudos e Pesquisas em Análises de Conjuntura, Políticas Sociais e Serviço Social (GEPACOPS). Pesquisadora 1B do CNPq.

E-mail: blfalmeida@uol.com.br.

CRISTIANA COSTA LIMA. Graduada em Serviço Social. Mestrado e Doutorado em Políticas Públicas pela Universidade Federal do Maranhão (UFMA). Professora do Departamento de Serviço Social da UFMA e docente permanente do Programa de Pós-Graduação em Políticas Públicas (PPGPP/UFMA) e da graduação em Serviço Social. Pesquisadora do Grupo de Estudo, Pesquisa e Debate em Serviço Social e Movimento Social (GSERMS). Atual presidente do Conselho Regional de Serviço Social/MA (CRESS/MA).

E-mail: cristiana.lima@ufma.br

CRISTIANA MERCURI DE ALMEIDA BASTOS. Graduada em Serviço Social. Doutorado em Ciências Sociais pela Universidade Federal da Bahia (UFBA) e Pós-Doutorado em Serviço Social pela Universidade Estadual do Rio de Janeiro (UERJ). Professora associada do Instituto de Psicologia da Universidade Federal da Bahia e docente permanente do Programa de Pós-Graduação em Serviço Social da UFBA e da graduação em Serviço Social. Líder do Grupo de Pesquisa Serviço Social, Saúde, Conhecimento e Trabalho. Pesquisadora do Centro de Estudos e Pesquisas em Humanidades (CRH) da Faculdade de Filosofia e Ciências Humanas (UFBA).

E-mail: cristiana.mercuri1225@gmail.com

EVELYNE MEDEIROS PEREIRA. Graduada em Serviço Social. Doutorado em Serviço Social pela Universidade Federal do Rio de Janeiro (UFRJ). Professora adjunta do Departamento de Serviço Social da Universidade Federal de Pernambuco (UFPE). Docente do curso de graduação em Serviço Social da UFPE.

E-mail: evelyne.medeiros@ufpe.br

FRANCI GOMES CARDOSO. Graduada em Serviço Social. Doutorado em Serviço Social pela Pontifícia Universidade Católica de São Paulo (PUC/SP) e Pós-Doutorado em Serviço Social pela Universidade do Estado do Rio de Janeiro (UERJ). Professora aposentada da Universidade Federal do Maranhão (UFMA) e docente permanente do Programa de Pós-Graduação em Políticas Públicas (UFMA). Pesquisadora do Grupo de Estudo, Pesquisa e Debate em Serviço Social e Movimento Social (GSERMS).

E-mail:cardosofranci@uol.com.br

HELENA LÚCIA AUGUSTO CHAVES. Graduada em Serviço Social. Doutorado em Sociologia pela Universidade Federal de Pernambuco (UFPE) e Pós-Doutorado em Serviço Social pela Pontifícia Universidade Católica de São Paulo (PUC-SP). Professora associada do Departamento de Serviço Social da UFPE e docente permanente do Programa de Pós-Graduação em Serviço Social da UFPE e da graduação em Serviço Social. Líder do Grupo de Estudos e Pesquisas sobre Estado, Política Pública e Sociedade (GEPPS).

E-mail: helena.chaves@gmail.com

IRANEIDSON SANTOS COSTA. Graduado em Ciências Sociais. Doutor em História pela Universidade Federal da Bahia (UFBA) e Pós-Doutorado na Faculdade Jesuíta de Filosofia e Teologia (Faje, Belo Horizonte). Professor associado da Faculdade de Filosofia e Ciências Humanas (FFCH) da Universidade Federal da Bahia e docente permanente do Programa de Pós-Graduação em História e da graduação na UFBA. Integra o Grupo de Pesquisa Cultura e Sociedade (FFCH/UFBA).

E-mail: irancosta@hotmail.com

JOSEFA BATISTA LOPES. Graduada em Serviço Social. Doutorado em Serviço Social na Pontifícia Universidade Católica de São Paulo (PUC/SP) e Pós-Doutorado no Centro de Estudos dos Direitos da Cidadania (Cenedic/USP). Professora aposentada do Departamento de Serviço Social da Universidade Federal do Maranhão (UFMA) e docente permanente do Programa de Pós-Graduação em Políticas Públicas da UFMA. Integrante da coordenação colegiada do Grupo de Estudo, Pesquisa e Debate em Serviço Social e Movimento Social (GSERMS). Pesquisadora do CNPq.

E-mail: josefablopes@uol.com.br

JULIANE FEIX PERUZZO. Graduada em Serviço Social. Doutorado em Serviço Social pela Pontifícia Universidade Católica do Rio Grande do Sul (PUC-RS). Professora associada do Departamento de Serviço Social da Universidade Federal de Pernambuco e docente permanente da Pós-Graduação em Serviço Social da UFPE e da graduação em Serviço Social. Integrante do Grupo de Estudos e Pesquisas sobre o Trabalho (GET). Pesquisadora do CNPq.

E-mail: juliane.peruzzo@ufpe.br

LEILA MARIA PASSOS DE SOUZA BEZERRA. Graduada em Serviço Social. Doutorado e Pós-Doutorado em Sociologia pela Universidade Estadual do Ceará (Uece). Professora assistente do Curso de Serviço Social da Uece. Docente do Programa de Pós-Graduação em Políticas Públicas da Uece e do Mestrado em Avaliação de Políticas Públicas da Universidade Federal do Ceará (UFC). Líder do Grupo de Pesquisa Margens, Culturas e Epistemologias Dissidentes (Gepe Margens).

E-mail: leila.passos@uece.br

LIDUINA FARIAS ALMEIDA DA COSTA. Graduada em Serviço Social pela Universidade Estadual do Ceará (Uece). Doutorado e Pós-Doutorado em Sociologia pela Universidade Federal do Ceará (UFC). Professora associada da Uece. Docente do Curso de Graduação em Serviço Social e do Programa de Pós-Graduação em Sociologia e do Programa de Planejamento e Políticas Públicas da Uece. Pesquisadora do Núcleo de Pesquisas Sociais (Nupes) e do Grupo de Pesquisa Políticas Sociais, Trabalho e Cidadania.

E-mail: liduinafariasac@gmail.com

MARCO MONDAINI. Graduado em História. Doutorado em Serviço Social pela Universidade Federal do Rio de Janeiro (UFRJ) e Pós-Doutorado em Teoria e História dos Direitos Humanos na Universidade de Florença/Itália. Professor titular do Departamento de Serviço Social da Universidade Federal de Pernambuco (UFPE) e docente permanente do Programa de Pós-Graduação em Serviço Social da UFPE e da graduação em Serviço Social. Pesquisador do CNPq.

E-mail: marco.a.mondaini@gmail.com

MARIA ALEXANDRA DA SILVA MONTEIRO MUSTAFÁ. Graduada em Serviço Social. Doutorado em Filosofia pela Pontificia Università Salesiana di Roma e Pós-doutorado em Sociologia pela Università degli Studi Roma TER. Professora associada do Departamento de Serviço Social da Universidade Federal de Pernambuco (UFPE), docente permanente do Programa de Pós-Graduação em Serviço Social da UFPE e da graduação em Serviço Social. Coordenadora do Grupo de Estudos e Pesquisas sobre Ética (GEPE).

E-mail: ethisophias@gmail.com

MARIA DA CONCEIÇÃO VASCONCELOS GONÇALVES. Graduada em Serviço Social. Doutorado em Serviço Social pela Pontifícia Universidade Católica de São Paulo (PUC-SP). Professora voluntária do Programa de Pós-Graduação em Serviço Social da Universidade Federal de Sergipe (UFS). Líder do Grupo de Estudos e Pesquisas em Fundamentos, Formação em Serviço Social e Políticas Sociais (GEPSSO).

E-mail: licavasconcelos@gmail.com

MARIA D'ALVA MACEDO FERREIRA. Graduada em Serviço Social. Doutorado em Serviço Social pela Pontifícia Universidade Católica de São Paulo (PUC-SP). Professora titular do Departamento de Serviço Social da Universidade Federal do Piauí (UFPI). Docente do Programa de Pós-Graduação em Políticas Públicas da UFPI. Líder do Núcleo de Pesquisa sobre Sociedade, Estado e Políticas Públicas (NUSDIPP).

E-mail: mdalvaferreira@uol.com.br

MARIA DAS GRAÇAS E SILVA. Graduada em Serviço Social. Doutorado em Serviço Social pela Universidade Federal de Pernambuco (UFPE) e Pós-Doutorado no Centro de Estudos Sociais da Universidade de Coimbra/Portugal. Professora Associada do Departamento de Serviço Social da UFPE e docente permanente do Programa de Pós-Graduação em Serviço Social da UFPE e da graduação em Serviço Social. Líder do Núcleo de Estudos e Pesquisas sobre Questão Ambiental e Serviço Social (NEPASS).

E-mail: gracita.pe@gmail.com

MARIA DO ROSÁRIO DE FÁTIMA E SILVA. Graduada em Serviço Social. Doutorado e Pós-Doutorado em Serviço Social e Política Social pela Pontifícia Universidade Católica de São Paulo (PUC-SP). Professora titular aposentada do Departamento de Serviço Social da Universidade Federal do Piauí (UFPI) e docente permanente do Programa de Pós-Graduação em Políticas Públicas da UFPI. Vice-líder do Núcleo de Estudos, Pesquisas e Extensão Serviço Social e Questão Social (NEPESS). Integrante do Núcleo de Estudos Pesquisas e Extensão sobre Terceira Idade (NUPEUTI).

E-mail: mrosariofat@gmail.com.

MARIA DO SOCORRO DE ABREU E LIMA. Graduada em História. Doutorado em História pela Universidade Federal de Pernambuco (UFPE). Professora aposentada da UFPE e docente do Programa de Pós-Graduação em História da UFPE.

E-mail: socorroabreuelima@gmail.com

MARIA VIRGÍNIA BORGES AMARAL. Graduada em Serviço Social. Doutorado em Letras e Linguística pela Universidade Federal de Alagoas (Ufal). Professora titular da Ufal e docente permanente da Pós-Graduação em Serviço Social e da Pós-Graduação em Letras e Linguística da Ufal e da graduação em Serviço Social. Líder do Grupo de Estudos em Análise do Discurso (GrAD). Pesquisadora do CNPq.

E-mail: maria.virginia@fsso.ufal.br

MARINA MACIEL ABREU. Graduada em Serviço Social. Doutorado em Serviço Social pela Pontifícia Universidade Católica de São Paulo (PUC-SP). Professora aposentada da Universidade Federal do Maranhão (UFMA) e docente permanente do Programa de Pós-Graduação em Políticas Públicas da UFMA. Integrante da coordenação colegiada do Grupo de Estudo, Pesquisa e Debate em Serviço Social e Movimento Social (GSERMS). Pesquisadora do CNPq.

E-mail: maciel.m@uol.com.br

MICHEL ZAIDAN FILHO. Graduado em Filosofia. Doutorado em História Social pela Universidade de São Paulo (USP). Professor titular aposentado da Universidade Federal de Pernambuco (UFPE) e docente do Programa de Pós-Graduação em Direito da UFPE.

E-mail: michelfzaidan@gmail.com

MÔNICA RODRIGUES COSTA. Graduada em Serviço Social. Doutorado em Serviço Social pela Universidade Federal de Pernambuco (UFPE). Pós-Doutorado em Sociologia Política pela Universidade Federal de Santa Catarina (UFSC). Professora aposentada do Departamento de Serviço Social da UFPE e docente permanente do Programa de Pós-Graduação em Serviço Social da UFPE. Integrante do Grupo de Estudos e Pesquisas sobre Poder, Cultura e Práticas Coletivas (GEPCOL).

E-mail: morodriguescosta@gmail.com

RAIMUNDA NONATA DO N. SANTANA. Graduada em Serviço Social. Doutorado em Serviço Social pela Universidade Federal do Rio de Janeiro (UFRJ). Professora aposentada da Universidade Federal do Maranhão (UFMA) e docente colaboradora do Programa de Pós-Graduação em Políticas Públicas da UFMA. Pesquisadora do Grupo de Estudo, Pesquisa e Debate em Serviço Social e Movimento Social (GSERMS).

E-mail: nonatasantana@gmail.com

REIVAN MARINHO DE SOUZA. Graduada em Serviço Social. Doutorado em Serviço Social pela Universidade Federal de Pernambuco (UFPE) e Pós-Doutorado em Serviço Social pela Universidade Federal do Rio de Janeiro (UFRJ). Professora associada da Faculdade de Serviço Social da Universidade Federal de Alagoas (Ufal) e docente permanente do Programa de Pós-Graduação em Serviço Social e da graduação em Serviço Social. Pesquisadora do Grupo de Pesquisa sobre Reprodução Social (GPSRS).

E-mail: reivan.souza@fsso.ufal.br

RITA DE LOURDES DE LIMA. Graduada em Serviço Social. Doutorado em Serviço Social pela Universidade Federal de Pernambuco (UFPE) e Pós-Doutorado pela Universidade Federal do Rio de Janeiro (UFRJ). Professora aposentada da Universidade Federal do Rio Grande do Norte (UFRN) e docente permanente do Programa de Pós-Graduação em Serviço Social da UFRN. Vice-coordenadora do Grupo de Estudos e Pesquisas em Trabalho, Ética e Direitos (GEPTED). Bolsista do CNPq.

E-mail: rita.pires2@gmail.com

ROSA LÚCIA PRÉDES TRINDADE. Graduada em Serviço Social. Doutorado em Serviço Social pela Universidade Federal do Rio de Janeiro (UFRJ) e Pós-Doutorado pelo Programa de Pós-Graduação em Sociologia e Antropologia da UFRJ. Professora titular da Universidade Federal de Alagoas (Ufal) e docente permanente do Programa de Pós-Graduação em Serviço Social e da graduação em Serviço Social. Pesquisadora do Grupo de Pesquisa Serviço Social, Trabalho, Profissão e Políticas Sociais. Bolsista do CNPq.

E-mail: rosapredes@uol.com.br

ROSA MARIA CORTÊS DE LIMA. Graduada em Serviço Social. Doutorado em Planejamento Urbano e Regional pelo Instituto de Pesquisa e Planejamento Urbano e Regional da Universidade Federal do Rio de Janeiro (UFRJ). Pós-Doutorado pelo Centro de Estudos das Migrações e das Relações Interculturais (CEMRI-UAb), Lisboa/Portugal. Professora Associada do Departamento de Serviço Social da Universidade Federal de Pernambuco (UFPE), docente permanente do Programa de Pós-Graduação em Serviço Social da UFPE e da graduação. Líder do Núcleo de Estudo e Pesquisa em Habitação e Saneamento Ambiental (NEPHSA).

E-mail: cortez.rosa@gmail.com

SIMONE DE JESUS GUIMARÃES. Graduada em Serviço Social. Doutorado e Pós-Doutorado em Serviço Social pela Pontifícia Universidade Católica de São Paulo (PUC-SP). Professora titular aposentada do Departamento de Serviço Social da Universidade Federal do Piauí (UFPI). Líder do Grupo de Estudos, Pesquisa e Extensão em Serviço Social e Questão Social (NEPESS).

E-mail: simone.guimaraes@uol.com.br

LEIA TAMBÉM

O MITO DA ASSISTÊNCIA SOCIAL

ensaios sobre Estado, Política e sociedade

Ana Elizabete Mota (Org.)

256 páginas
16 x 23 cm
ISBN 978-85-249-1427-0

Esta coletânea trata de algumas das principais polêmicas que revestem o debate sobre o significado das políticas sociais no capitalismo contemporâneo, com destaque para a assistência social. Leitura obrigatória para os que lutam por preservar os acúmulos realizados ao longo dos anos, e que no início do século XXI parecem colocados em risco, pela força avassaladora das novas formas de alienação impostas pelo capital.

LEIA TAMBÉM

O FEITIÇO DA AJUDA

as determinações do Serviço Social na empresa

Ana Elizabete Mota

176 páginas
14 x 21 cm
ISBN 978-85-249-1402-7

A autora analisa a requisição do Serviço Social na ótica da empresa capitalista, as estratégias e respostas do Serviço Social, o potencial negador do trabalhador e a construção de uma nova prática profissional inscrita no horizonte de interesses de trabalhadores. Uma obra que enriquecerá a polêmica em torno da prática profissional na empresa.